हमसफ़रों के दरमियां

संचयन

रज़ा फ़ाउण्डेशन | THE RAZA FOUNDATION

हमसफ़रों के दरमियां

शमीम हनफ़ी

उर्दू से लिप्यन्तरण
शुभम् मिश्र

राजकमल प्रकाशन

रज़ा पुस्तक माला : संचयन | अनुवाद
प्रधान सम्पादक : अशोक वाजपेयी | सम्पादक : पीयूष दईया
राजकमल प्रकाशन प्रा.लि. और रज़ा फ़ाउण्डेशन का सह-प्रकाशन

ISBN : 978-93-88753-78-4

मूल्य : ₹299

पहला संस्करण : 2019
दूसरा संस्करण : 2022

प्रकाशक : राजकमल प्रकाशन प्रा. लि.
1-बी, नेताजी सुभाष मार्ग, दरियागंज
नई दिल्ली-110 002

शाखाएँ : अशोक राजपथ, साइंस कॉलेज के सामने, पटना-800 006
पहली मंजिल, दरबारी बिल्डिंग, महात्मा गांधी मार्ग, इलाहाबाद-211 001
36 ए, शेक्सपियर सरणी, कोलकाता-700 017

वेबसाइट : www.rajkamalprakashan.com
ई-मेल : info@rajkamalprakashan.com

मुद्रक : बी.के. ऑफ़सेट
नवीन शाहदरा, दिल्ली-110 032

HUMSAFARON KE DARMIYAN
(Criticism) *by* Shamim Hanfi
Translated by Shubham Mishra

अशोक वाजपेयी के लिए

आमुख

कलाओं में भारतीय आधुनिकता के एक मूर्धन्य सैयद हैदर रज़ा एक अथक और अनोखे चित्रकार तो थे ही उनकी अन्य कलाओं में भी गहरी दिलचस्पी थी। विशेषतः कविता और विचार में। वे हिन्दी को अपनी मातृभाषा मानते थे और हालाँकि उनका फ्रेंच और अँग्रेज़ी का ज्ञान और उन पर अधिकार गहरा था, वे, फ्रांस में साठ वर्ष बिताने के बाद भी, हिन्दी में रमे रहे। यह आकस्मिक नहीं है कि अपने कला-जीवन के उत्तरार्द्ध में उनके सभी चित्रों के शीर्षक हिन्दी में होते थे। वे संसार के श्रेष्ठ चित्रकारों में, २०-२१वीं सदियों में, शायद अकेले हैं जिन्होंने अपने सौ से अधिक चित्रों में देवनागरी में संस्कृत, हिन्दी और उर्दू कविता में पंक्तियाँ अंकित कीं। बरसों तक मैं जब उनके साथ कुछ समय पेरिस में बिताने जाता था तो उनके इसरार पर अपने साथ नवप्रकाशित हिन्दी कविता की पुस्तकें ले जाता था : उनके पुस्तक-संग्रह में, जो अब दिल्ली स्थित रज़ा अभिलेखागार का एक हिस्सा है, हिन्दी कविता का एक बड़ा संग्रह शामिल था।

रज़ा की एक चिन्ता यह भी थी कि हिन्दी में कई विषयों में अच्छी पुस्तकों की कमी है। विशेषतः कलाओं और विचार आदि को लेकर। वे चाहते थे कि हमें कुछ पहल करनी चाहिये। २०१६ में साढ़े चौरानवे वर्ष की आयु में उनकी मृत्यु के बाद रज़ा फ़ाउण्डेशन ने उनकी इच्छा का सम्मान करते हुए हिन्दी में कुछ नयी क़िस्म की पुस्तकें प्रकाशित करने की पहल *रज़ा पुस्तक माला* के रूप में की है, जिनमें कुछ अप्राप्य पूर्व प्रकाशित पुस्तकों का पुनर्प्रकाशन भी शामिल है। उनमें गाँधी, संस्कृति-

चिन्तन, संवाद, भारतीय भाषाओं से विशेषतः कला-चिन्तन के हिन्दी अनुवाद, कविता आदि की पुस्तकें शामिल की जा रही हैं। सभी पुस्तकों पर रज़ा साहब और उनके समकालीन मित्र चित्रकारों आदि की प्रतिकृतियाँ आवरणों पर होंगी।

हालाँकि हिन्दी में उर्दू साहित्य के आंधुनिक दौर के अधिकांश शायरों से ख़ासी वाक़फ़ियत रही है, उन पर स्वयं उर्दू में जो विचार और विश्लेषण हुआ है उससे हमारा अधिक परिचय नहीं रहा है। शमीम हनफ़ी स्वयं शायर होने के अलावा एक बड़े आलोचक के रूप में उर्दू में बहुमान्य हैं। उनके कुछ निबन्धों के इस संचयन के माध्यम से उर्दू की आधुनिक कविता की कई जटिलताओं, तनावों और सूक्ष्मताओं को जान सकेंगे और कई बड़े उर्दू शायरों की रचनाओं का हमारा रसास्वादन गहरा होगा। हमें यह संचयन प्रस्तुत करते हुए प्रसन्नता है।

अशोक वाजपेयी
दिसम्बर २०१८, नयी दिल्ली

प्रस्तावना

आधुनिक उर्दू कविता के बारे में यह छोटी सी किताब मेरे कुछ निबन्धों पर आधारित है। समकालीन साहित्य और उससे सम्बन्धित समस्यायें मेरी सोच और दिलचस्पी का ख़ास विषय रही हैं। पिछले पचास-साठ बरसों में मैंने इस विषय पर कम से कम साठ-सत्तर निबन्ध लिखे होंगे। उन्नीसवीं सदी और बीसवीं सदी के बहुत से शायरों को मैंने अपने आलोचनात्मक अध्ययन का बहाना बनाया। यानी कि ग़ालिब से लेकर आज तक की शायरी में मेरी गहरी दिलचस्पी रही है। ग़ालिब उर्दू के आख़िरी क्लासिकी और पहले आधुनिक शायर थे।

यहाँ आगे बढ़ने से पहले एक और सफ़ाई देना चाहता हूँ। पारम्परिक प्रगतिवाद, आधुनिकतावाद और उत्तर-आधुनिकतावाद में मेरा विश्वास बहुत कमज़ोर है। मैं समझता हूँ कि हमारी अपनी सामाजिक, सांस्कृतिक और राजनैतिक परम्परा के सन्दर्भ में ही हमारे अपने प्रगतिवाद, आधुनिकतावाद और उत्तर-आधुनिकता की रूपरेखा तैयार की जानी चाहिये। हमारा जीवन हमारे समय के पश्चिमी जीवन और सोच-समझ की कार्बन कॉपी नहीं है। जिस तरह हमारा सौन्दर्यशास्त्र या Aesthetic Culture अलग है उसी तरह हमारी प्रोग्रेसिविज़्म (Progressivism) और Modernity या ज़दीदियत भी अलग है। मैंने इसी दृष्टिकोण के साथ आधुनिक युग के अधिकतर शायरों को समझने की कोशिश की है।

यह निबन्ध मेरी दो किताबों—'हमसफ़रों के दरमियां' (सह यात्रियों के बीच) और 'हमनफ़सों की बज़्म में' (यार-दोस्तों की सभा में) से लिये गये हैं। इनमें मेरा विषय बनने वाले शायरों का स्वभाव, चरित्र, चेतना

और रूप-रंग अलग-अलग हैं। मैं समझता हूँ कि आधुनिकतावाद को इसी भिन्नता और बहुलता का प्रतीक होना चाहिए। आधुनिकतावाद से सम्बन्धित विचारधारा किसी प्रत्यक्ष और सुसंगठित वैचारिक आन्दोलन पर आधारित नहीं है। यह तो एक नया नज़रिया और एक नया अन्दाज़ था अपने समय और इस समय में उलझती-सुलझती ज़िन्दगी का। प्रगतिवादी विचारधारा जैसे-जैसे पुरानी होती गयी यह नयी विचारधारा उसी तरह दिन-प्रतिदिन पहले से ज़्यादा साफ़ होती गयी और खुलकर सामने आती गयी। इसीलिए फ़ैज़, राशिद, मीराजी और उनके बाद सामने आने वाले लगभग तमाम शायर एक-दूसरे से इतने अलग दिखायी देते हैं। इनके चारों तरफ़ इतिहास और काल का एक ही दायरा है मगर इन सब की अपनी-अपनी दुनियायें हैं।

अगर मैं अलग-अलग विषयों को लेकर मुख़्तलिफ़ मज़ामीन या निबन्धों के बजाय आधुनिक उर्दू कविता का इतिहास लिख रहा होता तो इस किताब की शक्ल कुछ और होती। बहुत से समकालीन शायर इस किताब में शामिल होने से रह गये।

मुझे ख़ुशी है कि यह किताब अशोक वाजपेयी के सहयोग से और रज़ा फ़ाउण्डेशन की तरफ़ से प्रकाशित की जा रही है। देवनागरी लिपि में इन निबन्धों का रूपान्तरण शुभम् मिश्र ने किया है और बड़ी लगन के साथ किया है। उनका हाथ बँटाने में पीयूष दईया भी पेश-पेश रहे हैं। मैं इन सब का आभारी हूँ।

शमीम हनफ़ी
दिसम्बर २०१८

अनुवादक की तरफ़ से

आप सभी से सबसे पहले तो एक माफ़ी। मैंने उर्दू की क़ायदे से तालीम कभी भी नहीं पायी है। तीन अलग-अलग हिस्सों में थोड़ा-बहुत पढ़ना-लिखना सीखा है, और अभी भी यह सिलसिला जारी है। दूसरी बात यह कि, एक किताब और हिन्दी में लिप्यन्तरित कुछ एक कहानियों के अलावा मैंने कभी भी उर्दू अदब को गहराई से नहीं पढ़ा है। इसलिए शमीम साहब के इन लेखों के तर्जुमे के लिहाज़ से, सबसे नाक़ाबिल अनुवादक यक़ीनन मैं ही हूँ।

मैं पेशे से नगर नियोजक हूँ। मैंने भारत के छोटे-बड़े शहरों को बनाने और बिगाड़ने की सिलसिलेवार तालीम हासिल की है। इन सभी बनते-बिगड़ते शहरों में गिनती सबसे पहले दिल्ली की ही होती है, जहाँ की मेरी पैदाइश है, और परवरिश भी। स्कूली तालीम के दौरान क़रीब दो साल उर्दू सीखना का मुझे पहला मौक़ा मिला। पर फिर जल्दी ही, स्कूल की पढ़ाई और तमाम दूसरी मसरूफ़ियात में उर्दू ठण्डे बस्ते में चली गयी।

दिल्ली के इतिहास में मेरी रुचि स्कूल-कॉलेज के दिनों से ही रही है। इसके मध्यकालीन इतिहास को उर्दू-फ़ारसी सीखे बग़ैर कैसे पढ़ा जाय? ऐसा सोचकर कॉलेज की पढ़ाई से फ़ारिग़ होकर मैंने क़रीब-क़रीब एक साल फ़ारसी सीखने की कोशिश की। फ़ारसी तो ख़ैर तब से 'ख़ूब हस्तम' पर ही अड़ी है, पर इस तालीम से लिपि फिर पकड़ाई में आ गयी और मैं धीरे-धीरे उर्दू पढ़ने लगा। उन्हीं दिनों एक दोस्त ने इन्तिज़ार हुसैन साहब की 'दिल्ली था जिसका नाम' भेंट की। थोड़ा बहुत पढ़कर ही लगा कि दिल्ली के इतिहास में रुचि रखने वाले लोगों के लिए, ख़ास तौर पर उनके लिए जो उर्दू पढ़ना नहीं जानते हैं, इस किताब का देवनागरी

लिप्यन्तर बहुत ही दिलचस्प हो सकता है। ऐसा सोचकर 'दिल्ली था जिसका नाम' का लिप्यन्तर शुरू कर दिया।

इन्तिज़ार साहब और शमीम साहब की गहरी दोस्ती का कुछ अन्दाज़ा मुझे था। इसलिये जैसे ही पीयूष जी ने पिछले साल इस तर्जुमे का प्रस्ताव सामने रखा, मैं ललचा गया। जब घर बैठे हमारे ज़माने के इतने बड़े साहित्यकार, आलोचक और इन्तिज़ार साहब के क़रीबी दोस्त के संचयन का काम सामने आया तो इस दुर्लभ मौक़े को भला मैं कैसे जाने देता? बस, फिर क्या था, मैंने झट हामी भर दी, बग़ैर सोचे-समझे कि इस तर्जुमे में उर्दू के किन-किन नामचीन अदीबों और किस क़िस्म के लहजे से मेरा पाला पड़ेगा। तो ये था उर्दू सीखने का मेरा तीसरा दौर। शायद वक़्त के हिसाब से यह सबसे छोटा रहा पर मैंने सबसे ज़्यादा गहराई से इस ज़बान की तालीम इसी दौरान हासिल की।

तर्जुमे के दौरान, शमीम साहब के लेखन की ख़ूबसूरती और उनकी ज़बान की ख़ुशबू को बरक़रार रखने की मैंने पूरी-पूरी कोशिश की है। इसलिये, इस किताब में शामिल सभी लेख मूल उर्दू के कमोबेश, देवनागरी लिप्यन्तर ही हैं। उर्दू/फ़ारसी के जो शब्द रोज़मर्रा की हिन्दुस्तानी ज़बान में प्रचलित नहीं हैं या जो शायद हिन्दी भाषियों को आसानी से समझ नहीं आ सकें, उनके अर्थ हरेक पन्ने के नीचे दिये गये हैं। फिर भी, टीकों की तादाद हद से ज़्यादा नहीं हो, जहाँ भी सम्भावना दिखी, मुश्किल उर्दू/फ़ारसी के शब्दों को आमतौर पर समझे जाने वाले हिन्दुस्तानी शब्दों से लेखों में ही बदल दिया गया है।

तहे दिल से शुक्रिया पीयूष जी को, मेरी बेइन्तिहा कोताहियों के बावजूद मुझ पर अपना भरोसा क़ायम रखने के लिए। और सबा जी और शमीम हनफ़ी साहब को उनके असीम प्यार और आशीर्वाद के लिए।

शुभम् मिश्र

दिसम्बर २०१८, नयी दिल्ली

क्रम

इक़बाल और नयी नज़्म का पहला मोड़
फ़ैज़, राशिद और मीराजी

इक़बाल और नयी नज़्म का पहला मोड़
फ़ैज़, राशिद और मीराजी

हाली और आज़ाद की क़ायम की हुई रिवायत का नुक़्तए उरूज[१] इक़बाल की नज़्म है। इक़बाल जदीद उर्दू नज़्म के आख़िरी बड़े शायर थे। इसी के साथ-साथ वे उर्दू की नयी नज़्म के पहले अहम शायर भी थे। यहाँ जदीद से मुराद वह नज़्म है जिसकी बुनियाद उन्नीसवीं सदी के आख़िर में मुहम्मद हुसैन आज़ाद और हाली ने अंजुमने पंजाब से अपनी वाबस्तगी के दौर में क़ायम की थी और जिसे अकबराबादी ने मग़रिब से मरूबीयत[२] के उस दौर में एक नये ज़ाविया-ए-नज़्म से मतारुफ़ कराया था। आज़ाद और हाली के बरक्स अकबर की नज़्म में हमें माबादत्तबीआती[३] तर्ज़े एहसास की पहली दस्तक सुनायी देती है।

इक़बाल की नज़्म भी इसी नुक़्ते पर अपनी रिवायत से इन्हिराफ़[४] की गवाह बनती है। इक़बाल की एक पेचीदा तनाज़ुर[५] और आपस में मुतसादिम[६] ज़ाविये और फ़िक्रों को घेरने वाले निज़ामे एहसास की तर्जुमान नज़्म के पहले बड़े शायर हैं। उनकी शायरी के मसले कई हैं और बहुत से मसले आसानी से गिरफ़्त में नहीं आते। वे क़दीम भी हैं और जदीद भी, नये भी हैं और पुराने भी। उन्होंने आज़ाद और हाली से लेकर अकबर तक रिवायत को नज़्म की सिंफ़ के पसे मंज़र में एक नया रास्ता दिखाया। उसी तरह जैसे उर्दू ग़ज़ल की तारीख़ में ग़ालिब ने रिवायती ग़ज़ल को जदीद ग़ज़ल के रास्ते पर लगाया था।

मेरा ख़याल है कि अदब और फ़न की दुनिया में बड़ी तब्दीलियाँ, बड़ी फ़िक्र और मानवीयत[७] के नये परखे हुए और नामानूस[८] ज़ावियों के वास्ते

---

१. शिखर बिन्दु २. आतंक ३. आध्यात्मिक ४. अवज्ञा ५. परिपेक्ष ६. एक-दूसरे से टकराने वाला ७. प्रासंगिकता ८. अपरिचित

से नमोदार होती हैं। ज़बान और बयान के तजुर्बे अपनी जगह पर, लेकिन हमारी रिवायती सामूहिक ज़िन्दगी में जब से एक नयी बेदारी[१] और ज़िन्दगी या वक़्त के एक नये तसव्वुर की नींव पड़ी है, अदब और *आर्ट* की दुनिया में भी एक नयी हिस्सियत का चलन आम हुआ है। यह हिस्सियत एक नये शऊर और नये तर्ज़े एहसास से बनी है। हमारे मन की दुनिया में एक नयी बेचैनी, एक नयी तश्वीश और एक नयी रूहानी तफ़्तीश से इबारत है। ऐसे दाख़िली तजुर्बों से इबारत है जिनका सिलसिला जदीद हिन्दुस्तानी नशअते सानिया[२] के साथ शुरू हुआ।

इक़बाल की नज़्म किसी मोड़ पर उर्दू की नयी नज़्म को एक मुख़्तलिफ़ नया और ज़हनी और जज़्बाती पेचीदगियों से भरा हुआ एक पसे मंज़र मुहैया करती है। रिवायती मज़हबियत और हर तरह की मुताक़ीयत[३] से आगे बढ़कर, इक़बाल की नज़्म इस मोड़ पर हक़ीक़त के एक नये इदराक, एक नयी हिस्सियत की तर्जुमान बनती है। इसी मोड़ पर इक़बाल की लफ़्ज़ियात[४] और लहजे में भी तब्दीली के आसार सामने आते हैं, लेकिन यह बदलाव भी इक़बाल की पूरी शायरी के पसे मंज़र में एक नये फ़िक्री जज़्बाती और ज़हनी उफ़ुक़[५] की निशानदेही करते हैं। ऐसा लगता है कि देखते-देखते इक़बाल के लिए वह सारा मौसम बदल गया जिसमें वे अब तक साँस ले रहे थे। अब वे अपने वक़्त से एक नयी सतह पर मुकालमा[६] क़ायम करने लगे। (आतिशे रफ़्ता[७] के सुराग़ से ज़्यादा नुमायाँ हैसियत उनके यहाँ अब तारीख़ के एक नये शऊर ने ले ली।) अब इनका ख़िताब और मुकालमा ख़ुदा से और दूसरे इंसानों से ज़्यादा ख़ुद अपने आप से था। तख़ातिब[८] की इस तब्दीली के साथ, ज़ाहिर है कि उनकी ज़बान, लहजे और आवाज़ को भी बहरहाल तब्दील होना था। यह तब्दीली बहुत ख़ामोश, एक साथ बहुत से ख़यालों, जज़्बों, एहसासों और तख़्लीक़ी मक़सदों को घेरने वाली थी, अपनी क़ौमी पहचान से ज़्यादा एक आलमी और बैनलअक़्वामी[९] पहचान पर मर्कूज़, हमें इस पर हैरान नहीं होना चाहिए कि बीसवीं सदी के दौरान हमारे दो सबसे बड़े शायर—टैगोर और इक़बाल—दोनों ने वक़्त के थोड़े-से फ़र्क़ के साथ अपनी क़ौमी शिनाख़्त से आगे बढ़कर एक बैनलअक़्वामी शिनाख़्त के मरहले में क़दम रखा। दोनों अपने माज़ी से कटे बग़ैर उसे पार

---

१. जागृति २. पुनरुद्धार, ३. निरपेक्षवाद ४. शब्दावली ५. क्षितिज ६. वार्तालाप ७. बुझी हुई आग ८. समझौता ,९. अन्तरराष्ट्रीय

करते हुए तारीख़ के एक नये मंज़रनामे, एक नये वक़्त और शऊर के एक नये इलाक़े में दाख़िल हो जाते हैं।

उर्दू के बड़े नामगोइयों में जोश की हिस्सियत, इक़बाल के फ़िक्री इर्तिक़ा[१] और उनकी हिस्सियत से ज़्यादा मुनासिब नहीं लगती थी। जोश का मिज़ाज, उनकी शायरियत, इज़हार और बयान की तरफ़ उनका रवैया, यह तमाम बातें, इक़बाल की बनिस्बत एक मुख़्तलिफ़ और कहीं-कहीं तो मुतज़ाद[२] दूरी रखती थीं। इक़बाल फ़लसफ़ा व शे'र की हक़ीक़त को एक ऐसे हर्फ़े तमन्ना से मुमासिल समझते थे जो अपने आप में मुबहम[३] और नामुकम्मल हो। जोश के नज़दीक यह बयान की कमज़ोरी थी।

सच तो यह है कि इक़बाल के साथ एक ही साँस में जोश का नाम लिया, इक़बाल के साथ ज़्यादा और जोश के मामले में सीधी-सादी जज़्बातियत की दलील है। इक़बाल की फ़िक्र का फैलाव, उनकी बहुत सी नज़्मों में आसमानी सहायफ़[४] का जैसा जलील[५] और अर्फ़ाउश्शान आहंग[६], उनकी बेहदो-हिसाब शेरी क़ायनात जोश की बनिस्बत किसी और दुनिया का तजुर्बा महसूस होती है। लेकिन तरक़्क़ीपसन्द नज़्म और हल्क़ा-ए-अरबाब-ए-ज़ौक़ की नज़्म के साथ बीसवीं सदी की चौथी दहाई के आख़िर में जो मंज़र धीरे-धीरे सामने आया, उस पर इक़बाल और जोश दोनों के निशान बहुत धुँधले हैं। इक़बाल अपने फैलाव और शक़्वा[७], अपनी हिस्सियाती तंज़ीम[८] और अपनी माजिज़ा कारफ़न्नी तश्क़ील, अपनी सिर्रियत और अपनी माबादत्तबीआती जिहतों की वजह से, नये शायरों के लिए बड़ी हद तक नाक़ाबिले तक्लीद[९] थे। दूसरा, यह कि तरक़्क़ीपसन्द नज़्मगोइयों और उनके ग़ैरतरक़्क़ीपसन्द (हल्क़ा-ए-अरबाब-ए-ज़ौक़ से ज़हनी मुनासिबत रखने वाले) मुआसरीन की ज़हनी, जज़्बाती और तख़्लीक़ी तर्जिहात भी बदल चुकी थीं और उनका शऊर एक नयी फ़िज़ा में साँस ले रहा था। जोश की शायरी ख़ास तौर पर अपनी क़ादिरुल्क़लामी[१०] और ख़तीबाना[११] जोश, की वजह से, बाद वालों के लिए एक ख़ास तरह की अपील तो रखती थी लेकिन उनकी फ़िक्रों और एहसासों का दायरा बहुत सीमित था। महाकाती[१२] शायरी का ज़ाविया धीरे-धीरे टूट रहा था और हक़ीक़तपसन्दी या अक़्लियत की

१. प्रगति २. परस्पर विरोधी ३. धुँधला ४. आकाश से उतरे धर्मग्रन्थ ५. महान, ६. उत्तम ध्वनि ७. उलाहना/शिकायत ८. निर्माण/प्रबन्ध ९. अनुसरण १०. वाक्पटुता ११. ख़तीबाना १२. दृश्य

वह सतह जिससे हमारा तार्रुफ़ जोश की नज़्मों के वास्ते से होता है, नये नज़्मगोइयों के लिए ज़्यादा कशिश भरी नहीं रह गयी थी। जोश की शायरी में बग़ावत, इंक़लाब, एहतिजाज और बरहमी के अनासिर नुमायाँ हैं फिर बयान का मज्मुई शऊर, तरक़्क़ीपसन्द और ग़ैर-तरक़्क़ीपसन्द नज़्मगोइयों की अक्सरियत के लिए या पाब्लो नेरूदा, मायाफ़स्की लारका और नाज़िम हिकमत की जैसी अपील नहीं रख़ता। सरदार जाफ़री, मख़्दूम, वामिक़, मजाज़, नियाज़ हैदर जैसे बाकमालों के यहाँ जहाँ-तहाँ उनकी वापिसी सुनायी देती है। लेकिन आने वाला दौर फ़ैज़, राशिद, मीराजी के तख़्लीक़ी मिज़ाज और उनके मर्तबकर्दा शऊर से पहचाना जाता है। इक़बाल के बाद यह उर्दू की जदीदतर नज़्म का हवाला बनने वाली पहली बड़ी तस्लीस[१] है। उर्दू की नयी नज़्म के कमालों और इम्तियाज़ों की एक नयी दस्तावेज़।

इक़बाल के बाद सामने आने वाले तमाम अहम नज़्मगोइयों में फ़ैज़ अहमद फ़ैज़ ने इक़बाल की अज़मत का इक़रार सबसे ज़्यादा ख़ुले दिल के साथ किया है। उन्होंने इक़बाल से अपनी इरादत और अक़ीदत का इज़हार एक ऐसे दौर में किया जो तरक़्क़ीपसन्दी के जज़्बाती उबाल और फ़िक्री इंतिहापसन्दी का दौर कहा जाता है। अख़्तर हुसैन रायपुरी और मजनूँ गोरखपुरी से लेकर सरदार जाफ़री तक क्लासिकी शायरी का बहुत रचा हुआ ज़ौक़ रखने के बावजूद उनमें से किसी ने भी इक़बाल को क़ुबूल नहीं किया। इक़बाल को ख़ारिज भी किया तो बहुत मुज़्हिक[२] और मश्कूक[३] बुनियादों पर। इसके सामने इक़बाल के इंतकाल पर फ़ैज़ ने जो शख़्सी मर्सिया कहा था उसके लफ़्ज़-लफ़्ज़ से इक़बाल के तख़्लीक़ी रवैये, उनकी इंफ़िरादियत और अज़मत की ताबीर[४] का बहुत तफ़्सीली नक़्शा सामने आता है। इस नज़्म के कुछ मिसरों को ठहर-ठहर कर पढ़ने की ज़रूरत है।

फ़ैज़ ने अपने इन शेरों के ज़रिये तरक़्क़ीपसन्द शायरी की नज़रयाती बुनियाद से इन्हिराफ़[५] या बरगुश्तगी का कोई इशारा किये बग़ैर, इक़बाल के कलाम के ऐसे अनासिर की निशानदेही की है जो फ़ैज़ और उनके तमाम हमअस्रों के लिए क़ाबिले-क़ुबूल क़रार दिये जा सकते हैं। अख़्तर

---

१. त्रिमूर्ति २. उपहासप्रद ३. शंकित ४. व्याख्या ५. विमुख़ता

हुसैन रायपुरी और सरदार जाफ़री को इन अनासिर का इदराक[1] बहुत देर से हुआ और आख़िरकार उन्होंने भी इक़बाल की अज़मत और अपने अहद की हिस्सियत को बनाने में इक़बाल के किरदार की अहमियत को तस्लीम कर ही लिया। फ़ैज़ कहते हैं :

आया हमारे देस में एक ख़ुशनुमा फ़क़ीर
आया और अपनी धुन में ग़ज़ल ख़्वाँ गुज़र गया
थीं चन्द ही निगाहें जो उस तक पहुँच सकी
पर उसका गीत सब के दिलों में उतर गया

और इसके बाद नज़्म का तीसरा बन्द :

इस गीत के तमाम महासन हैं लाज़वाल
इसका वुफ़ूर, इसका ख़रूश, इसका सोज़-ओ-साज़
ये गीत मिसले शोला-ए-ज़वाल तुन्द-ओ-तेज़
इसकी लपक से बादेफ़ना का जिगर गुराज़
जैसे चिराग़-ओ-हश्तेसर-सर से बेख़बर
या शमअ बज़्म सुबह की आमद से बेख़बर

इस नज़्म में शायरी, ख़ासकर इक़बाल की शायरी के जिन अनासिर की अहमियत पर ज़ोर दिया गया है उन्हें मुख़्तसर यूँ बयान किया जा सकता है :

१. इक़बाल की शायरी की पहली ख़ूबी इनकी ख़ुशनवायी है। यानी वह ग़िनायी आहंग जिसने बयानों की शायरी को फ़ितनी एतिबार तक पहुँचाया।

२. इक़बाल की शायरी में जज़्ब और कलन्दरी की एक फ़िज़ा भी समायी हुई है। उनकी शायरी सिर्फ़ हमारे दिमाग़ से रिश्ता क़ायम नहीं करती। हमारे हवस पर भी वारिद होती है।

३. इक़बाल के शेरी इतियाज़ात तक पहुँचना हर एक के बस की बात नहीं है। तो भी, इसका जादू सब पर चलता है।

४. इक़बाल के महासिने कलाम में सबसे नुमायाँ हैसियत उसके जज़्बाती वुफ़ूर, उसके ख़ुरोश[2] और उसकी शोला सामानी है।

---

१. बोध २. कोलाहल

५. यह शायरी अपने अन्दर दवाम[१] और हमेशगी के पहलू भी रखती है।

६. यह शायरी आप अपना दिफ़ाअ[२] है। इस पर वक़्त के किसी मख़्सूस सियाक़[३] की गिरफ़्त नहीं।

मज़ाक़ और रुझानों की तब्दीली इस शायरी का कुछ भी नहीं बिगाड़ सकती। नज़रयाती ग़ुलू[४] के दौर में उर्दू की *क्लासिकी* शायरी, और ख़ासतौर पर इक़बाल की शायरी के सिलसिले में जो तशद्दुद आमेज़ रवैये सामने आये (अख़्तर हुसैन रायपुरी, सरदार जाफ़री) उन्हें देखते हुए फ़ैज़ की तख़्लीक़ी बसीरत के साथ-साथ, उनकी तनक़ीदी बसीरत का भी एक बहुत बेहतर और तरक़्क़ीयाफ़्ता नक़्शा मुरत्तब होता है। अपने एक लेख (इक़बाल अपनी नज़र में) में इक़बाल के शेरों की रौशनी में फ़ैज़ ने उनकी जो शबीया दरियाफ़्त की है, उसमें फ़िराक़ नसीब आशिक़ का सोज़-ओ-साज़ और हसरत है। बादशाह सा गुरूर, गदा[५] का सा हिल्म[६], सूफ़ी का सा इस्तिग़्ना[७], भाई की सी मुहब्बत और नदीम की सी मुरव्वत है। मानो फ़ैज़ कलाम की मदद से शायरी की जो तस्वीर मुरत्तब करते हैं उसके वे ख़ूबियाँ नहीं हैं जिन पर उनके तरक़्क़ीपसन्द हमअस्र ज़ोर देते थे। 'मीज़ान' में फ़ैज़ की जो नस्री तहरीरें इकट्ठा की गयी हैं उनमें जा-ब-जा ऐसे इशारे बिखरे हुए हैं जिनसे फ़ैज़ की तर्जियात और शायरी या शायर की शख़्सियत की तरफ़ फ़ैज़ के रवैये का अन्दाज़ा लगाया जा सकता है। वज़ाहत[८] के लिए यह कुछ मिसालें देखिये :

> हर वो चीज़ जिससे हमारी ज़िन्दगी में हुस्न या लताफ़त या रंगीनी पैदा हो जिसका हुस्न हमारी इनसानियत में इज़ाफ़ा करे जिससे तज़्किये नफ़्स हो, जो हमारी रूह को मतरन्नुम करे, जिसकी लौ से हमारे दिमाग़ को रौशनी और जिला[९] हासिल हो सिर्फ़ हसीन ही नहीं मुफ़ीद भी है। इसी वजह से जुमला-ए-ग़िनाया[१०] अदब (बल्कि तमाम अच्छा आर्ट) हमारे लिए क़ाबिले क़द्र है। यह इफ़ादीयत[११] महज़ ऐसी तहरीरों का इजारा[१२] नहीं जिनमें किसी दौर के ख़ास सियासी या इक़्तसादी[१३] मसाइल का बराहे रास्त[१४] तज्ज़िया किया गया हो।
>
> *(मज़्मून : शायरी की क़द्रें)*

---

१. स्थायित्व २. रक्षक ३. सन्दर्भ ४. भीड़/अति करना ५. भिक्षुक ६. सहनशीलता ७. अनिच्छा ८. स्पष्टीकरण ९. आभा १०. तमाम संगीतमय अदब ११. लाभकारिता १२. एकाधिकार १३. आर्थिक १४. सीधे तौर पर

इंक़लाबी शायर पर हुस्न-ओ-इश्क़ यामे-ओ-जाम हराम नहीं और इस पर यह हुक्म नहीं लगाया जा सकता कि वो इंक़लाबी मज़ामीन के अलावा वो अपने दूसरे तजुर्बात और दूसरी वारदातों का ज़िक्र ही ना करे।

(मज़्मून : जोश शायर-ए-इंक़लाब की हैसियत से)

चूँकि जोश ने अपने तबक़ाती नज़रिये की तंज़ीम नहीं की इसलिए उनका नज़रिया-ए-इंक़लाब भी एक हद तक नादुरुस्त है। वे इंक़लाब का तसव्वुर हमेशा किसान या मज़दूर की नज़र से नहीं बल्कि ख़ुशहाल शहरी की नज़र से करते हैं, जिसका नतीजा यह है कि इनके शे'र में इंक़लाब एक पुरहौल[१], डरावना और दहशतनाक साँचे की सूरत अख़्तियार कर लेता है।

आम इंक़लाबी शायर इंक़लाब के बारे में गरजते हैं, ललकारते हैं, सीने कूदते हैं, इंक़लाब के मुतअल्लिक़ गा नहीं सकते। इनके ज़हन में इंक़लाब का तसव्वुर तूफ़ाने बर्क़ वरअद से मुरक़्क़ब[२] है। नग़मा-ए-हज़ार और रँगीली बहार से इबारत नहीं। वे सिर्फ़ इंक़लाब की हौलनाकी को देखते हैं, इसके हुस्न को नहीं पहचानते।

इन लेखों (मशरिक़ को मग़रिब के नग़मे, मीराजी) की निखरी हुई, साफ़-सुथरी सतह पर इन धुँधले सायों और ग़ैर मुजस्सिम परछाइयों का कोई निशान नहीं मिलता जो उनके शे'र की इतियाज़ी कैफ़ियत हैं। इनके तख़लीक़ का यह हिस्सा तमामतर इसी पास्बान अक्ल की रहनुमाई में लिखा गया है जिसे वे देखने में अमल-ए-शेर के क़रीब नहीं फ़टकने देते। इन मज़ामीन का ठहराव उनकी सलासत बयान और सलासत-ए-ख़याल में उनका (मीराजी की अदबी ज़िन्दगी के ग़ालिबन सबसे ज़्यादा मुतमईन और सबसे ज़्यादा पुरसुकून दौर का) सुराग़ भी मिलता है। यह अंदोहगीं[३] एहसास भी होता है कि अगर हमारे अहल फ़न की उजाड़ ज़िन्दगियों में दाख़िल दर्द-ओ-कर्ब के अलावा जिस्म-ओ-जाँ के तकाज़े पर गुलगुली ख़ाक़ छानना और दर-दर सदा देना ना होता तो शायद जदीद अदब की तारीख़ क़द्रे मुख़्तलिफ़ और इसके कुछ दिलकश अबवाब[४] उतने तिश्ना[५] और मुख़्तसर न रह जाते।

(मज़्मून : मीराजी का फ़न, (मशरिक़ ओ मग़रिब के नग़मे का दीबाचा) मीज़ान सफ़ा ५४-२५३)

---

१. भीषण २. मिश्रित ३. शोकान्वित ४. अध्याय ५. अतृप्त

इनमें से हर इक़्तिबास में कोई न कोई ऐसी बात ज़रूर कही गयी है जिसे फ़ैज़ की इंफ़िरादी फ़िक्र का इज़हार होता है और साफ़ पता चलता है कि फ़ैज़ आम तरक़्क़ीपसन्दों के मुक़ाबले शेरो अदब के मामलों में अपनी मख़्सूस बसीरत पर ज़्यादा भरोसा करते थे। अदब में इफ़ादीयत का तसव्वुर इनके नज़दक सियासी और इक़्तसादी मसलों के बयान का पाबन्द नहीं था। इसी तरह फ़ैज़ शायरी में मवाद और हैयत की संवीयत[१] के क़ायल नहीं थे। वे तरक़्क़ीपसन्द तहरीक से वाबस्तगी के बावजूद ग़ज़ल की सिंफ़ को अज़ कार रफ़्ता नहीं समझते थे। उनकी इंक़लाबी शायरी का तसव्वुर भी अपने हममस्लिक शायरों से मुख़्तलिफ़ था। सबसे ख़ास बात यह है कि तरक़्क़ीपसन्द नज़रिया-ए-अदब से इख़्तिलाफ़ करने वाले और तरक़्क़ीपसन्द हल्क़ों में बाज़ाब्त तौर पर मातूब[२], राशिद और मीराजी जैसे शायरों की अहमियत से भी फ़ैज़ इंकार नहीं थे। फ़ैज़ के विज्दान[३] में लचक और शऊर में फैलाव बहुत था। अदब की तरफ़ इनका रवैया पोलेमिकल[४] नहीं था। अपनी पेशरौ रिवायत के सिलसिले में इनका अन्दाज़े नज़र हरीफ़ाना[५] नहीं था और जैसा कि जोश, मजाज़, मीराजी, राशिद की बाबत उनकी रायों से ज़ाहिर होता है, फ़ैज़ उनसे इख़्तिलाफ़ करते हों या इत्तिफ़ाक़, किसी भी मामले में वो इन्तिहापसन्द नहीं थे। एक सोचा-समझा धीमापन उनकी तख़्लीक़ी सरिश्त का हिस्सा बन गया था।

ज़ाहिर है कि फ़ैज़ की सुलहपसन्दी ने और उसके साथ-साथ गिरोही मसलहतों की सतह से ऊपर उठकर मुख़ालिफ़ाना ज़ाविया नज़र रखने वालों को भी क़ुबूल करने की रविश ने फ़ैज़ को ख़ुद अपने हल्क़े में भी किसी क़द्र मश्कूक और मातूब बना दिया था। फ़ैज़ के शेरी रवैयों में जैसा कि पिछले सफ़हात[६] पर उनकी नस्री तहरीरों के इक़्तबास से अच्छी तरह साफ़ है, कोई बड़ी पेचीदगी नहीं थी। फ़ैज़ की उमूमी शख़्सियत की तरह, उनके फ़न्नी तसव्वुरात और ज़ाब्ते भी एक सीधी-सादी मंतिक़[७] रखते थे, किसी क़द्र सहल पसन्दाना। राशिद ने अपने एक *इंटरव्यू* (मसाहिबे) में कहा था कि फ़ैज़ की शायरी और ज़हन में फ़िक्री तसाहुल[८] ने एक नागुज़ीर[९] अनासिर की शक़्ल अख़्तियार कर ली है। वे किसी भी मसले के बारे में गहराई से नहीं सोच सकते। उनकी तबीयत में तज्ज़ियेकारी की

---

१. द्विचर २. क्रोध पात्र ३. काव्य रसज्ञता ४. विवादास्पद ५. शत्रुओं जैसा ६. पन्नों ७. तर्क ८. आलस्य ९. जिससे छुटकारा ना हो

सलाहियत तक़रीबन ग़ायब है। हो सकता है हक़ीक़त यही हो, मगर इस 'दरियाफ़्त' पर ख़ुश होने से पहले यह समझ लेना चाहिए कि हक़ीक़तों की ताबीर का एक रास्ता आसाब और एहसासों से होकर भी जाता है। तअक़्क़ुल[१] की सतह तअस्सुर[२] के तौर पर भी सामने आती है। फ़ैज़ के मिज़ाज में बेशक, बारीक़बीनी और दूर रंसी की तलब कमज़ोर थी चुनाँचे अपनी नस्र-ओ-नज़्म में भी फ़ैज़ की ग़ैरमामूली बारीक़ी की तलाश में नज़र नहीं आते। वे चीज़ों को देखते हैं, उनसे एक असर लेते हैं, उस असर को अपनी शायराना बसीरत में जज़्ब करते हैं और दाँव-पेच से ख़ाली ढंग और सुबह के उजाले की तरह धीरे-धीरे फ़ैलती हुई सुथरी-सुलझी, सोहनी ज़बान में इस असर को बयान कर देते हैं। *क्लासिकियों* में सौदा के मंतिक़ी उस्लूब की दाद फ़ैज़ ने ख़ूब दी है। ख़्वाजा हाफ़िज़ शीराज़ी की हिस्सियत भी फ़ैज़ के लिए अपनी शख़्सी शायराना विज्दान के एक सरचश्मे की थी और इनके मज्मूई शऊर पर उर्दू की क़दीम क्लासिकी रिवायत और अजमी[३] शे'र की रिवायत के असर, सारी उम्र क़ायम रहे। उन्होंने अपने इज्तिमाई हाफ़िज़े और सक़ाफ़ती विरसे से बरीयत[४] का दावा कभी नहीं किया। जिलानी कामरानी का ख़याल है (अस्तांज़े का दीबाचा) कि शायरों की १९४० के आसपास सामने आने वाली नस्ल का असल मरहला अपने आप को शे'र अलाज़िम[५] के ग़ल्बे[६] से महफ़ूज़ रखने का था। इनका ख़याल यह भी है कि फ़ैज़ और राशिद दोनों ने अपनी तारीख़ के इस जुनून का मुक़ाबला नहीं किया और उसके सामने सिपर डाल दी। दूसरी तरफ़ फ़ैज़ राशिद को तो इस मामले में ख़ताकार समझते हैं और ख़ुद को साफ़ बचा ले जाते हैं। एक *इंटरव्यू* (ताहिर मसूद : यह सूरतगर कुछ ख़्वाबों के) के दौरान उन्होंने कहा था :

> राशिद साहब की तो ज़बान फ़ारसी है और निहायत मुश्किल फ़ारसी। जिन अफ़राद[७] को (अँग्रेज़ी या फ़ारसी) दोनों ज़बानें नहीं आतीं वो तो उन्हें समझ भी नहीं सकते। इसकी बड़ी वजह यह है कि राशिद साहब इस मुल्क (पाकिस्तान) में रहे ही नहीं। यहाँ के लोगों से उनका राबिता कट गया। उनको यह दरियाफ़्त करने का मौक़ा ही नहीं मिला कि उनकी बात लोगों तक पहुँची या नहीं।

तरक़्क़ीपसन्द अहद और जदीद अहद शायरी के आम तालिब-ए-इल्म की

---

१. सोचना-विचारना २. असर/प्रभाव ३. ईरानी ४. बेकुसूरी ५. काव्य ६. प्रभुत्व ७. लोग

मुश्किल यह है कि फ़ैज़ को उन दौरों के मंज़रनामे में मतीन करना या ज़माने के एक मख़्सूस इलाक़े में फ़ैज़ को ठीक जगह देना आसान नहीं है। फ़ैज़ की शायरी से एक साथ तीन चेहरे झाँकते हैं। एक तो नयी *क्लासिकी* शायरी का चेहरा है जो ख़याल और तजुर्बे की नयी आबोहवा में साँस लेता है मगर गुज़रे हुए ज़मानों से अपना ताल्लुक़ नहीं तोड़ता। दूसरा चेहरा समाजी ज़िम्मेदारी और वाबस्तगी का एहसास रखने वाले एक ख़ामोश इंक़लाबी का है जो वक़्त के महवर[१] की तब्दीली के साथ सफ़ाक़त और शऊर की तब्दीली के अमल को समझता तो है लेकिन अपने आप को बेक़ाबू नहीं होने देता और अपने हमचश्मों में भी मुर्दे इल्ज़ाम (कभी-कभी मुर्दे दुश्नाम) भी ठहराता है। और तीसरा चेहरा अपनी महदूद वफ़ादारियों के हिसार को तोड़ते हुए अपनी नज़रियाती तर्जियों और तअस्सुबात[२] को पार करते हुए एक सुलह जो शायर का है जो बदलते हुए हालात की तह से नमूदार होने वाले हिस्सियत के तर्जुमानों में शामिल होने से नहीं डरता। फ़ैज़ के इन्तक़ाल पर अपनी एक नज़्म में जिलानी कामरान ने फ़ैज़ को अपने एहसासों में शामिल ख़ुश्बू की एक लहर के तौर पर याद किया है :

जा बसी अर्श के क़ुर्ये में कहानी उसकी
इक महक दिल में है अब याद सुहानी उसकी

और इफ़्तिख़ार जालिब जैसे आवारागर्द शायर और नक़्क़ाद[३] ने 'नयी लिसानी तश्किलात' का मुक़द्दमा पेश करते हुए लफ़्ज़ की शैयत के नमूने नस्र में मंटो की कहानी से और शायरी में फ़ैज़ के कलाम से बरामद किये। याद कीजिए फ़ैज़ की नज़्म मंज़र का तज्ज़िया : रहगुज़र, सायेशजर, मंज़िल दूर, हल्क़ए बाम।

बाम पर सीना-ए-महताब खुला आहिस्ता
जिस तरह खोले कोई बन्दे क़बा[४] आहिस्ता
झील में, चुपके से तेरा किसी का हबाब[५]
एक पल तेरा, चला, छूट गया आहिस्ता
बहुत आहिस्ता, बहुत हल्का, ख़नक रंगे शराब
मेरे शीशे में ढला आहिस्ता
शीशा-ओ-जाम, सुराही, तिरे हाथों के गुलाब

---

१. धुरी २. भेदभाव ३. आलोचक ४. चोली का धागा ५. बुलबुला

जिस तरह दूर किसी ख़्वाब का नक़्श
आप ही आप बना और मिटा आहिस्ता

वग़ैरह वग़ैरह। (मज़्मून मश्मूल 'नयी शायरी' मर्तबा इफ़्तिख़ार जालिब)।

तफ़्सील में तवालत[1] है। एक-दूसरे से मुख़्तलिफ़, और कभी-कभी तो मुतसादम हल्क़ों में एक-दूसरे से क़ुत्बैन[2] की दूरी रखने वाले अदीबों, मुख़्तलिफ़ ज़मानी, मकानी, नज़रियाती, सक़ाफ़ती पसे मंज़र रखने वाली जमातों के अफ़राद का एक सी आमादगी के साथ फ़ैज़ को क़ुबूल करना अजीब बात है। तो क्या इससे यह समझा जाये कि फ़ैज़ की शायरी अपना कोई तयशुदा मिज़ाज नहीं रखती या कि उनका अपना मख़्सूस रंग नहीं है। यह कैसी क़बा[3] है जो हर जिस्म पर ठीक बैठ जाती है और फ़ैज़ कहीं अजनबी और बेगाने दिखायी नहीं देते। फ़ैज़ की शायराना सरिश्त को सबसे पहले उनके अपने क़रीबी हल्क़े से बाहर फ़िराक़ ने पहचाना था और उर्दू की इश्क़िया शायरी (पहली इशाअत जनवरी १९४५) में फ़ैज़ की दो नज़्मों 'रक़ीब से' और 'तन्हाई' का तज़्किरा मुबाल्गे के साथ किया था। फ़िराक़ ने लिखा था :

> प्रोफ़ेसर फ़ैज़ अहमद फ़ैज़ की नज़्म जिसका उन्वान[4] है 'रक़ीब से' और जो हमायूँ के फ़रवरी १९३८ के नम्बर में निकल चुकी है इसका ज़िक्र ज़रूर करूँगा, मैं बहुत कम अशआर ग़ज़लों या नज़्मों के मुतअल्लिक़ यह एहसास करता हूँ कि मेरे दिलोदिमाग़ का चोर निकला। लेकिन यह नज़्म ऐसी ही नज़्म थी। उर्दू की इश्क़िया शायरी में अब तक इतनी पाकीज़ा, इतनी चुटीली और इतनी दूर रस और मुफ़िक्कराना[5] नज़्म वजूद में नहीं आयी। नज़्म नहीं है, बल्कि जन्नत और दोज़ख़ की वहदत का राग है। शेक्सपियर, गोएटे, कालीदास और सादी भी इससे ज़्यादा रक़ीब[6] से क्या कहते? इश्क़ और इंसानियत के लतीफ़[7] और अहम रब्त को समझना हो तो यह नज़्म देखिये।
>
> (उर्दू की इश्क़िया शायरी, सफ़ा ६४-६५)

और अब यह दूसरा इक़्तिबास भी देखिए :

---

१. लम्बाई/दूरी २. उत्तर और दक्षिण ध्रुव ३. चोली, ४. शीर्षक ५. विचारणीय ६. किसी स्त्री से प्रेम करने वाले दो व्यक्ति परस्पर रक़ीब कहलाते हैं, ७. कोमल

प्रोफ़ेसर फ़ैज़ का मज्मूआ 'नक़्शे फ़रियादी' के नाम से निकला और अगर्चे बहुत मुख़्तसर था। लेकिन इसका बहुत ज़बरदस्त असर हमारी शायरी पर पड़ा। फ़ैज़ ने फ़िक्रो एहसास की एक नयी तकनीक इसमें दी, जो उस दौर की तर्जुमानी के लिए निहायत मौज़ूँ है। इसके मिसरों की लय में जो खटक या ज़मज़मा है और उनकी फ़िक़रा साज़ी में जो ताज़गी व मौज़ूनीयत है वो इनके उस्लूब में एक ख़लाक़ाना इंफ़िरादी ख़ुसूसियत पैदा कर देती है। फ़ैज़ ने एक नया मदरसा-ए-शायरी क़ायम कर दिया। उन्होंने जिस बसीरत अफ़रोज़ और हिसासे ख़ुलूस और फ़नकाराना चाबुक़दस्ती से इश्क़िया वारदात को दूसरे अहम समाजी मसाइल से मुतअल्लिक़ करके पेश किया, यह उर्दू की इश्क़िया शायरी में एक नाक़ाबिले फ़रामोश कारनामा है और यह नज़्म एक ज़िन्दा जावेद क्लासिक है।

(उर्दू की इश्क़िया शायरी, सफ़ा १२४-२५)

मानो फ़ैज़ अदब के उफ़ुक़[१] पर नमूदार तो हुए एक शर्मीले, कमसुख़न और नस्तलिक़ क़िस्म के नौजवान तरक़्क़ीपसन्द शायर की हैसियत से, मगर उनकी शिनाख़्त क़ायम हुई एक रूमानी शायर की हैसियत से। फ़ैज़ के बारे में यह जो देखने में तौसीफ़ी[२] लेकिन असल में किस क़द्र मोतरेज़ाना[३] अन्दाज़ की रायें सामने आयीं जैसे यह कि (बक़ौल अज़ीज़ अहमद) ''आशिक़ी और इंक़लाब का ख़ित्ते फ़ासिल जिसको वो पार करना चाहते हैं किसी तरह पार नहीं होता'' और या यह कि ''उनकी शायरी इश्क़ और इंक़लाब के दरमियान एक गुरीज़ मुसल्सल बन गयी है।'' या फिर राशिद की यह राय कि ''नक़्शे फ़रियादी एक ऐसे शायर की ग़ज़लों और नज़्मों का मज्मूआ है जो रूमान और हक़ीक़त के संगम पर खड़ा है'' (दीबाचा नक़्शे फ़रियादी)। तो इन रायों में फ़ैज़ की शायराना शख़्सियत पर एक मख़्फ़ी[४] तंज़ के साथ-साथ सच्चाई का उंसुर भी शामिल है। प्रोफ़ेसर मुज्तबी हुसैन अपनी तरक़्क़ीपसन्दी के ज़ाम[५] में यह फ़ैसला सादिर[६] कर बैठे थे कि ''फ़ैज़ की शायरी जहाँ ख़त्म होती है, वहाँ सरदार जाफ़री की शायरी का आग़ाज़ होता है।'' और ख़ुद सरदार जाफ़री भी कम से कम तरक़्क़ीपसन्दी के मामले में फ़ैज़ को अपने क्या, इश्तिराक़ी हक़ीक़त निगारी के ख़ासे कमज़ोर और सतही तर्जुमानों (मसलन कैफ़ी आज़मी,

१. क्षितिज २. तारीफ़ ३. एतिराज ४. छुपे हुए ५. गुमान/ख़याल ६. जारी करने वाला

मुज़फ़्फ़र शाहजहाँपुरी) तक के बराबर का मर्तबा देने पर आमादा नहीं हुए (तरक़्क़ीपसन्द अदब, इशाअत १९५२)। बेशक, फ़ैज़ की शायरी में फ़लसफ़ियाना गहराई की कमी महसूस होती है। मगर इस कमी को वे बड़ी हद तक अपने शायराना एहसास, गिरफ़्त में आने वाले तजुर्बे से शदीद जज़्बाती वाबस्तगी, अपने मद्धम, मुलायम, मीठी और गिनाइयत[१] से छलकते हुए उस्लूब व इज़हार की मदद से अपने ऊपर हावी नहीं होने देते। यह कैफ़ियतें जिन्हें हम फ़ैज़ के तख़्लीक़ी तशख़्ख़ुस की बुनियादें कह सकते हैं, उनके मुआसरीन की नज़र में, अक्सर नापसन्दीदा और मायूब[२] थीं, और इस मामले में मन व तो[३] की तफ़रीक़[४] नहीं थी। फ़ैज़ के हमअस्रों में राशिद ने फ़ैज़ की शायरी में आराइशी[५] अनासिर पर जितने वार किये हैं, उससे कम वार सरदार जाफ़री ने नहीं किये। और बाद के लिखने वालों में एक मारूफ़ नक़्क़ाद (डॉक्टर वज़ीर आग़ा : नज़्म जदीद की करवटें) ने फ़ैज़ की शायरी को 'इंजिमाद[६] की मिसाल' क़रार देकर हमेशा के लिए उस पर ज़वाल[७] और कहूलत[८] की मोहर लगा दी। राशिद का ख़याल था कि फ़ैज़ की बड़ी कमज़ोरी उनका फ़िक्री तसाहुल या तन आसानी है। वे आला दिमाग़ी ताक़तों से या महरूम हैं या उन्हें अच्छी तरह काम में नहीं लाते। चुनाँचे राशिद ने यह पेशीनगोई भी की थी कि वक़्त गुज़रने के साथ-साथ, फ़ैज़ की शायरी में तजुर्बे की बाहरी चमक-दमक मंद पड़ती जायेगी और यह शायरी आख़िरकार अपनी कशिश खो बैठेगी। मैं राशिद के शेरी विज्दान के फैलाव और उनकी बर्क़पाश[९] तख़य्युल की दर्राकी[१०] का बहुत क़ायल हूँ और अपना शुमार राशिद की शायरी के उन अकादमिक क़ारईन[११] में नहीं करता जो राशिद की फ़ारसी आमेज़ ज़बान और उनके तख़्लीक़ी तजुर्बों के इबहाम पर इतना ज़ोर सर्फ़ करते हैं कि राशिद की शायरी उनके हाथ से निकल जाती है। ख़ुद फ़ैज़ भी राशिद की ज़बान पर फ़ारसी के ग़ैर मुतवाज़िन[१२] असर को अच्छी नज़र से नहीं देखते थे और अख़्तरुल ईमान ने भी राशिद के आहंग में बुलन्दी और जलाल के पहलू को उनके 'बड़बोलेपन' से ताबीर किया था। लेकिन फ़ैज़ पर तख़्लीक़ी तजुर्बे या तफ़क्कुर[१३] की तस्हील[१४] के जो एतराज तरक़्क़ीपसन्दों और ग़ैर तरक़्क़ीपसन्दों ने लगभग एक से ज़ोर-शोर के साथ वारिद किये, उसे फ़ैज़ की रोज़

१. संगीत २. ऐब से भरा/ख़राब ३. मैं और तू ४. अन्तर ५. सजावटी ६. जमकर ठोस हो जाना ७. पतन ८. उम्रदराज़ी/बुढ़ापा ९. बिजली की तरह छोड़ी हुई १०. कुशाग्रता ११. पढ़ने वाले १२. असन्तुलित १३. फ़िक्र, १४. सरलता

अफ़ज़ूँ[1] मक़्बूलियत के रद्दे अमल और मुआसिराना चश्मक[2] के तौर पर भी देखा जाना चाहिए। फ़ैज़ की मक़्बूलियत ने उनके ज़माने के बहुत से शायरों को परेशान और सरासीमा किया। तरक़्क़ीपसन्द शायर, हल्का-ए-अर्बाब-ए-ज़ौक़ के शायर *क्लासिकी* मिज़ाज व मज़ाक़ रखने वाले शायर और नक़्क़ाद (जैसे असर लखनवी और रशीद हसन ख़ाँ) यहाँ तक कि कुछ ऐसे शायर और नक़्क़ाद भी जो मज़हबी रुझान रखते थे, तरक़्क़ीपसन्दी से उन्हें अल्लाह वास्ते का बैर था, तरक़्क़ीपसन्द नज़्म व नस्र में उन्हें कोई ख़ूबी नज़र ही नहीं आती थी और फ़ैज़ से उनका इख़्तिलाफ़ देखने में नज़रियाती था (जैसे सलीम अहमद), इन सबने फ़ैज़ की फ़िक्री और लिसानी कोताहियों, नक़्क़ाइस, हदों का शऊर आम करने की जी-तोड़ कोशिशें की। तरक़्क़ीपसन्दों की रिवायती फ़िक्र के लिए नर्मगोशा तो बाक़र मेहदी भी नहीं रखते, मगर फ़ैज़ पर अपने लेख ('फ़ैज़ एक नया तज्ज़िया'—मश्मूला शेरी आगही, २०००) में उन्होंने एक मानीख़ेज़ बात यह कही है कि "फ़ैज़ ने (अपनी नज़्म) मौज़ू-ए-सुख़न में अपना जो मर्कज़ दरियाफ़्त किया था, उससे बहुत आगे कभी ना गये। और इस तरह फ़ैज़ ने अपनी शायराना शख़्सियत को रेज़ा-रेज़ा होने से बचाये रखा।" दूसरे लफ़्ज़ों में यह कहा जा सकता है कि फ़ैज़ के लिए इश्क़ के दोनों महवर[3] (नज़्म 'दो इश्क़') नागुज़ीर थे, दोनों से उन्हें एक सी ज़हनी और जज़्बाती मुनासिबत थी। 'ग़मे इश्क़' और 'ग़मे रोज़गार' दोनों उनकी शख़्सियत की ख़ुल्क़ी[4] तरक़ीब का हिस्सा थे, फ़ैज़ उनमें से एक को भी तर्क करने के लिए तैयार नहीं थे। चुनाँचे अपने इस मौक़िफ़ से वे कभी दस्तबर्दार[5] नहीं हुए कि शायर को तजुर्बों के इन्तिख़ाब में अपने आप पर ऊपर से कोई शर्त आइद नहीं करनी चाहिए। हर तजुर्बा चाहे वह इश्क़ का हो या सियासत का, ध्यान की किसी रूमानी लहर का हो या समाजी इंसाफ़ से वाबस्ता मसइलों का, शायर का तजुर्बा है। सज्जाद ज़हीर के नाम अपनी क़ैद के दौरान उन्होंने लिखा था, "हमारा जी चाहेगा तो इश्क़िया शे'र ज़रूर कहेंगे।" फ़ैज़ ने बीरूनी अहकाम[6] के मुताबिक़ शे'र कहने से हमेशा गुरेज़ किया। चुनाँचे शुरुआती दौर की नज़्म 'तन्हाई' पर डॉक्टर तासीर के मुज़हक़ रद्दे अमल या 'सुबह आज़ादी' पर सरदार जाफ़री के निहायत संजीदा एतराज़ों में तमस्ख़ुर[7] और तंगनज़री की जो फ़िज़ा पैदा हो गयी

---

१. अत्यधिक/कुल जोड़ २. ऐनक ३. धुरी ४. सुशील ५. विरक्त ६. आदेश ७. मसख़रापन

है, उसका असल सबब यही है कि दोनों फ़ैज़ के अपने शायराना विज्दान की ख़ुदमुख़्तारी का एहतिराम करने के बजाय अपनी तरजिहात को उन पर मुसल्लत[१] करना चाहते थे। दूसरी तरफ़, फ़ैज़ की तख़्लीक़ी ख़ुदएतिमादी का हाल यह था कि ना तो वे किसी एतराज़ का जवाब देते थे, ना एतराज़ करने वालों के बारे में गुफ़्तगू करते थे। ना ही अपने शेरी रवैयों की तशरीह करते थे। फ़ैज़ ने जवाब में अगर कुछ किया तो बस यह कि इन्तिहाई सादगी के साथ मौतरिज़[२] की बात मान ली मगर अपनी रविश से ज़रा इन्हिराफ़ भी नहीं किया। 'नक़्शे फ़रियादी' की नज़्में मज्मूए की इशाअत (१९४१) से पहले मौज़ू-ए-बहस बन चुकी थीं। मगर मज्मूए के पेश लफ़्ज़ में अपने शायराना मिज़ाज और मौक़िफ़ की बाबत फ़ैज़ ने कुछ कहा तो सिर्फ़ इतना कि, "इस मज्मूए की इशाअत एक तरह का एतिराफ़-ए-शिकस्त[३] है। इसमें दो-चार नज़्में क़ाबिले बर्दाश्त हैं।" इन क़ाबिले बर्दाश्त नज़्मों में वे दो नज़्में 'तन्हाई' और 'रक़ीब से' भी शामिल हैं जिन्हें फ़िराक़ साहब आलमी अदब के शहपारों में शुमार करने के लिए तैयार थे। इस मज्मूए की दूसरी कई नज़्में (मसलन मौज़ू-ए-सख़ुन, हम लोग) नयी नज़्म के इर्तिक़ा में आज भी एक क़ाबिले फ़रामोश तजुर्बे के तौर पर याद की जाती हैं। 'तन्हाई' अपनी साख़्त के लिहाज़ से नज़्म की नयी शेरियात का ख़ुदमुख़्तफ़ी[४] नमूना कही जा सकती है। और जहाँ तक इस नज़्म की गिरफ़्त में आने वाले तजुर्बे और उस नज़्म की फ़िक्री बिंत का ताल्लुक़ है, तो बक़ौल राशिद अपनी 'मुजर्रद[५] तासीर' की वजह से और डॉक्टर तासीर के लफ़्ज़ों में अपनी अलामती फ़िज़ा की वजह से उसे हमेशा नयी नज़्म के संगे मील की हैसियत रहेगी। फ़ैज़ इन मानों में ना तो बड़े शायर कहे जा सकते हैं, जिन मानों में हमारी हिस्सियत इक़बाल से ताल्लुक़ क़ायम करती है। ना ही फ़ैज़ पुरजलाल, अज़ीम और मुहीब तजुर्बों के शायर हैं। वे ना तो बड़े कैनवस पर ब्रुश चलाते हैं, ना बेमहाबा *स्ट्रोक्स* और *इज़्हारों* से काम लेते हैं।

उनकी तबीअत नाज़ुक मीनातोर[६] बनाने वाले मुसव्विरों की जैसी है जो हस्सास नुक़्तों, लकीरों और ख़ाक़ों की मदद से अपने अन्दरूनी मंज़रनामे (*इनर लैण्डस्कैप*) की तश्क़ील करते हैं और ठहर-ठहर कर धीमे पुरख़याल

---

१. आच्छादित/विवश करना, २. एतराज़ करने वाला ३. पराजय की स्वीकृति ४. ख़ुद से छुपी हुई ५. निराकार ६. लघु चित्र

अन्दाज़ में अपने समझे जाने का तक़ाज़ा करते हैं। एक इंटरव्यू के दौरान फ़ैज़ ने यह जाती बयान दिया था कि उनकी नज़र में अपनी सबसे पसन्दीदा नज़्म 'हम जो तारीख़ राहों में मारे गये' है। ज़िन्दाँनामा (१९५६) की इस नज़्म के यह ज़बानजद मिसरे :

जब घुली तेरी राहों में शामे सितम
हम चले आये, लाये जहाँ तक क़दम
लब पे हर्फ़े ग़ज़ल, दिल में कन्दीले गम
अपना ग़म था गवाही तेरे हुस्न की
देख क़ायम रहे उस गवाही पे हम
हम जो तारीक राहों में मारे गये

फ़िक्री एतिबार से फ़ैज़ के उन शायराना रवैयों की तौसीअ[1] कहे जा सकते हैं जिनकी निशान्देही फ़ैज़ ने 'मौज़ू-ए-सख़ुन' नामी नज़्म के आख़िरी बंद में इस तरह की थी कि :

ये भी हैं ऐसे कई और भी मज्मूँ होंगे
लेकिन उन शोख़[2] के आहिस्ता से खुलते हुए होंठ
हाए उस जिस्म के कमबख़्त दिलावेज[3] ख़ुतूत
आप ही कहिये कहीं ऐसे भी अफ्सूँ होंगे

अपना मौज़ूँ-ए-सुख़न इनके सिवा और नहीं
तबअ शायर का वतन इनके सिवा और नहीं

'नयी नज़्म' और 'पूरा आदमी' में सलीम अहमद ने 'मुझसे पहली सी मुहब्बत मेरे महबूब ना माँग' के इन दो मिसरों :

लौट जाती है इधर को भी नज़र क्या कीजिये
अब भी दिलकश है तिरा हुस्न मगर क्या कीजिये

का बहुत मज़ाक़ उड़ाया है जो इस बन्द के बाद आते हैं कि :

अनगिनत सदियों के तारीक़ बहीमाना तिलिस्म
रेशम व अतलस व कमख़्वाब में बुनवाए हुए

---

१. विस्तार २. चंचल/शरीर/गुस्ताख़ ३. ख़ुशनुमा

ज़ा-ब-जा बिकते हुए कूचा-व-बाज़ार में जिस्म
ख़ाक़ में लिथड़े हुए ख़ून में नहलाए हुए

और सलीम अहमद की दिलज़दगी का सबब यह है कि 'अब भी दिलकश है तेरा हुस्न मगर क्या कीजिये' में एक मोहताज तफ़्सील और बेज़रर[१] सा लफ़्ज़ 'मगर' शेरी तजुर्बे की सफ़्फ़ाक़ी[२] और संगीनी का अलामिया है। यानी यह कि फ़ैज़ के लिए 'जाए रफ़्तन' और 'पाएमांदन', दोनों कोई ना कोई मुश्किल खड़ी कर देते हैं। असल में शायरी का मुताला अगर पढ़ने वाला अपनी शर्तों, आदतों, ज़रूरतों और मस्लहतों के हिसाब से करेगा तो इसी तरह के मसले पैदा होते रहेंगे। तजुर्बे का तहर्रक[३] फ़ैज़ को अपने मर्कज़ से आगे ले जाये तो ग़लत और अगर वे एक मर्कज़ पर साकित और पाबस्ता दिखायी दें तो तजुर्बे के तअत्तुल[४] का इल्ज़ाम सामने है। वाक़िया यह है कि फ़ैज़ की शायरी के साथ 'बा मक़ाम दर ना साज़द' वाला मामला है। उनका दिले नासबूर[५], एक मर्कज़ पर उन्हें ठहरने नहीं देता। फ़ैज़ एहसासों की आती-जाती लहरों या *'स्विंग्ज़ ऑफ़ मूड्ज़'* के शायर हैं, एक अन्दरूनी इज़्तिराब की मारी हुई भटकती हुई रूह जिसका दारुलअमान कभी अपनी मुहब्बत बनती है, कभी गिर्दो पेश की दुनिया में बसी हुई मख़्लूक़ की मुहब्बत। यह सूरतेहाल या रुझानों की यह दोरुख़ी फ़ैज़ के लिए तो परेशान करने वाली नहीं थी, मगर उनके वाहिदुल्मर्कज़ मौतिरेज़ीन के लिए दुविधा बन गयी। नज़रियाती तनक़ीद के ज़ाब्तों या अपनी ज़ाती पसन्द व नापसन्द के मुताबिक़ शे'र व अदब के मुताले में पढ़ने वालों को असल दिलचस्पी तख़्लीक़ी तजुर्बे से नहीं बल्कि अपने आप से होती है। और वह सिर्फ़ अपनी ताईद या अपने अक्स की तलाश का मुतवन्नी[६] होता है।

तरक़्क़ीपसन्द शायरी की रिवायत का जायज़ा लेते हुए, जिलानी कामरान ने ('स्तानज़े' का दीबाचा १९५७) में लिखा था कि इश्तिराक़ी मुआशरे में दिल की वीरानी का मज़्कूर[७] मुमकिन नहीं और सिर्फ़ ज़मीनी दुख की कहानी एक अधूरी कहानी है। फ़ैज़ की शायरी में दिल गिरफ़्तगी और मलाल का उंसुर तमानियत[८] और सरख़ुशी[९] के एहसास पर ग़ालिब है। ऐसा शायद इसलिए है कि फ़ैज़ इज्तिमाई आशोब[१०] की अक्कासी[११] के बावजूद, बुनियादी तौर पर तख़्लीक़ी तन्हाई के तजुर्बे से अक्सर किनाराकश नहीं

१. क्षतिशून्य २. निष्ठुरता ३. हरकत/हिलना ४. निठल्लापन/बेकारी ५. अधीर मन ६. तमन्ना करने वाला ७. ज़िक्र ८. सन्तोष/इत्मीनान ९. हलका नशा १०. उथल-पुथल, ११. नक़ल

होते। उनका एहतिजाज भी, जिसके वास्ते से वे इंसानों के एक गिरोह की तर्जुमानी क़रते हैं और सिर्फ़ अपनी हस्ती के पाबन्द नहीं रह जाते, बड़ी हद तक एक जेरे लब[१], बल्कि ख़ामोश एहतिजाज की हैसियत रखता है। वे ऊँची, खुली-डली आवाज़ में बहुत कम बात करते हैं। जिन नज़्मों में उनका आहंग क़द्रे ऊँचा महसूस होता है, मिसाल के तौर पर 'आ जाओ अफ़रीक़ा' या ज़िन्दगी के आख़िरी दौर की नज़्म, 'हम देखेंगे, लाज़िम है कि हम भी देखेंगे' तो इस क़िस्म की नज़्मों में भी उदासी की एक लहर जोशीले जज़्बात की हमरक़ाब दिखायी देती है :

आ जाओ, मैंने धूल से माथा उठा लिया
आ जाओ, मैंने छील दी आँखों से ग़म की छाल
आ जाओ, मैंने दर्द से बाज़ू छुड़ा लिया
आ जाओ, मैंने नोच दिया बेकसी का जाल
आ जाओ, अफ़रीक़ा
पंजे में हथकड़ी की कड़ी बन गयी है गुर्ज़[२]
गर्दन का तौबक़[३] तोड़ के ढाली है मैंने ढाल
जलते हैं हर कछार में भालों के मृग नयन
दुश्मन लहू से रात की कालिक हुई है लाल
आ जाओ, अफ़रीक़ा

नज़्म चाहे जितनी बुलन्द आहंग और इंक़लाबी हो, आहिस्ता रवी और नरमी का असर बर्क़रार रहता है। नारा नग़मे में ढल जाता है और बरहमी सरगोशी[४] बन जाती है। यह दरअसल जब्र है फ़ैज़ की अपनी तबीयतका। उनका एक मिसरा है "एक कड़ा दर्द के जो गीत में ढलता ही नहीं!" मगर फ़ैज़ के क़लाम में नग़मगी का उंसुर सख़्त और दुरुश्त[५] तजुर्बों और आतिशफ़शाँ एहसासों में भी नरमी और धीमापन पैदा कर देता है। फ़ैज़ हैजान बपा करने वाले ज़हनी तजुर्बों को भी अक्सर तस्वीरों में जोड़ देते हैं और यह तस्वीरें, जैसा कि हम पहले अर्ज़ कर चुके हैं, मद्धम और सय्याल रंगों से बनती हैं। इनमें तुंदी, नुक़ीलेपन, बेहिजाबी कैफ़ियत नहीं मिलती। एक मंज़र, यहाँ से शहर को देखो, ज़ंदाँ की एक शाम, ज़ंदाँ की एक सुबह, ईरानी तुल्बा के नाम, सिरे वादिए सीना, ख़्वाब बसेरा, लफ़्ज़ों और आवाज़ों

---

१. होटों ही होठों में २. गदा ३. लोहे की गोल हँसली जो क़ैदियों के गले में डाली जाती है
४. कानाफूसी ५. कठोर

में बसी हुई तस्वीरें हैं जिनका बहता फैलता हुआ रंग आँखों के रास्ते हमारे दिल में उतरने के बाद हमारे शऊर का हिस्सा बनता है। यह एक गुरेज़ाँ[१] और मुतहर्रिक[२] कैफ़ियत है, चुनाँचे फ़ैज़ के कलाम में तवालत-ए-क़लाम[३] के सिर्फ़ इक्का-दुक्का नमूने मिलते हैं। मिसाल के तौर पर 'शीशों का मसीहा कोई नहीं'। मगर इस क़िस्म की नज़्मों में फ़ैज़ तख़्लीक़ थकन से पैदा हुए नस्त्रियत का शिकार ज़रूर हुए हैं। उनका हुनर जैसा कि पहले कहा जा चुका है, छोटे पैमानों में और मुख़्तसर कैनवसों पर अपनी बहार दिखाता है। फ़ैज़ की शायरी, अपने क़ारी[४] से जो रिश्ता क़ायम करती है वह फ़िक्र से ज़्यादा एहसास का रिश्ता है। इसीलिए तसव्वुराती *(कंसेप्चुअल)* सतह पर राशिद फ़ैज़ से आगे हैं और राशिद के यहाँ बहुत नुमायाँ तौर पर अपनी ख़ुद का साया गहरा दिखायी देता है। सुपुर्दगी की वह हिजाब आमेज़, शाइस्ता कैफ़ियत जिनका इन्हिसार[५] फ़ैज़ के तजुर्बों की नर्मआसारी पर है, उनके किसी भी मुआसिर के यहाँ इस हद तक नुमायाँ नहीं हुई। इसलिए, फ़ैज़ के हमअस्र शेरी मंज़रनामे पर नज़र डालते वक़्त, मैं अपने आप को इस असर से अलग नहीं कर सकता कि इस दौर के बाकमालों में मीराजी, राशिद, अख़्तरुल ईमान, सरदार जाफ़री में तक़रीबन हरेक का रंग मुख़्तलिफ़ है और उनका आपस में मुआज़ना[६] करना और एक-दूसरे के हिसाब से उनके मर्तबे का तअय्युन करना माक़ूल बात नहीं है। एक ही अहद की फ़िज़ा में साँस लेने वाले शायर मुक़ाबले की दौड़ में शामिल ख़िलाड़ी नहीं होते, ख़ासकर उस वक़्त, जब उनकी तख़्लीक़ी सरिश्त जुदागाना हो और उनके इदराक व इज़्हार के क़रीने एक-दूसरे से मुमासिल ना हों। फिर अगर फ़ैज़ के शेरी मंज़रनामे का मज्मूई ख़ाक़ा ज़हन में मुरत्तब किया जाय तो उसके दायरे में मुख़्तलिफ़ हिन्दुस्तानी (पाकिस्तानी?) ज़बानों का अदब और दुनिया का वो अदब भी आ जायेगा जो फ़िक्री सतह पर समाजी वाबस्तगी का एहसास रखने वाले तमाम अदीबों की साझा विरासत है। लौर्का, लुई आरागान, मायकोवस्की, पाब्लो नेरूदा, नाज़िम हिकमत, यूतिश्निको, मुक्तिबोध किसी न किसी लिहाज़ से एक ही मंज़िल की जुस्तजू में सरगदाँ, एक-दूसरे के हमसफ़र भी कहे जा सकते हैं। फ़ैज़ का अपने ज़माने के उर्दू शायरों में, एक इम्तियाज़ यह भी है, कि नेरूदा की तरह उनकी शायरी भी ज़ादुई लस[७] की गैबी[८] ख़ूबी से बहरावर हुई है और

१. भागती हुई २. गतिमान ३. कलाम की लम्बाई/दीर्घता ४. पाठक ५. निर्भरता ६. तुलना ७. स्पर्श ८. आकाशीय परोक्ष की

जिस ठहरी हुई, देखने में बेजान चीज़ या मंज़र या मज़हर और कैफ़ियत को वे हाथ लगाते हैं, उसमें जान सी पड़ जाती है।

शख़्सियत का तनाज़ुर[१] चाहे मुख़्तसर हो, लेकिन अगर उसमें सच्चाई है, तो अपना असर क़ायम करने के लिए वह बाहरी सहारों की मोहताज नहीं होगी, सच्ची शख़्सियत की तरह सच्ची शायरी का भी एक अपना जादू होता है। फ़ैज़ बड़े शायर उन मानों में तो नहीं कहे जा सकते जिनके हिसाब से हम कालीदास, फ़िरदौसी, रूमी, ग़ालिब और इक़बाल का जायज़ा लेते हैं, लेकिन उस सतह तक तो हमारे ज़माने का कोई दूसरा शायर भी नहीं पहुँचता। अलबत्ता, यह ज़रूर कहा जा सकता है कि फ़ैज़ की शायरी सच्ची शायरी की एक नुमाइन्दा मिसाल है। और उसका यह कारनामा क्या कम ऊँचा है कि उसने तरक़्क़ीपसन्द शायरी को बेएतिबार नहीं होने दिया और उसे बहुत सी ख़राबियों से बचा लिया। इस तरह, फ़ैज़ की शायरी ने एक अहम तारीख़ी रोल भी अंजाम दिया, जिसकी क़द्र-ओ-क़ीमत हर ज़माने में तस्लीम की जायेगी।

इक़बाल के बाद उर्दू नज़्म के एक नये मोड़ की निशानदेही करने वालों में, फ़ैज़ के साथ, दूसरा अहम नाम राशिद का है। राशिद ने कहीं भी खुलकर इक़बाल की अज़मत का एतिराफ़ नहीं किया। अपने ख़तों में इक़बाल पर कहीं-कहीं तंज़ ज़रूर किया है। फिर भी, उनकी शायरी पर, बिल्वास्ता[२] तौर पर इक़बाल का साया साफ़ दिखलायी देता है। ज़बान, बयान और लफ़्ज़ियात की सतह पर भी और मशरिक़ और मग़रिब की आवेजिश[३] के क़िस्से में, फ़िक्री और जज़्बाती मुज़ाहमत[४] के एक इस्तिआरे के तौर पर भी।

राशिद ना तो रूसियों के हमाउस्त[५] से कोई निस्बत रखते थे, ना ही उन्हें इज्तिमाई ज़िन्दगी के तजुर्बों की ताबीर व तफ़्हीम के अमल में किसी तरह की माबादत्तबीयाती[६] जिहत का कोई सुराग़ मिला था। वे अपने दौर और अपनी जीती-जागती दुनिया के शायर थे। पर उन्होंने ज़िन्दगी का मुशाहदा[७] एक ऐसे शख़्स के तौर पर किया कि जिसके सिर पर तारीख़ की धूप फैली हुई है और जो पूरी तरह जाग रहा है।

इक़बाल की तरह, राशिद की ज़बान भी फ़ारसी आमेज़ है। उनके मज्मूई

---

१. परिपेक्ष २. परोक्ष ३. लाग-डाँट/हाथापाई ४. हस्तक्षेप ५. सब कुछ ईश्वर है ६. आध्यात्मिक, ७. निरीक्षण

आहंग में भी इक़बाल की तरह ख़िताबत का अन्दाज़ है। फ़ैज़ के बरक्स, राशिद का लहजा भी अक्सर बुलन्द है और ख़ासा तफ़रीक आमेज़[१]। उनकी तख़्लीक़ी हिस्सियत को मुरत्तब करने में, इक़बाल ही की तरह फ़ारसी शायरी की रिवायत ने भी एक ख़ामोश किरदार अदा किया है।

अजीब बात है कि राशिद की ताबीर का सिलसिला 'माविरा' से शुरू हुआ था, वक़्त के साथ-साथ उसके महवर बिल्कुल तब्दील होते गये। 'माविरा' की शायरी कुछ लोगों के लिए मज़ाक़ का मौज़ू थी, चुनाँचे उसकी *पैरोडी* लिखी गयी (हयातुल्लाह अंसारी/फ़िरक़र का कोरवी)। 'माविरा' के शायर को बीमार ज़हनत रखने वाला, जिंसज़दा, मुबहम और मोहमल और मग़रिब से दरामद किये जाने वाले ऐसे तजुर्बों और रुझानों का मुबालग़ा समझा गया, जो मशरिक़ की रिवायत और मज़ाक़-ए-सुख़न के लिए कतअय्यन नामौज़ू और बेमहल[२] थे। हमारी शेरी रिवायत के सियाक़ में राशिद का नाम एक फ़ब्ती के तौर पर लिया जाता था।

फिर वह वक़्त भी आया कि राशिद की शायरी एक नये भेद के तौर पर, अपने आप को एक नये तनाज़ुर के साथ मुंकशिफ़[३] करने लगी। इबहाम और जिंसज़दगी और मरीलिज़ाना जहनियत के इल्ज़ामात की तकरार धीरे-धीरे ख़त्म हुई और ज़रा ग़ौर फ़रमाइए कि अब राशिद फ़िक्री और तख़्लीक़ी क़ल्बे माहियत[४] के एक पुरअसरार[५] सिलसिले से गुज़रने के बाद नयी शायरी के कुछ मुफ़स्सिरों[६] की नज़र में, इक़बाल के साथ खड़े हुए हैं। हमारी तारीख़ी, तहज़ीबी और मुआशरती तारीख़ के पसे मंज़र में, अब राशिद का नाम एक इन्तिहाई मतीन[७] और संजीदा और पुरशिकवा तर्जुमान की हैसियत से लिया जाता है, राशिद की शायरी के मानी अब एक नयी सतह पर खुल रहे हैं। उनकी तरफ़ मुड़कर बार-बार देखने के जवाज़[८] भी इसी वाक़िये में छुपे हुए हैं।

ग़ालिब और इक़बाल के बाद मेरे लिए वे तीसरे शायर हैं जिसकी नज़्मों में मानी के इमकानात[९] कभी ख़त्म नहीं होते। यह शायरी अपनी तफ़्हीम और ताबीर के किसी भी मरहले में हमारे लिए सिर्फ़ माज़ी की चीज़ नहीं बनने पाती। अपने तमाम दरवाज़े कभी बन्द नहीं करती। किसी न किसी तजुर्बे,

---

१. फ़र्क़ पैदा करने वाले २. बेमौक़ा/अनुचित ३. व्यक्त ४. दिल की हालत ५. रहस्यमय ६. भाष्यकार ७. गम्भीर, ८. औचित्य ९. सम्भावनाएँ

तर्ज़े एहसास और तसव्वुर के वास्ते से यह शायरी हमें नये सिरे से मुतवज्जा कर लेती है और हमारी तख़्लीक़ी एहतियाज[१] की आसूदगी का ज़रिया बन जाती है। अपने दानिशवराना आहंग और तफ़क्कुर के लिहाज़ से, अपने तारीख़ी और मुआशरती हवालों की कसरत और रंगा-रंगी के एतिबार से, राशिद, ग़ालिब और इक़बाल के बाद हमारे तीसरे सबसे जाजिबे नज़र[२] शायर हैं।

ज़ाहिर है कि मेरी इस बात का मतलब यह हरगिज़ नहीं कि राशिद, ग़ालिब और इक़बाल के हममर्तबा शायर हैं। अभी हमारे अहद में और राशिद में वह फ़ासला पैदा नहीं हो सका है कि हम अज़मत के इस पैमाने पर नहीं रख सकें जिससे दुनिया की बड़ी *क्लासिकी* शायरी को पहचाना जाता है। राशिद हमारे लिए आज भी सामने के शायर हैं और यही सच्चाई उन्हें हमारे लिए इतना बुलन्द, गिराँमाया[३] और पुरमानी बनाती है। 'माविरा' से लेकर 'गुमाँ का मुमकिन' तक हम जब भी राशिद के ज़हनी और जज़्बाती राबितों, उनकी उमंगों और ख़्वाबों, उनके इंसानी सरोकारों, उनकी आसूदगी और बरहम और अफ़सुर्दगी और मायूसी पर नज़र डालते हैं, हमारे अपने आलमे आशोब और अहद से वाबस्ता कोई न कोई सच्चाई उनसे हमारी बातचीत क़ायम कर देती है। अपनी तमामतर कशिश और दिलावेज़ी[४] और तासीर के बावजूद मीराजी, फ़ैज़, अख़्तरुल ईमान, मजीद अमजद इस सतह पर हमें राशिद से पीछे दिखायी देते हैं।

अख़्तरुल ईमान ने राशिद की शायरी पर 'बड़बोलेपन' का जो इल्ज़ाम आयद किया था, ग़लत नहीं था। फ़ैज़, मीराजी, मजीद अमजद और ख़ुद अख़्तरुल ईमान की शायरी के महासिन[५] अपनी-अपनी जगह बेमिसाल हैं और यह हमारे लिए हमेशा क़ीमती और लायक़े ताजीम[६] रहेंगे, मगर इनमें से किसी के यहाँ तफ़क्कुर की वह गूँज और गहराई नहीं मिलती जो राशिद की शायरी की एक इतियाज़ी ख़ूबी है। किसी के यहाँ इंसानी तजुर्बों की बुनियाद तक पहुँचने की वह हक़ीक़त पसन्दाना कोशिश भी नहीं दिखायी देती जो राशिद की शायरी में नुमायाँ है और इसीलिए, राशिद के किसी भी हमअस्र के यहाँ इंसान के निजी और सामूहिक वुजूद की वह रंगा-रंगी, वह फैलाव, मसलों और मामलों की वह कसरत भी नज़र नहीं आती जिसने

---

१. कंगाली २. दृष्टि को अपनी ओर खींचने वाला ३. महत्त्वपूर्ण ४. हुस्न/शोभा ५. अच्छाइयाँ ६. इज़्ज़त

राशिद की शायरी को जदीद दौर की सियासत, मुआशरत, तारीख़ और तहज़ीब का आइनाख़ाना बना दिया है। इस एतिबार से राशिद, हाली, अकबर, इक़बाल की रिवायत से देखने में अलग होते हुए भी दरअस्ल इसी रिवायत के शायर हैं। इन लोगों की तरह, तारीख़ और तहज़ीब और इज्तिमाई आशोब राशिद की शायरी का मर्कज़ी हवाला भी कहा जा सकता है। जैसे ठोस, ज़िन्दा और जीते-जागते हवालों से राशिद की शायरी भरी पड़ी है, उनके किसी भी समकालीन के यहाँ, फ़ैज़ और मीराजी समेत, इज्तिमाई ज़िन्दगी के इतने हवाले कहीं और नहीं मिलते। इसीलिए राशिद की शायरी में आम इंसानी तजुर्बे की जो तहदारी और दबाज़त[१] दिखायी देती है, किसी और के यहाँ नहीं है। यहाँ आगे बढ़ने से पहले राशिद की कुछ बेतक़ल्लुफ़ तहरीरों के चन्द इक़्तिबासात नक़्ल करना चाहता हूँ, लिखते हैं :

> मुझे सबसे ज़्यादा ग़र्ज़ अपने बाज अफ़्कार के इज़हार से हमेशा रही है और उनकी रिसालत को मैंने अहम जाना है। मेरे नज़दीक शायरी महज़ असवात[२] या अल्फ़ाज़ का खेल नहीं बल्कि दूसरों के अफ़्कारों में हैजान पैदा करने का मूसिरतर ज़रिया है।

(मक़्तूब बनाम आग़ा आबिद अल मजीद, बहवाला नून। मीम राशिद के ख़ुतूत, लाहौर)

> तारीख़ का हर अमल, हालात के ख़ास तारो पोद[३] के साथ वाक़ई हुआ था। जब तक वो हालात बेजिंसा मौजूद ना हों, तारीख़ का कोई अमल पूरे तौर पर एक सा नतीजा पैदा नहीं कर सकता।

(हवाला, आइज़न)

> मेरे नज़दीक माज़ी के तजुर्बात हमारे आइन्दा या मौजूदा मसाइल को हल नहीं कर सकते (शायद चन्द तजुर्बात कर सकते हों लेकिन सब नहीं) और मेरे नज़दीक हमारी क़ौम का मसइला गुज़िश्ता हज़ार साल का नहीं, आइन्दा हज़ार साल का है।

(मकतूब बनाम सैयदुल्लाह, हवाला आइज़न)

राशिद की शायरी में मुस्तक़्बिलियत के उंसुर पर बहुत कुछ लिखा जा चुका है। यहाँ उन बातों को दोहराने की ज़रूरत नहीं है, तो भी, उस उम्र की

---

१. स्थूलता २. आवाज़ें ३. ताना-बाना

निशानदेही ज़रूरी है कि राशिद की हिस्सियत का अनोखा, हालाँकि उनके तजुर्बे में सीधे तौर पर आने वाले लहिये मौजूद से फूटता है और इस लिहाज़ से वे बुनियादी तौर पर एक वजूदी तर्ज़े एहसास रखने वाले शायर हैं, लेकिन उनकी मौज़ूदियत, फ़िक्री सतह पर, बहरहाल एक हमागीर मुस्तक़्बिलियत के अधीन है। यही सच्चाई उन्हें अपने जूनियर हमअस्त्रों के मुक़ाबले में मुख़्तलिफ़ बनाती है और उनकी हिस्सियत का रिश्ता जदीदियत के रिवायती तसव्वुर से आगे रूनुमा होने वाले रुझानों से जोड़ती है। हर अच्छा शायर अपने ज़मानी तजुर्बे को अपने तौर पर पार करता है। राशिद ने जितनी पुरपेच सतह पर अपने माज़ी और हाल से आगे बढ़कर एक बेनाम मुस्तक़्बिल को गिरफ़्त में लेने की कोशिश की है और तारीख़ के अन्दर रहते हुए भी तारीख़ के घेरे को तोड़ा है, बीसवीं सदी की शायरी में इसकी मिसाल सिर्फ़ इक़बाल के यहाँ मिलती है। इस लिहाज़ से राशिद की हिस्सियत और इक़बाल की हिस्सियत में उन दोनों की बसीरत और तनाज़ुर के फ़र्क़ के बावजूद मुमासिलत[१] के कुछ ज़ाविये भी निकलते हैं।

लेकिन यह मुमासिलत बहुत धोखा देने वाली है। और अगर सिर्फ़ इस (मुमासिलत) की ऊपरी परत को देखा जाये तो ग़लत नतीजों तक भी पहुँचा जा सकता है। यह सूरतेहाल इक़बाल और राशिद दोनों के साथ एक-सी ज़्यादती (या नाइंसाफ़ी) के बराबर होगी। मिसाल के तौर पर फ़तह मुहम्मद मलिक के एक ताज़ा वारिद मज़्मून 'राशिद की इस्तमार शायरी' (मश्मूल : राशिद नबर, बाज़ियाफ़्त शाएबा उर्दू, पंजाब यूनिवर्सिटी, लाहौर) का यह इक़्तिबास देखिये :

> रवाँ सदी की तीसरी दहाई में हमारे अदबी उफ़ुक़ पर शायरों की जो नयी नस्ल नमूदार हुई थी, उसमें नून मीम राशिद की शायरी सबसे ज़्यादा ज़ोरदार रज्मिया आहंग रखती है। वो इक़बाल के बाद मुताज-ओ-मुंफ़रिद मक़ाम हासिल करने वाले शायरों में सबसे बड़े सामराज दुश्मन दानिशवर हैं। फ़िक्र-ओ-फ़न के तदरीबी नश्वोनमा[२] के पहले दौर में अगर उनके यहाँ सामराज दुश्मन 'लय बुलन्द आहंग' है तो आख़िरी दौर में जेरे लब, मगर अज अव्वल ता आख़िरान की शायरी सामराजी और नौआबादियाती यल्गार के ख़िलाफ़ शमशीर बरहना है...वो मग़रिबी सामराज के साथ-साथ सवेट सामराज और उभरते हुए बिरहमन

---

१. समानता २. उगना और विकसित होना

सामराज से भी शदीद नफ़रत करते हैं।

फ़तह मुहम्मद मलिक साहब ने एक अच्छे भले संजीदा मौक़िफ़ को अपने *पैथोलोजिकल* जुनून की वजह से, मुज़्हिक़ाख़ेज़ी की नज़र कर दिया। ज़ाहिर है कि राशिद की गहरी फ़िक्र और उनकी शायरी का इन्तिहाई दानिशवराना मिज़ाज अपने पढ़ने वाले से इससे ज़्यादा संजीदा रद्दे अमल का तक़ाज़ा करता है। राशिद अपने ज़हनी इर्तिक़ा के साथ-साथ, सर सैयद से इक़बाल तक पहुँचने वाली दानिशवराना रिवायत से इक़्तिसाब[१] और इस्तिफ़ादे के बावजूद, इक़बाल से सरीहल मुख़्तलिफ़ फ़िक्री और जज़्बाती रवैया रखने वाले शायर हैं। और अपने तहज़ीबी व मुआशरती मौक़िफ़ का इन्तिख़ाब तारीख़ की अपनी ताबीर और अपने मख़्सूस ज़मानी व मकानी तजुर्बे के सियाक़ में करते हैं। ऐसी सूरत में, फ़तह मुहम्मद मलिक के ऊपर दिये गये इक़्तिबास से ज़्यादा ग़ौरतलब और मानीख़ेज़ तहसीन फ़िराक़ी के इरादिये (हवाला बाहवाला राशिद नबर) का यह इक़्तिबास है कि :

मेरे भी हैं कुछ ख़्वाब
वही कश्फ़े[२] ज़ात की आरज़ू
मुझे देखने दो वही सहर

ख़्वाब, नयी सहर, कश्फ़े ज़ात की आरज़ू—बस इसी इबारत थी। राशिद की शख़्सियत और शायरी—सच्ची बात तो यह है कि इक़बाल के बाद अगर किसी शायर पर निगाह ठहरकर जम जाती है और फिर मुश्किल से उठती है तो वे राशिद और सिर्फ़ राशिद हैं। फ़ैज़, मजीद अमजद, अख़्तरुल ईमान, यह सब शायर भी तिलिस्म बाँधते हैं, शायरी के पर्दे में साहिरी करते हैं। मगर राशिद का रंगे शायरी उन सबसे अलग है। अपने लफ़्ज़ और मानी की वहदत में आला दर्जे की रंगा-रंगी का अमीन यह शायर उर्दू शायरी की एक बेजोड़ आवाज़ है जो देर तक मन के गुबद में गूँजती और लहू की चारदीवारी में तैरती रहती है। मानी व मफ़ाहिम का वह तनव्वो[३] जो मीम राशिद को मयस्सर है, उनके किसी मुआसिर या बाद के उर्दू शायर का नसीब नहीं हो सका।

तहसीन फ़िराक़ी की यह राय राशिद के कलाम की गहरी तफ़्हीम और एक

---

१. हासिल करना २. ज़ात को खोलना ३. रंगा-रंगी

इन्तिहाई ज़हानत आमेज़ बसीरत का नतीजा है। फिर भी, उससे यह गुंजाइश निकलती है कि इस राय के पसे मंज़र में राशिद का मुआजना उनके कुछ हमअस्त्रों, ख़ासकर फ़ैज़, अतुरल ईमान और मजीद अमजद से किया जाये। लेकिन एक तो मुझे इस मशगले से ज़्यादा दिलचस्पी नहीं है, दूसरे यह ख़याल भी आता है कि ज़मानी और मकानी सियाक़ के इश्तिराक़[१] और अपने खरे और सच्चे इंसानी सरोकारों के बावजूद यह तमाम शायर इंफ़िरादियत के एक नाक़ाबिले तनसीख[२] उंसुर से मालामाल भी थे और उनमें से हरेक की अपनी अलग पहचान थी। यह एक ही दुनिया के वासी थे मगर अपनी-अपनी एक अलग दुनिया भी रखते थे। इनमें से हरेक का अपना अलग मिज़ाज था, अपने मुंफ़रिद और मुख़्तलिफ़ तख़्लीक़ी रवैये। ज़बान को बरतने और मुरव्वजा लफ़्ज़ों के मानी तक पहुँचने के अपने-अपने तरीक़े थे। इनमें कोई किसी की नक़्ल या कोई किसी से मरऊब नहीं था। फिर भी यह कहना ग़लत नहीं होगा कि राशिद के जैसी तवानाई[३] से मामूर झंकार और फ़िक्री दबाज़त ना तो फ़ैज़ के यहाँ दिखायी देती है ना मजीद अमजद ना अख़्तरुल ईमान के यहाँ। जिस एहतिमाम और एहसासे ज़िम्मेदारी के साथ राशिद की नज़्म नमूदार होती है, उसका नक़्शा ही कुछ और है, और इसीलिए, राशिद को पढ़ते वक़्त बार-बार यह असर भी क़ायम होता है कि जदीद नज़्म की तनक़ीद ने राशिद के साथ इंसाफ़ नहीं किया और उनका हक़ अदा होना अभी बाक़ी है। इक़बाल के बाद राशिद के जैसे ग़ैरमामूली तनव्वो और तफ़क्कुर की चहल-पहल किसी दूसरे नज़्मगो के यहाँ नज़र नहीं आती। राशिद अपने हमअस्त्रों में सबसे अलग दिखायी देते हैं।

अपने इस इम्तियाज़ से और अपनी शायरी के मामले में उर्दू तनक़ीद की आम नारसाई[४] से ख़ुद राशिद भी आगह थे। रस्मी और रिवायती तनक़ीद और इधर-उधर के अदबी तसव्वुरात (नज़रियात) और सिद्धान्तों के बाज़ारीपन पर राशिद की बरहमी इसीलिए बेजा नहीं थी और सिक्केबन्द नक़्क़ादों (मसलन मुज्तबा हुसैन मरहूम) से राशिद की बरगश्तगी भी तनक़ीद के आम हाओ-भाव और चलन से राशिद की नाआसूदगी इसी पसे मंज़र में देखी जानी चाहिए। तनक़ीद और नक़्क़ाद के बारे में राशिद ने कुछ मक़ामों पर बहुत खुलकर अपनी राय का इज़हार किया है। मिसाल के तौर पर यह चन्द जुमले देखिये :

---

१. मिली-जुली २. जिसे रद्द नहीं किया जा सके ३. ताक़त ४. पहुँच ना होना

कोई नक़्क़ाद आज तक ऐसा पैदा नहीं हुआ जो अच्छे शे'र को बुरा और बुरे शे'र को अच्छा बना दे। या बुरे शायर को ज़िन्दा जावेद कर दे और अच्छे शायर को मौत के घाट उतार दे। अगरचे सब 'नक़्क़ाद' दिल में समझते यही हैं। तनक़ीद बेशक निहायत मुफ़ीद काम है लेकिन इसमें सबसे बड़ी ख़राबी यह है कि इसे नक़्क़ाद लिखते हैं। तनक़ीद नक़्क़ादों के बस का रोग नहीं। शे'र को शायरी से ज़्यादा और अदब को अदीब से ज़्यादा कोई नहीं समझता। और इदराक और शऊर के जिन रास्तों से शायर और अदीब शे'र व अदब को समझते हैं वो पेशावर नक़्क़ादों को कम ही नसीब होते हैं।

(हवाला ख़त बनाम साक़ी फ़ारूक़ी, आर्ज़ू १९७५, नून मीम राशिद के ख़ुतूत, लाहौर, २००८)

राशिद ना तो शायरी में घिसे-पिटे तरीक़ों को क़ुबूल कर सकते थे, ना तनक़ीद में। ढली-ढलाई, आज़्माई हुई इस्तलाहों की गिरिफ़्त में ना तो उनकी शायरी आती है, ना उनके ज़हनी तजुर्बे और तसव्वुरात। हाली, अकबर, इक़बाल के बरक्स, राशिद हर तरह के तयशुदा और मानूस[1] रहनुमा नज़रिये की गिरफ़्त से आज़ाद हैं। इसीलिए, शायरी में वो अपने गहरे इंसानी सरोकारों के बावजूद, *कमिटमेण्ट* या वाबस्तगी के फ़ैशनेबल और दबे-कुचले तसव्वुर से बेजार थे। यह रवैया उर्दू में दानिशवरों की इस रिवायत और राशिद की अपनी हिस्सियत के बीच एक हद्दे फ़ासिल क़ायम करता है, जिसकी तश्क़ील उन्नीसवीं सदी में सर सैयद और उनके रफ़ीक़ों, और बीसवीं सदी में इक़बाल के हाथों हुई थी। राशिद की जुस्तजू एक नामालूम जुस्तजू थी और उनकी तलाश का रुख़ एक ऐसे मुस्तक़्बिल की तरफ़ था जिसके ख़त-ओ-खाल अभी साफ़ नहीं हुए हैं। यह एक हमागीर तलाश थी जिसने राशिद को ताउम्र बेचन और मुतहर्रिक रखा। उनकी जैसी नासबूरी[2] ना तो उनके तरक़्क़ीपसन्द मुआसरीन के यहाँ नज़र आती है, ना हल्का-ए-अरबाब-ए-ज़ौक़ के शायरों में। राशिद तमाम व कमाल तन्हा, अपने आप में गुम और अपनी निजी और इज्तिमाई तारीख़ से उलझते हुए शायर हैं। उनकी हस्ती का सबसे ज़्यादा मुरत्तब और मुकम्मल तार्रुफ़, ख़ुद उन्हीं के लफ़्ज़ों में इस तरह हुआ है :

अजल[3], उनसे मिल
कि यह सादा दिल

---

१. परिचित २. आतुरता ३. मौत।

ना अहले सलात और ना अहले शराब
ना अहले अदब और ना अहले हिसाब
ना अहले किताब और ना अहले मशीन
ना अहले ख़ला और ना अहले ज़मीन
फ़क़त बेयक़ीन
अजल, उनसे मत कर हिजाब
अजल, इनसे मिल!

(तारुफ़, ला=इंसान)

वाक़िआ यह है कि राशिद की हर नज़्म, उनके घने और उलझे हुए तजुर्बे का मौक़ा भी है और हमारे लिए इस तजुर्बे के रमूज़ और असरार तक पहुँचने का ज़रिया भी है। ख़ास तौर पर 'ईरान में अजनबी' के बाद 'ला=इंसान' से 'गुमाँ का मुम्किन' और उसके बाद की नज़्मों में तो राशिद के हर तजुर्बे की तरक़ीब में एक रची हुई फ़लसफ़ियाना जिहत भी शामिल हो गयी है। 'हसन कूज़ा-गर' जो 'ला=इंसान' की पहली नज़्म है और इसी उन्वान के साथ, दो और नज़्मों के मराहिल से गुज़रती हुई उनके आख़िरी मज्मुए (गुमाँ का मुम्किन) की आख़िरी नज़्म भी है। इसे तो हम एक ऐसे राज़ों से भरे हुए बस्ते, एक ऐसी बेमिसाल तख़्लीक़ी वहदत की कुंजी भी कह सकते हैं जिससे राशिद की पूरी शायरी इबारत है।

'हसन कूज़ा-गर' चार फ़सलों में बँटी हुई एक शख़्सी तमसील[१] ही नहीं, एक अजीबोग़रीब, तह-दर-तह और भरी-पूरी दास्तान भी है जो हमें अहदे ज़वाल के आख़िरी बड़े शायर ने सुनायी है। इस नज़्म के सियाक़ में, इजाज़ हुसैन बटालवी ने राशिद के इंतक़ाल से कुछ ही रोज़ पहले, उनसे अपनी एक मुलाक़ात का हाल बयान किया है और लिखा है कि :

मैंने कहा :

> अब मुझे ('गुमाँ का मुम्किन' के मुसवद्दे) इस मज्मूए की कोई नज़्म सुनाइये। उन्होंने कहा, 'साथ लिए जा रहे हो रास्ते में पढ़ लेना। मगर मैंने इसरार किया कि आपकी ज़बानी सुनूँगा और दिल में सोचने लगा कि देखूँ, राशिद अपनी कौन सी नज़्म का इन्तिख़ाब करते हैं। उन्होंने मुसव्विदे को इधर-उधर से पलटकर 'हसन कूज़ा-गर' का आख़िरी हिस्सा अपने मख़्सूस अन्दाज़ में पढ़कर सुनाया। अब इस नज़्म को

---

१. उपमा।

पढ़ता हूँ और इस आख़िरी मुलाक़ात की तरफ़ पलटकर देखता हूँ तो यह बात भी वाजेह होने लगती है कि उन्होंने इस नज़्म का इन्तिख़ाब क्यों किया होगा और फिर यह कि (अपनी आख़िरी) किताब की तरतीब में उसे सबसे आख़िर में क्यों रखा?

(हवाला, इजाज़ बयान लाहौर, २००७, स : ३९३)

गोया कि इस नज़्म को राशिद की मज्मुई हिस्सियत के निचोड़ और उनकी ज़िन्दगी के उम्र भर के तजुर्बे की बुनियाद के तौर पर भी देखा जा सकता है। इसका फ़िक्री कैनवस माज़ी से मुस्तक़्बिल तक फैला हुआ है और बेहद अफ़्सानवी अन्दाज़ में शुरू होने वाली इस नज़्म का ख़ात्मा एक पुरअसर ड्रामाई मोड़ पर होता है। यह ज़िन्दगी के आग़ाज़ व अंजाम की एक अनोखी तख़्लीक़ी दस्तावेज़ है। 'ला=इंसान' के मुसाहिबे में राशिद ने कहा था :

मुझे एतिराफ़ है कि मुझे माज़ी से कोई दिलचस्पी नहीं, वाह वो किसी रंग में क्यों नमूदार ना हो। मैं समझता हूँ कि अस्ल मसइला आइन्दा हज़ारों साल का है, गुज़िश्ता हज़ारों साल का नहीं। माज़ी के अन्दर या माज़ी के जमा किये हुए तजुर्बात के अन्दर आइन्दा के मसाइल की किलीद[१] कहीं मौजूद नहीं।

मगर इक़बाल के साथ एक ही साँस में राशिद का नाम लेते वक़्त हमें उनका यह बयान भी याद रखना चाहिए। उर्दू की अदबी रिवायत में अपनी फ़िक्र और तर्ज़े एहसास के एतिबार से अज़मत की आख़िरी निशानी इक़बाल की शायरी है। राशिद की शायरी के अनासिर में इक़बाल से मुमासिलत के कई पहलू निकलते हैं। इस हक़ीक़त को भी तस्लीम किया जाना चाहिए कि राशिद के उस्लूबे शे'र की तहदारी, दबाज़त, सोहती माहौल और राशिद की फ़िक्र के तारीख़ी मुआशरती और जज़्बाती हवाले, उन्हें पढ़ते वक़्त बार-बार इक़बाल की तरफ़ ले जाते हैं। लेकिन राशिद और इक़बाल में फ़ासला भी बहुत है। राशिद की शायरी का दानिशवराना मिज़ाज, बेशक, बाद के तमाम शायरों में उन्हें महमेज[२] करता है और उन्हें एक ऐसी आलमगीर हिस्सियत के फ़रोग का हिस्सा बनाता है जिसकी दागबेल पहली आलमी जंग के बाद के दौर में एलियट की 'वेस्टलैण्ड' के वास्ते से पढ़ी थी। राशिद की कुछ नज़्मों, मसलन सबा वीराँ, 'एक ग़ज़ले शब', 'मुझे विदा

१. कुंजी २. जोश दिलाता है।

कर', 'दिल मेरे सहरा नवर्दे पीर दिल', 'इसराफ़ील की मौत', और 'आईना-ए-हुस्न' व ख़बर सी आरी, का हुज़्निया-ए-आहंग, उनकी फ़िक्र में तश्वीश और तनाव के अनासिर और अपने हाज़िर की बेसर व सामानी और रूहानी फ़िक्र पर इज़्तिराब और हज़ीमत की एक मुस्तक़िल कैफ़ियत उन्हें नये दौर की दस्तावेज़ बनाती है। लेकिन अपनी वसीअ और बसीत महज़ूनी[१] और अपने हैजानों के बावजूद, राशिद की शायरी का महवर और उसका तनाज़ुर बहुत मुख़्तलिफ़ है। राशिद के एक जवाँ साल और ताज़ा फ़िक्र शारे (ज़िया उल हसन : मज़्मून हसन कूज़ा-गर, एक जायज़ा) की यह ताबीर कि 'इस नज़्म की राशिद के कलाम में वही हैसियत है जो इक़बाल की शायरी में 'मस्जिदे कुर्तुबा' की। शायद इसीलिए मुझे क़द्रे दूर अज कार और मुबाल्गा आमेज़ दिखायी देती है, 'हसन कूज़ा-गर', जदीद इंसान के इज्तिमाई आशोब का इहाता करने के बावजूद 'मस्जिदे कुर्तुबा' की जैसी या हममर्तबा नज़्म नहीं है। और अपनी बैनुल लिसानियत और बहुत सी ग़ैरमामूली ख़ूबियों के बावजूद, हसन कूज़ा-गर, राशिद के मज्मूई इदराक और नज़रिये का इहाता इस अज़ीमुश्शान और मुहीब पैमाने पर नहीं करती है जिस तरह 'मस्जिदे कुर्तुबा' इक़बाल की फ़िक्र के शिकोह और रिफ़अत[२] का इहाता करती है। राशिद के बारे में, इसीलिए, उनके नुक़्ता रस और मतीन नक़्क़ाद हमीद नसीम की यह राय भी मुझे गुलू आमेज़ और दूर अज कार महसूस होती है कि :

> अगर राशिद साहब ने हसन कूज़ा-गर की चार नज़्मों के सिवा और कुछ ना कहा होता जब भी उनकी यह नज़्में आलमी बरतर अदब में शामिल की जातीं और राशिद साहब का नाम, लौहे दवाम पर सबत हो जाता। मगर राशिद साहब बहुत वाफ़िर, बहुत फ़रावाँ तख़्लीक़ी जौहर रखते थे। 'मावरा' की इब्तिदा, भौण्डी, फुसफुसी, निकम्मी नज़्म लिखने वाला राशिद मेहनत, लगन, फ़िक्र की तामीर और दिल के जिला से इस मक़ामे अज़्मत तक पहुँचा कि इक़बाल के बाद उसके दौर तक का कोई शायर उसके हमदोश, दायें-बायें खड़ा नज़र नहीं आता। उसकी पूरी क़ामत रखने वाला!

(हवाला, पाँच जदीद शायर, देहली १९९७, सं. १५५-१५६)

यहाँ दो बातों को ध्यान में रखना ज़रूरी है। एक तो यह कि राशिद किसी

---

१. उदासी २. बुलन्दी/श्रेष्ठता।

मुअय्यना[1] ज़ाब्ता-ए-फ़िक्र और तयशुदा निज़ाम अक़दार के शायर नहीं हैं। दूसरा यह कि राशिद को उनकी कुल्लियात में ना देखा जाये, उनके तख़्लीक़ी और ज़हनी इर्तिक़ा के बारे में यक़ीन से कोई बात कही नहीं जा सकती। वो 'मावरा' की रूमानियत से होते हुए 'ईरान में अजनबी' के हक़ीक़त पसन्दाना मुआशरती एहतिजाज तक पहुँचे थे और बाद के दोनों मज्मुओं 'ला=इंसान' और 'गुमाँ का मुम्किन' में जो गहरी बसीरत उनके शऊर और मज्मुई तहज़ीबी रवैयों में नुमायाँ है, उसकी बुनियादें बेशक 'ईरान में अजनबी' की नज़्मों से झलकने लगी थीं। अपने हमअस्रों में राशिद का एक इम्तियाज़ यह भी है कि वो अपनी तख़्लीक़ी ज़िन्दगी के लहा-ए-आख़िर तक ज़हनी एतिबार से मुस्तैद और मुतहर्रिक रहे। ना तो अपने आप को दोहराया। ना अपने बातिन और बसीरत के सिवा किसी और से कस्बे नूर या इस्तिफ़ादे पर माइल[2] हुए। ऐसी तवाना ख़ुदनिगरी और कश्फ़े ज़ात की ऐसी आरज़ू उनके जूनियर मुआसरीन के यहाँ भी खाल-खाल ही दिखायी देती है। अपनी अना के एतिबार से राशिद का बाहर ना निकलना और हर बीरूनी तसव्वुर, नज़रिये, तजुर्बे की महकूमी से उनका इंकार भी राशिद की शायरी में एक नयी और मुख़्तलिफ़ जिहत की शुमूलियत का सबब बनता है। अपने आख़िरी दिनों के एक ख़त में (बनाम जिया मोहिउद्दीन हवाला 'बाज़ियाफ़्त', जनवरी, जून २०१०, मुरत्तबा तहसीन फ़िराक़ी) राशिद ने लिखा था :

> (बहुत सी उर्दू शायरी में) कितने अशआर ऐसे हैं जो कारी की ज़ात का तंकिया कर सकें। उसको फ़िक्री और एहसास की वो रिफ़अत बशें जिससे वो बेबहरा रहा है, उसको एक ऐसी दुनिया में ले जायें जहाँ वो ख़ुद को नये सिरे से परख सके? ग़ज़ल ही का क्या गिला, हमारी नामनिहाद जदीद शायरी जिसके बदनाम मुबल्लिगों में मेरा भी शुमार होता है, अभी तक वो क़ुव्वत फ़रहम नहीं कर सकी जो शे'र को आइन्दा हज़ार बरसों का चश्मा बना देती है, लेकिन हम अपनी शायरी को अपनी क़ौम से बेहतर क्यों कर पा सकते हैं?

'हज़ार बरस का यह चश्मा' राशिद के एहसासों पर किसी जुनून की तरह छाया हुआ है। इससे कम से कम यह अन्दाज़ा तो किया ही जा सकता है कि राशिद का ज़हन बड़ा था और वे 'शायरी का तसव्वुर और शायरी में

---

१. निश्चित २. आकर्षित

अज़मत का तसव्वुर' तख़्लीक़ी अमल और इज़हार की देरपाई[1] के साथ करते थे। बड़े तहज़ीबी मज़ाहिर की तरह बड़ी शायरी भी छोटे और हक़ीर[2] ज़रियों को ख़ातिर में नहीं लाती। शोहरत की उसूलियाबी के कोतह उम्र और कममाया ज़राए ना तो तहज़ीब की बका[3] के ज़ामिन[4] होते हैं ना अदब और *आर्ट* की बक़ा के। लिहाज़ा हसन कूज़ा-गर की चौथी फ़सल में भी राशिद ने बिल्वास्ता तरीक़े से इसी सवाल की निशानदेही की है।

जहाँ ज़ात, कैसे हज़ारों बरस बाद
एक शहरे मत्फ़ून[5] की हर गली में
मेरे जाम व मीना व गुलदाँ के रेज़े मिले हैं
कि जैसे वो शहरे बर्बाद का हाफ़िज़ा हों

ये रेज़ों की तहज़ीब पालें तो पालें
हसन कूज़ा-गर को कहाँ ला सकेंगे?
ये उसके पसीने के क़तरे, कहाँ गिन सकेंगे?
जो बढ़ता गया है ज़माँ से जमाँ तक
ख़िज़ाँ से ख़िज़ाँ तक

वो फ़न की तजल्ली का साया के जिसकी बदौलत
हमाँ इश्क़ हैं हम
हमाँ कूज़ा-गर हम
हमाँतन ख़बर हम
ख़ुदा की तरह अपने फ़न के ख़ुदा सरबसर हम!

हमीद नसीम ने अपने मज़्मून (मशमूला : 'पाँच जदीद शायर') में 'मस्जिदे क़ुर्तुबा' और 'हसन कूज़ा-गर' के दरमियान, फ़र्क़ की एक लकीर यूँ खींची है कि इक़बाल का मौज़ूँ *'आर्ट इन टाइम'* है। इसके बरक्स हसन कूज़ा-गर में राशिद का मौज़ू *'आर्टिस्ट इन टाइम'* है। इस फ़र्क़ की ताबीर यूँ भी की जा सकती है कि राशिद ने अव्वल व आख़िर हमारी जीती-जागती क़ायनात में तख़्लीक़ी अना की हैसियत, उसकी तक्मील और जमा के सियाक़ में उसकी बनती-बिगड़ती और बदलती हुई शबीह को अपने तजुर्बे की बुनियाद बनाया है, जबकि इक़बाल की बसीरत वक़्त के अज़ली

१. मज़बूती २. तुच्छ ३. ज़िन्दगी/अनश्वरता ४. ज़मानत करने वाला ५. दफ़्न शहर।

और अबदी सिलसिले का इहाता करती है और इंसानी हस्ती के बक़ा और फ़ना के भेद को एक माबादत्तबीयाती सियाक़ में समझना चाहती है। फ़न, बहरहाल अपने वज़ा करने वाले से ज़्यादा मर्मूज़ और पुरपेच सच्चाई है, एक हर्फ़े तमन्ना जो सारे का सारा इज़हार की गिरफ़्त में नहीं आता, लिहाज़ा तारीख़ी ज़मा के हिसाब से उसकी पैमाइश भी मुम्किन नहीं है। इस तरह इक़बाल की नज़्म एक वसीअतर फ़ल्सफ़ियना तनाज़ुर में समझे जाने का तक़ाज़ा करती है जबकि राशिद के तजुर्बे की बुनियादें ज़्यादा अर्ज़ी और ठोस और हक़ीक़त पसन्दाना हैं। मुझे 'हसन कूज़ा-गर' का सबसे दिलकश और मानीख़ेज़ पहलू यही दिखायी देता है कि राशिद ने फ़िक्र की किसी मावराई या मुतसव्विफ़ाना[१] जिहत का सहारा लिए बग़ैर हक़ीक़त को, अपने तख़्लीक़ी वुजूद को और अपने ज़मीनी इदराक को एक उस्तूर (एक *मिथ*) के तौर पर बयान करने की कोशिश की है।

'हसन कूज़ा-गर' का दास्तानवी पैराया, उसकी तम्सीली और इस्तिआरा की जिहतें उस नज़्म की अफ़्सुर्दा सामाँ गिनाइयत और उसका हुज़्न आमेज़ मगर ताक़तवराना बयानिया, बिला शुबहा उसे हमारे ज़माने की एक यादगार तख़्लीक़ बनाता है, एक हैरानकुन और ग़ैरमामूली वुजूदियाती मज़हर। राशिद का तख़्लीक़ी वुफ़ूर, उनका बेचैनी जैसा तफ़क्कुर, उनकी फ़नकाराना क़ुव्वत इस नज़्म में अपने नुक़्तए उरूज पर है। इसीलिए, जिया मोहिउद्दीन के नाम ख़त में उनके इस कौल से इत्तेफ़ाक़ कि "हम अपनी शायरी को अपनी क़ौम से बेहतर क्यों कर पा सकते है," मेरे लिए मुम्किन नहीं है। 'हसन कूज़ा-गर' और राशिद के कुल्लियात की कम से कम दस-बारह नज़्में ऐसी हैं जिन्होंने अपने तख़्लीक़ी तनाज़ुर और तफ़क्कुर की अज़मत और बसीरत की गहराई और तख़य्युल की गहमा-गहमी के हिसाब से राशिद को ही नहीं, उनके अक्सर जलीलुल्क़द्र[२] मुआसरीन को भी पीछे छोड़ दिया है।

'मस्जिदे कुर्तुबा' वक़्त पर इंसान के गल्बे और बालादस्ती[३] का बयानिया है, 'हसन कूज़ा-गर' वक़्त के आगे इंसान की बेदस्तोपाई और बेचारगी का मुरक़्क़ा[१]। राशिद का कमाल यह भी है कि इस मुरक़्क़े की तरतीब और पेशकश के अमल में ना तो वो हज़ीमतज़दा नज़र आते हैं, ना किसी तरह

---

१. सूफ़ियाना २. महत्प्रतिष्ठित ३. बुलन्दी

की ख़ुदरहमी में मुब्तला हुए हैं। गोया कि उनके तजुर्बे में जो ज़िन्दगी आयी वह तो आनी ही थी और ज़माने की बिसात पर जो कुछ हुआ वह तो होना ही था। यह एक ऐसे ज़वाल गिरफ़्ता नायक की कहानी है जो अपने अंजाम से आगाह है, फिर भी अपने आप से बाहर ना तो किसी सहारे का तालिब है ना अपने आप को कमज़ोर और बेबस समझता है। इस लिहाज़ से यह नज़्म अपने ज़माने की तमसील भी बन गयी है और आने वाले ज़मानों के लिए भी मानी की एक गुज़रगाह जिस पर हक़ीक़त की तलाश के लिए आने-जाने वालों का सिलसिला आगे भी ज़ारी रहेगा। इस यक़ीन के पेशे नज़र जिलानी कामरान का यह मुहाकमा एक अनहोनी के डर से ज़्यादा कुछ भी नहीं कि :

> राशिद की शायरी तक पहुँचना तजुर्बे की बजाय तजस्सुस[२] और लफ़्ज़ की बजाय लुग़त का सफ़र बन चुका है। इस ज़बान ने राशिद को उर्दू के सामीन से मुनकता कर दिया है और कोई नहीं कह सकता कि कुछ अर्से के बाद इस शायरी तक पहुँचने के लिए कितने मौक़े बाक़ी रहेंगे।
>
> (बहवाला तबस्सुम काश्मीरी : ला=राशिद, लाहौर १९९४, सं. २३९-२४०)

राशिद का मुस्तहकम और तवाना उस्लूब, बेशक, पढ़ने वाले पर अपनी शर्तें लागू करता है और उसे मक़्बूले आम शायरी के कमज़ोर दायरे से निकलने की दावत देता है। मगर तहज़ीब के हर दौर में अदब के ऐसे पढ़ने वाले भी, बहरहाल पैदा होते रहते हैं, जो अच्छी शायरी की दाद देने के मामले में मुशायरे के शौक़ीनों और मुग़न्नियों के राग-रंग की तलब से बेनियाज़ होते हैं और जिन्हें हस्बे ज़रूरत लुगात या उलूम की किताबों से इस्तिफ़ादे में भी कभी तकल्लुफ़ नहीं होता। बड़ी ज़हनी खोज के बग़ैर ना तो बड़ी शायरी वुजूद में आती है ना शेरो अदब का बड़ा पाठक। तो राशिद साहब भी सबके लिए नहीं हैं, मगर इससे हमारे और आपके लिए फ़र्क़ क्या पड़ता है ?

फ़िक्री एतिबार से, राशिद भी इक़बाल से बहुत मुख़्तलिफ़ थे उन पर मौतरिज भी। लेकिन उनकी हिस्सियत इक़बाल के असर से आज़ाद ना रह सकी।

---

१. तस्वीरों का अल्बम २. जिज्ञासा।

राशिद की शायरी का इर्तिक़ा 'मावरा' से लेकर 'गुमाँ का मुम्किन' तक बहुत साफ़ ख़ुतूत पर हुआ है। बेशक, उनके यहाँ ज़ाब्ताबन्द फ़िक़री निज़ाम की जुस्तजू बेसूद होगी। मगर, उनकी शायरी का मिज़ाज भी तफ़क्कुर आमेज़ है और अपने ज़माने की इज्तिमाई ज़िन्दगी से उनका ज़हनी ताल्लुक़ बहुत मज़बूत है। राशिद एक तरह की इंसान दोस्ताना वुजूदियत के क़ायल हैं।

नयी नज़्म के शायरों में मशरिक़ और मग़रिब की कश्मकश का एहसास सबसे ज़्यादा राशिद की शायरी में मिलता है। ईरान में अजनबी से लेकर राशिद के आख़िरी दौर तक की शायरी को इक़बाल के बाद 'एक और पैयामे मशरिक़' का नाम दे सकते हैं।

अपने फ़िक्री भू-दृश्य से नज़र हटाकर, अपने फ़ारसी आमेज़ लहजे, लफ़्ज़ियात और जमालियाती ज़ायक़े के लिहाज़ से भी राशिद इक़बाल से दूरी के बावजूद क़रीब दिखायी देते हैं। उनकी नज़्मों में ख़याल का गाढ़ापन और गिर्दोपेश के माहौल से बातचीत का अन्दाज़ भी इक़बाल की याद दिलाता है। राशिद का कुछ-कुछ फ़लसफ़ियाना आवाज़ भी नयी नज़्म की रिवायत में एक मुंफ़रिद हैसियत और पहचान रखती है। यह 'गंजीनए मानी का एक तौर तिलिस्म' है जिसकी मिसाल हमारे ज़माने के किसी और शायर के यहाँ नहीं मिलती।

इस तरह, राशिद की शायरी फ़ैज़ की वाबस्तगी और उनकी नज़रियाती तर्जिहात से आगे नयी नज़्म की एक अलग दूरी की निशानदेही करती है।

एक नये मंज़रनामे से पर्दा उठाती है। राशिद की नज़्मों में इसी तयशुदा नज़रिये और मस्लक के दबाव से आज़ादी की वजह से, निस्बतन ज़्यादा फैलाव और खुलेपन का एहसास होता है और हम ज़्यादा आज़ादी के साथ साँस ले सकते हैं।

अब हम इस तस्लीस के तीसरे और बिल्कुल मुख़्तलिफ़ ज़ाविये की तरफ़ आते हैं :

१९१०, १९११ और १९१२ बीसवीं सदी के यह तीन साल पूरी बीसवीं सदी की नयी तख़्लीक़ी रिवायत और हिस्सियत का उन्वान बन गये। राशिद और फ़ैज़ और मीराजी की यह तस्लीस इस दौर की इज्तिमाई ज़िन्दगी और फ़िक्र के तरीक़े, इसके ख़्वाबों और ख़राबों, इसके आम रवैये

और एहसास के तौर, इन सबका इहाता करती है। इनमें से किसी एक को भी अलग कर दिया जाये तो पहली जंगे अज़ीम के बाद बीसवीं सदी के दौरान नमोदार होने वाला सारा तमाशा और इस तमाशे की अक़्क़ासी का अमल अधूरा हो जायेगा। हमारी अपनी अदबी रिवायत के हिसाब से यह तीनों शायर किसी ना किसी सतह पर हमारी रूहानी तलब, हमारी जज़्बाती ज़रूरतों और हमारी यानी बीसवीं सदी के अख़्लाक़ी तफ़तीश के तर्जुमान हैं। यह मुश्किल सदी, मज़्मुई तौर पर, तनाव और तशद्दुद की जिस फ़िज़ा से दो-चार हुई, सियासी और मुआशरती सतह पर उसे जिन तजुर्बों से गुज़रना पड़ा, इस सदी की तारीख़ के मलबे से जिन मसलों का ज़हूर हुआ, उनसे वाबस्ता तमाम सवाल इन तीन मुख़्तलिफ़ुल मिज़ाज मुआसरीन की हिस्सियत के गिर्द घूमते हैं। बीसवीं सदी ने अपने ज़हनी और जज़्बाती माहौल में, जंगों और तअस्सुबात और तश्वीश के मारे हुए मौसमों में आम इंसानों के साथ जो सुलूक किया है उसके सियासी, इक़्तिसादी[१], जज़्बाती, मुआशरती और तहज़ीबी मुज़मरात का मुकम्मल ख़ाक़ा राशिद, फ़ैज़ और मीराजी की शायरी के वास्ते से मुरत्तब किया जा सकता है। इनमें से हरेक ने ज़िन्दगी और वक़्त की सच्चाई को अपने तरीक़े से दरियाफ़्त करने, बरतने और समझने की कोशिशें की मगर अपनी हस्ती या इंफ़िरादियत के एतिबार से, इनमें कोई भी, एक अधूरी, बेहंगाम और बेरब्त दुनिया की मुकम्मल ताबीर और तफ़्हीम का दावा नहीं कर सकता। राशिद, फ़ैज़ और मीराजी ने अपने नज़रिये के पूरे विस्तार के बावजूद अपने ज़माने की ज़िन्दगी को अधूरी सतह पर ही समझा है। ज़रूरत इस बात की है कि उन्हें नयी हिस्सियत और फ़िक्र के एक अदीमुल्मिसाल[२], अनोखे और दिलचस्प सिलसिले की शक्ल में भी देखा जाए।

लेकिन क्या ऐसा हो सका? क्या आइन्दा होगा? शायद नहीं। हम सब अपनी-अपनी हदों, तर्जिहों और तअस्सुबात के मारे हुए हैं। बीसवीं सदी नज़रियों की रंगा-रंगी और कसरत की सदी भी थी। चुनाँचे राशिद, फ़ैज़ और मीराजी के नक़्क़ादों ने अपनी पसन्द के नज़रिये से वाबस्तगी के हुक़ूक़ अदा करने में सहूलत समझी। और किसी ने भी इस 'वहदत' को गिरफ़्त में लेने की कोशिश नहीं की, जिसकी तश्क़ील यह तीन हमअस्र करते हैं।

---

१. आर्थिक २. अनुपम

मुझे एहसास है कि मेंने एक तफ़्सील तलब बहस छेड़ दी है और किसी एक मौज़ू के पाबन्द मुज़ाक़िरे में, वक़्त की इस क़ैद के साथ जो मैंने अपने आप पर आयद कर रखी है, इस बहस को समेटना मेरे लिए आसान नहीं। लिहाज़ा, मैं अपनी गुफ़्तगू एक उमूमी तअस्सुर और कुछ मुअय्यना इशारों तक महदूद रखना चाहता हूँ। राशिद सदी तक़रीबात, इसके बाद फ़ैज़ सदी तक़रीबात की तह से जो फ़िक्री सरमाया बरामद हुआ है, शायद इसीलिए बेडौल, क़द्रे मुबाल्गा आमेज़ और ग़ैर तशफ़ीबश जो दिखायी देता है तो शायद इसीलिए कि राशिद और फ़ैज़ के मद्दाहों और दोनों का जायज़ा लेने वालों ने अपने-अपने नायक के तौर पर पेश करना चाहा और इस कोशिश में वे दूसरों के साथ ज़्यादती कर बैठे। राशिद के हामियों का ज़ोर इस पर है कि वे इक़बाल के बाद उर्दू के सबसे बड़े नज़्मगो हैं। फ़ैज़ के चाहने वाले, जिनका सिलसिला उर्दू से बाहर उप-महाद्वीप की दूसरी इलाक़ाई ज़बानों, बल्कि दुनिया की कई ज़बानों तक फैला हुआ है और फ़ैज़ का कलाम पढ़ने से ज़्यादा मुख़्तलिफ़ मुगन्नियों[१] की ज़बानी सुनकर भी वज्द करते हैं, फ़ैज़ की बेमिसाल शोहरत और मक़्बूलियत को उनकी शायराना अज़मत का बदल भी समझते हैं। और फ़ैज़ के सामने किसी को ख़ातिर में नहीं लाते। ऐसी सूरत में, ग़रीब मीराजी की तरफ़ पता नहीं कितनों का ध्यान जाता है ? पता नहीं जाता भी है या नहीं ? मीराजी ख़ुद भी, इस तरफ़ से हमेशा लापरवाह रहे। उनका मसला ना तो अपनी ज़िन्दगी थी ना अपनी शायरी। वक़्त का अन्धा भाव था जिसके साथ उनके वजूद की कश्ती हिचकोले खाती हुई, बस आगे बढ़ती जाती थी। उन्हें ना अपने कारी की फ़िक्र थी ना अपने नक़्क़ाद की। ना दुनिया वालों के रद्दे अमल की। उनका सरोकार सिर्फ़ अपने हाल से या सिर्फ़ अपने मुस्तक़्बिल से तो रहा नहीं। बिस्तरे मर्ग[२] पर लेटे-लेटे हुए एक ख़ुदातर्ज़ पादरी के इस सवाल पर कि 'आप यहाँ कब से हैं ? मीराजी का दो-टूक जवाब, अजल[३] से !' महज़ एक शायराना बयान या मौत से पहले का एलान या एतराफ़ी बयान नहीं है। मीराजी का वुजूद, क़दीम तरीन इंसानों के साथ-साथ उनके अपने अहद के इन्हितातपज़ीर[१] इंसान तक सबका इहाता करता है जैसे वक़्त ना हो, एक भूल-भुलैया हो। मीराजी इस भूल-भुलैया में दाख़िल तो हो गये थे, अब इससे निकलना उनके बस में नहीं था। उन्होंने ज़िन्दगी को, ज़माने को,

---

१. गायक २. मरण शय्या ३. अनादिकाल

अपनी हर महरूमी और प्यास को, यहाँ तक कि अपने सर पर मँडराती हुई मौत को भी पूरे सुकून और इत्मीनान के साथ क़ुबूल कर लिया था और मरने या दुनिया को हमेशा के लिए छोड़ देने के मुतवक़्क़े[२] तजुर्बे को लेकर किसी तश्वीश, दहशत, दुख का शिकार नहीं हुए थे। उनके क़रीबी दोस्तों में एजाज हुसैन बटालवी शायद आख़िरी शख़्स थे जो मीराजी की रुख़्सती से पहले उनकी इयादत[३] को पहुँच सके। एजाज हुसैन बटालवी का बयान है कि मीराजी ख़ैराती अस्पतालों के जनरल वार्ड में एक बेड पर पड़े हुए थे। चेहरा पीला था मगर उस पर घबराहट नहीं थी और वे मौत के विषय पर अँग्रेज़ी की एक किताब के मुताले में डूबे हुए थे, (एजाज़े बयाँ संगे मील, लाहौर)

२०१२ में मंटो की पैदाइश पर भी सौ बरस पूरे होने को आये। अब हर तरफ़ मंटो की चर्चा है। राशिद और फ़ैज़ के बाद इस वक़्त उर्दू तनक़ीद और तहक़ीक़ का तीसरा बड़ा उद्योग। मगर इस मंज़रनामे मीराजी तादमे तहरीर तक़रीबन ग़ायब हैं। जबकि राशिद के नज़दीक, उनके तमाम समकालीनों में, मीराज़ी सबसे बड़ा तख़्लीक़ी ज़हन रखते थे और फ़ैज़ मीराजी की नस्र और उनकी तनक़ीद के बहुत मोतरिफ़[४] थे। फ़ैज़ का ख़याल था कि ''मीराजी के मज़ामीन (मशरिक़ व मग़रिब के नग़मे) में। इन मज़ामीन की निखरी हुई शफ़्फ़ाक़ सतह पर उन मुबहम सायों और ग़ैर मुजस्सम परछाइयों का कोई निशान नहीं मिलता जो उनके शे'र की इतियाज़ी कैफ़ियात हैं। गोया कि मीराजी की शायरी के इबहाम और उसके तजरीदी मिज़ाज को फ़ैज़ ने मीराजी का एक इम्तियाज़ क़रार दिया और आम तरक़्क़ीपसन्दों के बरक्स, जदीद नस्र व नज़्म में मीराजी की मानवीयत से इंकार की वह रविश अख़्तियार नहीं की जिस पर चलकर किसी भी मुख़्तलिफ़ नये और नामानूस तख़्लीक़ी तजुर्बे की सच्चाई तक नहीं पहुँचा जा सकता। तरक़्क़ीपसन्द हलक़ों में मीराजी मंटो से ज़्यादा नामक़्बूल थे।

इस तरह यह बात साफ़ हो जाती है कि अपने अहद के तख़्लीक़ी मुआशिरे में मीराजी की अहमियत और उनके ग़ैर मामूली (इसके अलावा ग़ैर रस्मी भी) किरदार का एतिराफ़, उनके सबसे मुम्ताज़ हमअस्रों ने तो किया है, तो

---

१. पतनशील २. अपेक्षित ३. रोगी का हाल पूछने और उसे ढाँढ़स देने के लिए उसके पास जाना ४. स्वीकार करने वाला

भी मीराजी की शख़्सियत की तरह उनकी नस्र व नज़्म के बेमिस्ल इम्तियाज़ात की आगही उर्दू की अदबी रिवायत और मुआशरे में जिस तरह होनी चहिए थी, नहीं हो सकी। इस आगही पर अभी तक बेबसरी[१], नाफ़हमी, तंगनज़री, बदमज़ाक़ी, तअस्सुबात के कई पर्दे पड़े हुए हैं। और उसकी ज़िम्मेदारी सिर्फ़ मीराजी के तैं ग़ैरहमदर्दाना रवैया रखने वाले नक़्क़ादों पर आइद नहीं होती। मीराजी के यार-दोस्तों ने भी उनकी जो तस्वीर अपनी तहरीरों में पेश की है, उससे मीराजी की तख़्लीक़ी शख़्सियत रौशन होने से ज़्यादा, दरअस्ल धुँधलाती है। अहमद बशीर, मंटो, शाहिद अहमद देहलवी के ख़ाक़े, यहाँ तक कि एजाज़ अहमद का तनक़ीदी लेख और जूलियाँ का नॉवेल यह सबके सब मीराजी का एक वहशतआसार तस्वीर पेश करते हैं और शायद ख़ुद मीराजी ने भी अपने कुछ समकालीनों के इस तर्ज़े अमल में, अपने लिए जज़्बाती और नफ़्सियाती तस्कीन का एक पहलू दरियाफ़्त कर लिया था। वे एक जीता-जागता अफ़साना बन गये थे।

मीराजी का ख़ाक़ा लिखते हुए (इशाअत मानामा सय्यारा, लाहौर १९५४) मुहम्मद हसन अस्करी ने इस वाक़िये की निशानदेही यूँ की थी कि ''दोस्त इन्हें अफ़साना बना देना चाहते थे और वो बेतहम्मुल[२] अफ़साना भी बन गये।

- उनका तख़य्युल इस क़द्र अफ़सानवी वाक़े हुआ था कि वो चाहते थे कि ज़िन्दगी चाहे ज़िन्दगी ना रहे, मगर अफ़साना ज़रूर बन जाये।
- मीराजी को देखकर आदमी का दिल चाहता था कि उन्हें अफ़साना बना दिया जाए।

चुनाँचे, ना सिर्फ़ मीराजी की ज़िन्दगी में उनके साथ यही सुलूक किया गया, उनकी मौत के बाद भी यही सिलसिला जारी है। मीराजी के हादसे या उनका शख़्सी ख़ाक़ा लिखने वालों से नज़र हटाकर, मीराजी के नक़्क़ादों ने भी उनके मामले में यही रवैया अख़्तियार किया। यह मीराजी की शख़्सियत के जादू का असर है। या मीराजी की शायरी के शख़्सी इंसिलाक़ात का दबाव। मीराजी की शायरी का अव्वलीन तनक़ीदी मुहकमा करने वालों में वज़ीर आग़ा की हैसियत इस लिहाज़ से इस्तिस्नाई[१] है कि रिसाला अदबे दुनिया में मीराजी के बाद उनका मंसब अख़्तियार करने और उनकी शख़्सियत

---

१. जो देख ना सके २. ओछा

से सीधे तौर पर बाख़बरी के बावजूद, वज़ीर आग़ा ने मीराजी के तख़्लीक़ी इम्तियाज़ात पर अपनी तवज्जो मकरखी। वज़ीर आग़ा ने मीराजी को इस गहरे तहज़ीबी, लिसानी और लफ़्ज़ियाती देखने-दिखाने के जतन किये जो उनकी ग़ैरमामूली नस्रो नज़्म का तक़ाज़ा था। मीराजी की शायरी और उनका तख़्लीक़ी मिज़ाज एक नयी सतह पर अपने तज्ज़िये का तलबगार था।

यह सतह दरअस्ल उर्दू शायरी की पूरी रिवायत और उसके तनाज़ुर में मीराजी के तख़्लीक़ी रवैयों की एक ग़ैररस्मी ताबीर से मरबूत है। फ़िराक़ साहब ने अपनी बहुत सी तहरीरों और बातों में बहुत ताक़ीद के साथ, इस अम्र[२] की निशानदेही की है कि उर्दू शायरी का आम लहजा हिन्दुस्तानियत के इस उंसुर से खाली है, जो मिसाल के तौर पर संस्कृत, ब्रज, अवधी और मुख़्तलिफ़ बोलियों के शेरी अदब के एक बुनियादी और नुमाइन्दा उंसुर की हैसियत रखता है। इस उंसुर को फ़िराक़ साहब ने 'चुमकार', 'भुलावट', 'नर्मी', 'अपनाइयत' के जैसे निहायत मुबहम, उमूमी, सरसरी और ग़ैर मुतअय्यन ख़ूबियों का नाम दिया है और उसे अर्बीयत या अजमियत के मुक़ाबले में एक तरह की अर्ज़ियत[३] मक़ामियत या हिन्दुस्तानियत से ताबीर किया है। उनके तनक़ीदी मज़ामीन, मक़्तूबात और इंटरव्यूज़ में इस ज़ाविया-ए-नज़र[४] की तकरार जा-ब-जा दिखायी देती है और इस हक़ीक़त के बावजूद कि ख़ुद फ़िराक़ साहब की शायरी इन तमाम मौतरिज़ा अनासिर से अपना दामन ना बचा सकी मीराजी के मामले में ग़ैर जज़्बाती सतह पर इस मसले का जायज़ा लिया जाना चाहिए।

मेरे ख़याल में, यह ज़रूरी इसलिए है कि मीराजी से पहले की उर्दू शायरी में, 'हिन्दुस्तानियत' के परवर्दा इस मुलायम और मीठे लहजे की एक रिवायत, दखनी शायरों से लेकर अज़मतुल्लाह ख़ाँ और आरज़ू लखनवी और ख़ुद फ़िराक़ साहब तक, बेशक, मौजूद थी, मगर मीराजी इस रिवायत में भी अपनी क़िस्म के पहले शायर थे। उनके लिए अज़मतुल्लाह ख़ाँ के 'सुरीले बोल' ने एक रास्ता तो बना दिया था मगर ख़ुद अज़मतुल्लाह ख़ाँ का सफ़र इस रास्ते पर बहुत सीमित रहा और अपने बाद की रिवायत पर वे ज़्यादा असरन्दाज़ ना हो सके। पुराने दखिनी शायर, या नज़ीर अकबराबादी की तरह मीराजी सिर्फ़ अर्ज़ियत और मक़ामियत के तर्जुमान नहीं थे।

---

१. अपवाद २. विषय ३. ज़मीन से जुड़ाव ४. दृष्टि-कोण

उनकी शायरी कुली कुतुबशाह और मीर व नज़ीर से लेकर फ़िराक़ और अज़मतुल्लाह ख़ाँ के दौर तक की तहज़ीबी और मुआशरती रिवायत तक, अपने मज्मुई किरदार और असालीब के एतिबार से बहुत मुख़्तलिफ़ है और मिज़ाज से दरअस्ल नये दौर की शायरी है, एक शिकस्तख़ुर्दा दौर की शायरी। एक बेरूह सनअती इंक़लाब और माद्दी कामरानियों की आज़माइश और अज़ाब[१] के तजुर्बे से गुज़रने के बाद, यह शायरी अब एक हमागीर इंसानी सतह पर, अपने अजली और अबदी दुखों का मदावा ढूँढ़ रही है और मशरिक़ व मग़रिब के तज़ादात[२] से सर्फ़े नज़र करती हुई, अरज़ी और अख़्लाक़ी सतह पर एक नये मुस्तक़्बिल का ख़्वाबनामा कही जा सकती है। इस लिहाज़ से मीराजी को अपने तमाम मुआसरीन पर फ़ौक़ियत[३] हासिल है। कई मानों में इस शायरी को टैगोर के आफ़ाक़ी[४] नज़रिये से मुमासिल क़रार दिया जा सकता है, निस्बतन मुख़्तसर पैमाने पर जिसने हिन्दुस्तानियत को एक आलमी तनाज़ुर से हमकिनार किया और उर्दू की पहली 'गीतांजली' मुरत्तब की।

मशरिक़ और मग़रिब के नग़मे का तार्रुफ़ कराते हुए मौलाना सलाहुद्दीन ने लिखा था :

> मीराजी की तख़्लीक़ात नस्र का एक हैरतअंगेज़ इम्तियाज़ यह भी है कि उसके सामने इस मिज़ाज की नस्र का कोई नमूना मौजूद नहीं था। जिस ज़माने में उसने यह तनक़ीदें लिखी हैं, हमारे जदीद नक़्क़ाद अभी परवान चढ़ रहे थे और उन्होंने फ़क़्त[५] गूँ गाँ करना ही सीखा था।

वाक़िआ यह है कि मीराजी का यह इम्तियाज़ सिर्फ़ उनकी नस्र तक सीमित नहीं था। उनकी शायरी भी, एक साफ़ मुजहतिदाना[६] शान रखती है और अपने से पहले की रिवायत के तमाम छोटे-बड़े शायरों की क़ायम की हुई रिवायत से अलग, एक नयी रिवायत की बनावट के अनासिर से आरास्ता है। इस नयी रिवायत के तरक़ीबी अजज़ा, उस रिवायत से बिल्कुल अलग हैं जो मक़ामियत के तसव्वुर और तजुर्बे से मुनासिबत रखने वाले पुराने और नये उर्दू शायरों के ज़रिये ज़हूर में आती थी।

मीराजी मानूस मज़ाहिर के मफ़्हूम और मालूम सच्चाइयों की तर्जुमानी से कहीं ज़्यादा शग़फ़ नामालूम की जुस्तजू से रखते थे और इंसान या फ़ितरत

---

१. पीड़ा २. विरोधाभास ३. श्रेष्ठता ४. सांसारिक ५. सिर्फ़ ६. अभिनव

के जमाल की इस सतह के मतलाशी थे जिस पर भेद के पर्दे पड़े हुए हों। वो भेदों के रसिया थे और रस की अनोखी लहरों को अपने अहसासों की गिरफ़्त में लेना चाहते थे, उन्हें सामने की हक़ीक़तों से और जीते-जागते तजुर्बों से ज़्यादा दिलचस्पी धुँधली, दो राफ़्ता दो, बल्कि गुमशुदा और पेचदार सच्चाइयों से थी जिन तक पहुँच सिर्फ़ मन की मौज़ और दूरी-ओ-मजबूरी की बेनाम कैफ़ियतों के सहारे मुम्किन हो सकती थी। इस बीरीक़ी की वज़ाहत के लिए मीराजी के अपने अल्फ़ाज़ की जाँच-परख ज़रूरी है। कुछ मिसालें इस तरह हैं :

जब सब दुनिया सो जाती है मैं अपने घर से निकलता हूँ
बस्ती से दूर पहुँचता हूँ, सूने रस्तों पर चलता हूँ
और दिल में सोचता रहता हूँ क्या काम मिरा इस जंगल में
क्या बात मुझे ले आयी है इस ख़ामोशी के मडण्ल में
ये जंगल यह मडण्ल जिसमें चुपचाप का राजा रहता है
ये रस्ता भोले मुसाफ़िर के कानों में क्या कुछ कहता है

सुन! सदियाँ बीतीं इस जंगल में एक मुसाफ़िर आया था
और अपने साथ इक मनमोहन सुन्दर प्रीतम को लाया था

और अन्धी जवानी का नश्शा उन दोनों के दिल पर छाया था
दोनों ही नादाँ थे मूरख दोनों ने धोखा खाया था

वो जंगल वो मडण्ल जिसमें चुपचाप का राजा रहता था
जब अपनी गूँगी बोली में ऐसी ही बातें कहता था
मेरा दिल घबरा जाता है, मैं अपने घर लौट आता हूँ
सब दुनिया नींद में सोती है और फिर मैं सो जाता हूँ
जब सब दुनिया सो जाती है

पर्बत को इक नीला भेद बनाया किसने? दूरी ने
चाँद सितारों से दिल को भरमाया किसने? दूरी ने
नयी, अछूती, अंजानी लहरों का सागर प्यारा है
दूर किसी बस्ती से बन में सूना मन्दिर प्यारा है
क़दम क़दम पर जीवन में दूरी ने रूप निखारा है
तब तक नाओ सुहाए दिल को जब तक दूर किनारा है

दूर ही रहकर धन भी अमर है चाहे जो ढब हो जीवन का
सुख दुख दोनों हवा के झोंके कोई सबब हो जीवन का
फिर भी मूरख बनकर दुनिया पल पल छिन छिन बेकुल है
कोई बेचारी ज्ञानी है और कोई बेचारी पागल है
दूर जो है वो रहे दूर ही पास बुलाना ठीक नहीं
आप क़दम आगे ले जाकर उसको मिटाना ठीक नहीं
यही ग़नीमत है दुनिया में बिजली जब लहराती है
आप तड़पती है और देखने वाले को तड़पाती है
लेकिन पल को दिखायी देकर नज़रों से छिप जाती है
जैसे कोई ढलके आँचल को उठाती है शरमाती है
बेरी घूँघट घबराहट में चेहरे पे ले आती है
दूर जो है वो रहे दूर ही दिल को यह भेद सुझाती है
हाथ बढ़ाना ठीक नहीं यह जीवन लाज का मडण्ल है
कोई प्रेमी ज्ञानी है कोई प्रेमी पागल है

(दर्शन)

यह कैफ़ियत मीराजी की नज़्मों, ग़ज़लों और उन सबसे बढ़कर उनके गीतों में मिलती है, बल्कि सच तो यह है कि मीराजी के जज़्बों, ख़यालों और तजुर्बों का कायद दरअस्ल उनके गीतों में छिपी हुई है। मीराजी का मिज़ाज एक पैदाइशी गवैये या गायक का था, जो कभी एकदम अकेला, कभी हुजूम में घिरा हुआ मगर उससे बेपरवा, अपने गीतों की धुन की सिम्त, बस गाये जाना था और अपने आप में मगन था। अपने एहसासों में बिल्कुल खो जाने की जो फ़िज़ा मीराजी के गीतों को घेरती है, उर्दू के किसी नये या पुराने शायर के यहाँ मौजूद नहीं है। इस सिलसिले में यहाँ तक कहा जा सकता है कि मीराजी की नज़्म और ग़ज़ल के नुमाइन्दा हिस्सों पर भी गीत की ही फ़िज़ा छायी हुई है। इनमें किसी शऊरी कोशिश या आवर्द[१] का उंसुर तक़रीबन मफ़क़ूद है। मानो अचानक कोई सोता उबल पड़ा हो। उनकी ऐसी नज़्में या ग़ज़लों के ऐसे अशआर जिनसे मीराजी की पहचान क़ायम होती है, उनके भीतर से किसी गीत की तरह नमूदार होते हैं, मचलते हुए, गुनगुनाते हुए और एक अजीबोग़रीब बेनाम सी उदासी में डूबे हुए। एक मद्धम गिनाइयत, बाँसुरी के एक लहरे का सा जादू,

---

१. वह विचार जो कविता में सोच-साच कर लाया गया हो, दिमाग़ में तुरन्त ना आया हो

मीराजी के ज़्यादातर गीतों और उनकी मतादद नज़्मों, ग़ज़लों का इम्तियाज़ कहा जा सकता है। इसीलिए, मीराजी, राशिद या फ़ैज़ के बरक्स एक ऐसी दुनिया के वासी दिखायी देते हैं जो एक साथ कई युगों में ज़िन्दा हों, जिसका इलाक़ा भी तय ना हो और जिसकी सोच वीराने से और आबादी से, जंगल से और शहर से एक जैसी मुनासिबत रखती हो, मीराजी के लहजे में बेसाख़्तगी और बहाव का एक ख़ास अन्दाज़ मिलता है जिसमें अक्सर तेज़ी या तहक्कुम[१] और तब्लीग़ का रंग पैदा नहीं होने पाता।

लेकिन, इस ख़ामोश और किसी क़द्र धुँधले और मुबहम इम्तियाज़ के बावजूद मीराजी की मज्मुई हिस्सियत अपना एक साफ़ मुनज़्ज़िम[२], माक़ूल और समझ में आने वाला सन्देसा भी रखती है। अपने तख़य्युल की तमामतर वहशत, उर्दू शायरी के रिवायती अज्मी असालीब से एक शऊरी गुरेज़ के बावजूद, मीराजी एक मुरत्तब और बाक़ायदा निज़ामे फ़िक्र, एक मरबूत हिस्सियत और एक ऐसी शेरियात के नुमाइंदे हैं जिसकी तामीर ज़िन्दगी, फ़ितरत, काएनात के एक सोचे समझे तसव्वुर की मदद से की गयी हो। 'सा आतिसा' के दीबाचे में अख़्तरुल ईमान के यह अल्फ़ाज़ इसी सच्चाई के गवाह हैं कि :

> (मीराजी) हद दर्जा जीरक, बेदार मग़ज़, अदब के ईक़ान[३] और ज्ञान का मालिक, उर्दू शायरी और अदब के सियाक़ व सियाक़ से वाक़िफ़, वो शख़्स है जो उर्दू ज़बान की शायरी और तनक़ीद की तारीख़ को नयी हैसियत देना चाहता (था)। उसे नयी ज़मीन पर अस्तूर करना चाहता (था)।

मीराजी का कारनामा यह है कि उन्होंने उर्दू शायरी की तारीख़ के साथ-साथ उर्दू शायरी का भूगोल भी, एक हद तक तब्दील कर दिया। इस भूगोल में मर्कज़ी हैसियत जंगल को हासिल है जिसके घने गर्म जादू का तज्किरा मीराजी ने अपनी नस्र-ओ-नज़्म में बड़ी वाराफ़्तगी[४] के साथ किया है। उनके तर्ज़े एहसास और तफ़क्क़ुर में इंफ़िरादियत की लय ख़ासी ऊँची थी, लहजे के ठहराव और मतानत[५] के बावजूद। और उनके तजुर्बों में जो शख़्सी अन्दाज़, अपनाइयत से भरा हुआ जो 'निजीपन' नुमायाँ है, उसके

---

१. हुक्म जताना/ज़ोर दिखाना २. नियमानुसार ३. यक़ीन ४. खोया-खोयापन ५. गम्भीरता

पेश नज़र मीराजी की तक़्लीद[1] और ततब्बो[2] का अमल ख़ासा मुश्किल दिखायी देता है। तो भी, मीराजी के बाद मुहम्मद सलीमुर्रहमान (नज़्में), ज़ाहिदा डार (दर्द का शहर), अख़्तरा हसन (गया नगर में लंका) और हमारे ज़माने के कई छोटे-बड़े शायरों के यहाँ एक विजन की तब्दीली, और फ़ितरी ज़िन्दगी के खोए हुए मुज़ाहिर से एक नयी दिलचस्पी, या इंसान और फ़ितरत के रिश्तों को फिर से जोड़ने की जो कोशिश नज़र आती है, वह मीराजी के फ़ैज़ान[3] से बिल्कुल महरूम नहीं कही जा सकती। मीराजी ने अपने अहद को कई सतहों पर मुतअस्सिर[4] किया, मगर बड़ी ख़ामोशी के साथ, एक भिक्षु, एक बैरागी, एक जोगी और एक साध्वी की तरह, जिसके हर अमल में एक तमकनत[5], एक बेनियाज़ी, एक इस्तिग़राक़[6] नुमायाँ होता है, जो सिर्फ़ अपना इज़हार करता है, अपना ऐलान नहीं करता और हमें बग़ैर किसी शोर-शराबे के यह बताता है कि इसके तौर-तरीक़े, इसके मक़ासिद और मामलात, इसके गिर्दोपेश की दुनिया के हाव-भाव मक़ासिद और मामलात से, बहरहाल मुख़्तलिफ़ हैं।

लेकिन इसका मतलब यह हरगिज़ नहीं कि मीराजी को अपने माहौल या मज्मुई ज़िन्दगी के मसइलों से कोई गर्ज थी ही नहीं। अपने बारे में ख़ुद उनका यह बयान हमारे सामने है कि "मौजूदा सदी की बैनल अक़्वामी कश्मकश (सियासी, समाजी और इक़्तसादी) ने जो इन्तिशार[7] नौजवानों में पैदा कर दिया है, वो बिल्ख़ुसूस मेरा मर्कज़े नज़र रहा।" मगर मीराजी एक अकेले इंसान की नारसाई और अपनी शायरी की हदों का शऊर भी रखते थे और उससे ख़ौफ़ज़दा या परेशान नहीं थे, क्योंकि उनका यक़ीन इस हक़ीक़त पर था कि :

ज़माने में कोई बुराई नहीं है
फ़क़त इक तसल्सुल का झोला रवाँ है, यह मैं कह रहा हूँ
मुझे तो किसी भी घराने से कोई ताल्लुक़ नहीं है
मैं हूँ एक, और मैं अकेला हूँ, एक अजनबी हूँ
ये मैं कह रहा हूँ, यह बस्ती यह जंगल, यह रस्ते, यह दरिया, यह पर्बत,
इमारत, मुजाविर[8]—मुसाफ़िर
हवाएँ, नबातात[9] और आसमाँ पर इधर से उधर आते जाते हुए चन्द

---

१. अनुसरण २. अनुसरण ३. उपकार ४. प्रभावित ५. ठहराव ६. तल्लीनता ७. बेचैनी ८. पंडा ९. वनस्पति

बादल
ये सब कुछ, यह हर शै मिरे ही घराने से आयी हुई है

(यगानगत)

राशिद और फ़ैज़ की तरह, मीराजी का दिमाग़ भी अपने इज्तिमाई माहौल को ख़राब करने वाली सच्चाइयों से आगाह था। वे इस माहौल की तब्दीली और बेहतरी के आरज़ूमन्द थे और एक नयी दुनिया का ख़्वाब देख रहे थे, मगर इस फ़र्क़ के साथ कि उनके ख़्वाबों की दुनिया जितनी नयी थी उतनी ही पुरानी भी थी। मीराजी का तख़्लीक़ी वजूद नयी और पुरानी दुनिया के संगम पर मज़बूती के साथ अपने क़दम जमाये हुए था। उनका यह कारनामा कम अहम नहीं कि वे ज़माने के चलन के बरख़िलाफ़, अपने माज़ी और हाल दोनों के आमियाना[१] तसव्वुर को तस्लीम करने पर राज़ी नहीं हुए और उन्हें अपने इस रवैये की बहुत भारी क़ीमत अदा करनी पड़ी :

"मगर मुझमें कोई बुराई नहीं है
के मुझमें फ़ना[२] और बक़ा दोनों आकर मिले हैं!"

---

१. आम लोगों जैसा २. मृत्यु

अख़्तरुल ईमान की शायरी

(महमूद अयाज़ की याद में)

महमूद अयाज़ अख़्तरुल ईमान के शुरुआती दौर से लेकर आख़िरी दौर तक उनके शायद सबसे होशमन्द कारी[१] और नक़्क़ाद[२] का मर्तबा रखते थे। अख़्तरुल ईमान की मुतवक़्क़े[३] वफ़ात पर जिस दुख भरे तरीक़े से हमारे ज़माने के इस सबसे मुख़्तलिफ़ और मुक़्तदिर[४] शायर को याद किया, उससे अख़्तरुल ईमान के इम्तियाज़ात के अलावा ख़ुद महमूद अयाज़ के शेरी इदराक और उनकी बसीरत का अन्दाज़ा किया जा सकता है। महमूद अयाज़ ने इस वाक़िये पर अपने सदमे तअस्सुफ़[५] का इज़हार करते हुए लिखा था, ''जदीद शायरी के क़बीले का आख़िरी सरदार उठ गया।''

तो क्या इससे यह समझ लिया जाये कि अख़्तरुल ईमान की हैसियत सिर्फ़ 'जदीद' शायरी के आख़िरी सबसे बड़े शायर की थी? यह तो अख़्तरुल ईमान के शेरी कमाल का एक और दायरा था, उनके तर्ज़े सुख़न की पहचान का एक और बहाना। वर्ना, वाक़िया यह है कि अख़्तरुल ईमान की शायरी अपने तमाम मशहूर मुआसिर नज़्मगोयों की शायरी से अलग, अपना एक ख़ास रंग रखती थी। इस सिलसिले में, आम तौर पर जो फ़ेहरिस्त बनायी जाती है, उसमें यह नाम आते हैं। तक़रीबन इसी तरतीब के साथ—मीराजी, नून मीम राशिद, फ़ैज़, मजीद अमजद और अख़्तरुल ईमान। इनमें फ़ैज़ कभी अख़्तरुल ईमान की जगह पर रख दिये जाते हैं और कभी अख़्तरुल ईमान फ़ैज़ की जगह पर, मीराजी और राशिद अपनी जगह से नहीं खिसकते। एक हलक़ा ऐसा भी है जो ग़ालिब से आगे बढ़ता है तो सीधा मजीद अमजद पर पहुँचकर दम लेता है। बाक़ी इक़बाल और जोश और फ़ैज़, यहाँ तक कि जदीद शायरी के अव्वलीन मेमार[६] मीराजी और राशिद भी

---

१. पाठक २. आलोचक ३. अपेक्षित ४. समानित, प्रभुत्व प्राप्त, ५. अफ़सोस ६. वास्तुकार।

हाशिये में डाल दिये जाते हैं। दूसरी तरफ़ तरक़्क़ीपसन्दों के हाथ में जब तक 'जदीद शायरी' का परचम रहा, अख़्तरुल ईमान, अक्सर नज़र से ओझल रहे। उन्हें मीराजी और राशिद की तरह रजअत पसन्द[१] तो नहीं कहा गया। फिर भी उनकी तरक़्क़ीपसन्दी अगर मश्कूक[२] नहीं तो कुछ नाक़ाबिले एतिना[३] ज़रूरी समझी जाती रही। तरक़्क़ीपसन्द नक़्क़ादों ने इनकी बड़ाई का एतिराफ़[४] किया भी तो कुछ बेदिली के साथ। अख़्तरुल ईमान की बाबत क़द्रे पुरजोश रवैया, तरक़्क़ीपसन्दों में सिर्फ़ मुहम्मद हसन के यहाँ दिखायी देता है। दूसरे तरक़्क़ीपसन्दों ने हाँ भी, नहीं भी की रविश अपनायी। कमोबेश वैसी ही जैसी मंटो और बेदी के सिलसिले में रवा रखी गयी थी। इससे कुछ और नहीं तो कम से कम एक बात यह निकलती है कि अख़्तरुल ईमान की मक़ामबन्दी आसान नहीं है।

इनके बारे में चलते-चलाते कोई बात नहीं कही जा सकती। इन्हें आसानी से किसी ज़ुमरे[५] में नहीं रखा जा सकता। उनकी शायरी का मिज़ाज इस तरह मुतअय्यन[६] नहीं है जिस तरह तरक़्क़ीपसन्द नज़्म के मशाहीर[७]—यानी कि फ़ैज़, सरदार जाफ़री, मख़्दूम, मजाज और साहिर का। इसके इलावा, अख़्तरुल ईमान की शायरी का रंग वह भी नहीं है, जो हल्क़ा-ए-अरबाब-ए ज़ौक़ के मशाहीर—मीराजी, नून मीम राशिद की पहचान और तरक़्क़ीपसन्दी के एक मुतवाजी[८] रुझान की दरियाफ़्त और क़याम का ज़रिया बना। यानी यह कि अख़्तरुल ईमान की शायरी ना तो इश्तिराकी[९] हक़ीक़त निग़ारी के बूतियक़ा[१०] के दायरे में सिमटती है, ना नफ़्सियाती[११] हक़ीक़त निग़ारी के दायरे में। इसके अपने आदाब हैं और अपनी कुछ ख़ास शर्तें।

अख़्तरुल ईमान एक मर्बूत[१२] और मुस्तहकम[१३] तनक़ीदी शऊर भी रखते थे। मीराजी और राशिद की तरह अख़्तरुल ईमान ने भी बिलवासिता[१४] तौर पर अपनी शायरी से क़तअ नज़र, सीधे-सीधे तरीक़े से नस्र में जा-ब-जा अपनी शायरी और जदीद शायरी के बारे में वज़ाहती[१५] क़िस्म की बहुत सी बातें कही हैं। जैसे कि शायर होने के साथ-साथ अख़्तरुल ईमान शायरी के अच्छे पारखी भी थे। शायर के बदलते हुए किरदार और शायरी के बदलते हुए मिज़ाज को समझते थे। इन ख़राबियों का एहसास भी रखते थे जिन्होंने

१. रूढ़िवादी २. शंकित ३. उपेक्ष्य ४. इक़रार ५. गिरोह/क़िस्म ६. निश्चित ७. मशहूर लोग ८. समानान्तर, ९. सायवादी १०. अरस्तू की किताब 'द पोएटिक्स' का अनुवाद ११. मनोवैज्ञानिक १२. सिलसिलेवार/क्रमबद्ध १३. मज़बूत/चिरस्थायी १४. परोक्ष १५. विवरणात्मक।

तरक़्क़ीपसन्द शायरी, जदीद शायरी और रिवायती शायरी के ख़ासे बड़े हिस्से को रस्मों का पाबन्द बना दिया था और इससे तख़्लीक़ियत की इंफ़िरादी[१], मुँहज़ोर और आज़ादाना ताक़त छीन ली थी। मिसाल के तौर पर उनके कुछ बयाना नीचे दिये गये हैं :

> शायरी का काम ज़िन्दगी में एक तवाज़ुन[२] पैदा करना भी है। और उसके अन्दर जो हैवान है उसकी नफ़ी करना भी।
>
> (पेश लफ़्ज़, सरो-सामान)

> शायरी की तरफ़ हमारे अक्सर पढ़ने वालों का रवैया संजीदा नहीं। वो शायरी को तफ़न्नुने तबअ[३] और एक ऐसे मश्गले के तौर पर इस्तेमाल करते हैं जिसका मक़सद सिर्फ़ वक़्तगुज़रानी है।
>
> (पेश लफ़्ज़, आबजू)

> (मेरी शायरी को) यह सोचकर पढ़िये कि यह शायरी मशीन में नहीं ढली। (ये) एक ऐसे इंसानी ज़हन की तख़्लीक़[४] है जो दिन-रात बदलती हुई सियासी, मुआशी[५] और अख़्लाक़ी[६] क़द्रों से दो-चार होता है। जो इस मुआशरे और समाज में ज़िन्दा है, जिसे *आइडियल* नहीं कहा जा सकता, जहाँ इल्मी ज़िन्दगी और अख़्लाक़ी क़द्रों में टकराव है, तज़ाद[७] है। जहाँ इंसान का ज़मीर इसलिए क़दम-क़दम पर साथ नहीं दे सकता कि ज़िन्दगी एक समझौते का नाम है, और समाज की बुनियाद आला अख़्लाक़ी क़द्रें नहीं, मसल्हत[८] है और ज़मीर को छोड़ा इसलिए नहीं जा सकता कि अगर इंसान महज़ हैवान होकर रह गया तो हर आला क़द्र की नफ़ी हो जायेगी।
>
> (पेश लफ़्ज़, आबजू)

> शायरी मेरे नज़दीक क्या है। अगर मैं इस बात को एक लफ़्ज़ में वाजेह[९] करना चाहूँ तो (मज़हब) का लफ़्ज़ इस्तेमाल करूँगा। मैंने अपनी शायरी को अपना ईमान और मज़हब समझने में कोताही नहीं की। मैंने आज तक ज़िन्दगी और उसके निशेब व फ़राज़[१०] के साथ ऐसा कोई समझौता नहीं किया जो मेरी शायरी मजरूह करता हो।
>
> (पेश लफ़्ज़, यादें)

---

१. निजी २. सन्तुलन ३. आमोद-प्रमोद ४. सृजन ५. आर्थिक ६. नैतिक ७. विरोधाभास ८. निजी हित-अहित को ध्यान में रखकर काम करना ९. साफ़ १०. उतार-चढ़ाव

मेरी शायरी का बेश्तर हिस्सा अलामती[१] शायरी पर मुश्तमिल है।

(पेश लफ़्ज़, आइज़न)

(मेरी शायरी) के बारे में कोई राय क़ायम करने से पहले उसे एक-दो-तीन बार पढ़िये। अपने ज़हन को ग़ज़ल की फ़िज़ा से निकालकर पढ़िये।

(पेश लफ़्ज़, आइज़न)

ये ख़ुरदुरी, शुबहात से पुर, इन्तिशार[२] आमेज़ शायरी, इस ख़ुलूस[३] और जज़्बा-ए-मुहब्बत के तहत वुजूद में आयी है जो मुझे इंसान से है।

(पेश लफ़्ज़, बीते लमहात)

उर्दू की पूरी शायरी को दो हिस्सों में तक़्सीम किया जा सकता है। 'हिसार' के बाहर, 'हिसार' के अन्दर...'हिसार', के बाहर वाली शायरी वो है, जिसमें नये तजुर्बात, नये मैलानात और नये शऊर की तर्जुमानी और नुमाइन्दगी होती है।

(पेश लफ़्ज़, आइज़न)

शायरी मेरे नज़दीक 'ज़ात' के इस इज़हार का नाम है जो तल्मिहात, इस्तिआरों[४], तश्बीहों[५], अलामतों और लफ़्ज़ी तस्वीरों या इमेजरी की मदद से पेश किया जाता है। इसकी ज़बान रोज़मर्रा की ज़बान नहीं होती।

(पेश लफ़्ज़, आइज़न)

आदमी की तरह, शायरी भी जदीद क़दीम नयी-पुरानी नहीं, अच्छी होती, बहुत अच्छी होती है। फ़ुनून-ए-लतीफ़ा[६] में इसका मक़ाम बहुत बुलन्द है। मगर ज़िन्दगी में इसका इस्तेमाल फ़न-ए-तामीर की तरह नहीं होता। इसके कुछ हुदूद हैं।

(पेश लफ़्ज़, आइज़न)

मैं आज के शायर टूटा हुआ आदमी समझता हूँ और मेरी शायरी उस टूटे हुए आदमी की शायरी है।

(पेश लफ़्ज़, नया आहंग)

---

१. प्रतीकात्मक २. बेचैनी ३. निश्छलता ४. रूपक ५. उपमा ६. ललित कला ७. एक ८. बातचीत करने वाली

ये पूरी शायरी वाहिद[७], हाज़िर, मुतकल्लिम[८] शायरी है। शायर की वो ज़ात जो ज़िन्दगी की हर तजुर्बेगाह में दिखायी देती है। गुज़रगाहों, मेलों, अस्पतालों, क़हबाखानों, स्टेशनों और बसों के अड्डों पर। यह ज़ात, यह शख़्सियत गूँगी है। शायद लक्ष्मण का कार्टून, जो सिर्फ़ देखता है, सुनता है, कहता कुछ नहीं।

(पेश लफ़्ज़, नया आहंग)

२

इन इक़्तिबासात[१] से पहला तअस्सुर[२] यह उभरता है कि हर शायर नक़्क़ाद की तरह अख़्तरुल ईमान ने भी अपनी शायरी का जवाज़[३] ढूँढ़ा है और इन बयानों की मदद से अपने शेरी सरोकार का बचाव किया है। क्या अख़्तरुल ईमान के लिए ऐसा करना ज़रूरी था? जी हाँ! शायद ज़रूरी था, क्योंकि अख़्तरुल ईमान के सिलसिले में हमारी रिवायती और (तरक़्क़ीपसन्द) तनक़ीद का रवैया या तो ग़फ़लतशारी का रहा, या फिर ज़्यादती का। अख़्तरुल ईमान एक *कमिटेड इंडिविजुअल* थे, फ़र्द आगाह, अपनी इंफ़िरादियत का भेद समझने वाले, इज्तिमा[४] को बेचेहरा इंसानों की भीड़ के तौर पर देखने के बजाय 'अफ़राद' को मजमे के तौर पर देखने वाले। उनकी एक छोटी सी नज़्म है—तादीब (नया आहंग)

दूसरों को सुधारने मत जाओ
अपनी इस्लाह[५] पर नज़र रखो
लोग क्या कर रहे हैं छोड़ो उन्हें
अपने फ़ेल[६] की ख़बर रखो
सर्ज़निश[७] अपनी ख़ूब करते रहो
एक शोहदा[८] जहाँ में कम होगा!

इसे एक ज़ाती मंशूर[९] भी कहा जा सकता है, फ़िक्री और मुआशरती सतह पर। इसी तरह, गुज़िश्ता इक़्तिबासात में अख़्तरुल ईमान ने अपनी शायरी को पहचान और परख के जिन ज़ाब्तों की निशानदेही

---

१. उद्धरण/हवाला, २. असर ३. औचित्य ४. समूह ५. त्रुटि ६. काम ७. भर्त्सना ८. लफ़ंगा ९. शाही फ़रमान

की है, उन्हें हम फ़न्नी और तख़्लीक़ी सतह पर शख़्सी क़िस्म की वज़ाहतों का नाम दे सकते हैं। इन वज़ाहतों के बग़ैर भी अदब के क़ारी का काम चल सकता है। क्योंकि क़ारी अक्सर, ग़बी[१] नहीं होता। लेकिन अब उसे क्या किया जाये कि तनक़ीद[२] ने अर्से से हमारे यहाँ एक विवादास्पद रोल अख़्तियार कर रखा है। कभी सिद्धान्त के नाम, कभी नज़रियाती गिरोह के नाम पर, कभी हल्क़े के थके-माने (बक़ौल महमूद अयाज़ घोड़ों, या छूटे हुए पटाख़ों) अदीबों को इनाम और इज़्ज़त से नवाज़े जाने और एक बेहिस और बेख़बर, कम पढ़े-लिखे अदबी मुआशरे में, बाइज़्ज़त मक़ाम दिलाने की गरज़ से। चुनाँचे अख़्तरुल ईमान के मोहविला[३] बयानों में नक़्क़ादों की जानिब से अपने साथ रवा रखी जाने वाली आम नाइंसाफ़ी पर अफ़्सुर्दगी के अलावा एक दबा-दबा सा ग़ुस्सा भी है। 'बिंते लहात' की एक नज़्म है 'मुफ़ाहमत'। कहते हैं :

जब उसका बोसा लेता था, सिगरेट की बू नथुनों में घुस
जाती थी
मैं तम्बाक़ूनोशी को इक ऐब समझता आया हूँ
लेकिन अब मैं आदी हूँ यह मेरी ज़ात का हिस्सा है
वो भी मेरे दाँतों की बदरंगी से मानूस है, उनकी आदी है
जब हम दोनों मिलते हैं, लफ़्ज़ों से बेगाना से हो जाते हैं
कमरे में कुछ साँसें और पसीने की बू, तन्हाई रह जाती है!
हम दोनों शायद मुर्दा हैं एहसास का चश्मा सूखा है
या फिर शायद ऐसा है यह अफ़साना बोसीदा[४] है

ये नज़्म ख़त्म इस तरह होती है :

मैं बादा नोशी[५] पर माइल[६] हूँ
वो सिगरेट पीती रहती है
एक सन्नाटे की चादर में हम दोनों लिपटे जाते हैं
हम दोनों टूटे रहते हैं जैसे हम कच्ची शाख़ें हैं!

यहाँ जाती मंशूर के सिलसिले में इस नज़्म का तज़्किरा यूँ गया कि अख़्तरुल ईमान की शायरी में आप-बीती का उंसुर बहुत नुमायाँ है। मस्जिद, पगडण्डी

---

१. कमअक़्ल/मन्दबुद्धि २. आलोचना ३. उद्धृत ४. सड़ा-गला ५. मद्यपान ६. आकर्षित

(तारीख़ सैयारे से पहले), एक लड़का, यादें, मेरा नाम (तारीख़ सैयारा के बाद), एक ख़त (बिन्ते लम्हात), जीवनी—एक तवील नज़्म।

नीचे दिये गये उन्वान[१] : वुरूद, महायुद्ध, तलाश की पहली उड़ान, फैलाव, बच्चों को खेलने दो, सच का जंगल, कोहे निदा का बुलावा, मकान लामकान, इत्मामे सफ़र से पहले का पड़ाव (नया आहंग के बाद), ज़मिस्तान सर्द मोहरी का, सत्तरवीं सालगिरह, ज़िक्रे मग़फ़ूर, तश्ख़ीस (ज़मिस्तान सर्द मोहरी का)—ये नज़्में अख़्तरुल ईमान के अपने हादसों के तौर पर पढ़ी जा सकती हैं। उनका सीग़ए इज़हार[२] हमें फ़ौरन अपने एतिमाद[३] में ले लेता है, हमारा ताल्लुक़ अख़्तरुल ईमान की हस्ती/शख़्सियत से क़ायम होने में देर नहीं लगती, और हम जितना कुछ उनके निजी हालात से वाक़िफ़ हैं उसके हिसाब से इन नज़्मों को अपने नाम आये हुए अख़्तरुल ईमान के ख़त की तरह पढ़ते जाते हैं। अख़्तरुल ईमान अपने बारे में क्या सोचते थे, दुनिया के बारे में क्या सोचते थे, इस ज़मीन पर उस ज़माने में और मज़ाहिर से मामूर-ए-क़ायनात[४] में अपनी हैसियत का तअय्युन किस तरह करते थे, यह सारे सवाल इन नज़्मों को पढ़ते वक़्त ज़हन में उभरते हैं। लेकिन हमें यह बात याद रखनी चाहिए कि यह नज़्में हैं, हमारे ज़माने के शायद सबसे ज़्यादा खरे, बनावट और तमाशागरी के शौक़ से आज़ाद शायर की। यह शायर ख़ुद को इतना अहम नहीं समझता कि वक़्त-नावक़्त हमें अपनी ज़ाती कहानी सुनाने बैठ जाये। अख़्तरुल ईमान ने शायरी से मुतअल्लिक़ अपनी वज़ाहतों और बयानों की तरह अपनी नज़्मों को भी अपने अहद की जमालियात, आदर्शों और तजुर्बों, आम इंसानी सूरतेहाल और इस सूरतेहाल से जुड़े हुए अंदेशों, दहशतों, हजीमतों और उम्मीदों के इज़हार, इंक़िशाफ़[५] और एहतिसाब[६] का ज़रिया बनाया है। इंसानी हस्ती और शायरी के मक़सदों का वे गहरा शऊर[७] रखते हैं और चूँकि उन मक़सदों का सीधा ताल्लुक़ हमसे और हमारी दुनिया से है, इसलिए इनमें वे हमारी भागीदारी के इच्छुक हैं। यह जो बार-बार उन्होंने कहने की ज़रूरत महसूस की, कि शायरी का काम ज़िन्दगी में तवाज़ुन पैदा करना है, या फिर शायरी की तरफ़ ज़्यादातर पढ़ने वालों का रवैया संजीदा नहीं है, या शायरी मशीन में नहीं ढली और यह एक वाहिद,

---

१. शीर्षक २. अभिव्यक्ति का तरीक़ा ३. भरोसा ४. सृष्टि-निर्माता ५. प्रकटन ६. अभिवेचन ७. विवेक

हाज़िर, मुतकल्लिम की शायरी है, एक टूटे हुए आदमी की शायरी है, इंसान से मुहब्बत करने वाले और ज़माने के चाल-चलन से बेजार, शक़्क़ी और सहमे हुए शख़्स की शायरी है—तो इन तमाम बातों का मक़्सद यही था कि—अव्वलन शायरी को सियासी, समाजी, सक़ाफ़ती और तहज़ीबी हवालों से मुन्क़तें[1] ना किया जाये। और दूसरा यह कि इस शायरी को रस्मी और रिवायती, फ़न्नी क़द्रों के हिसाब से ना पढ़ा जाये।

३

ज़मीन 'ज़मीन' के पेश लफ़्ज़ में अख़्तरुल ईमान ने लिखा था :

> इस मज्मूए की बेशतर नज़्मों पर ज़मीन का दर्द हावी है। दरअस्ल ज़मीन का दर्द मुतरादिफ़[2] है उस कर्ब[3] के जो बाहैसियत एक फ़र्द के मेरे अन्दर पैदा होता रहता है और बाहैसियत एक शहरी के मेरे लिए एक बहुत बड़ा मसइला है।

पेश लफ़्ज़ का ख़ात्मा इन अल्फ़ाज़ पर हुआ है कि :

> ...बेदीन[4] आदमी अच्छी शायरी कर ही नहीं सकता। यह उसका काम है जो ईमान रखता हो ख़ुदा की बनायी हुई हसीन चीज़ों पर। इंसान और उसकी इनसानियत पर। उसकी मजबूरियों और लाचारियों को समझता हो। जो मुरव्वजा[5] अच्छी क़द्रों को पहचानता हो और उनमें इज़ाफ़ा भी चाहता हो। जो ख़ुदा की बनायी हुई ज़मीन से मुहब्बत करता हो और इस बात पर कुढ़ता भी हो कि इंसान उसे ख़ूबसूरत बनाने के बजाय बदसूरत बना रहा है।

यानी यह कि एक तो अख़्तरुल ईमान के शायराना तजुर्बे की अर्ज़ी बुनियादें बहुत साफ़ हैं। दूसरा यह कि अख़्तरुल ईमान के लिए शायरी का मसला अक़्दार का मसला भी है। चुनाँचे उनकी शायरी एक नुमायाँ अख़्लाक़ी जिहत भी रखती है। यहाँ मैं एक ऐसा मारूज़ा[6] पेश करना चाहता हूँ कि हमारी नयी अदबी रिवायत उसूल साज़ी के फ़ेर में बहुत ख़राब हुई है। हिन्दुस्तान की किसी दूसरी ज़बान में इस तरह की फ़िक्री

---

१. खण्डित २. निरन्तर ३. बेचैनी ४. नास्तिक ५. प्रचलित ६. प्रार्थना

बहसें, अदबी सिद्धान्त की बहसें ज़्यादा अर्से तक नहीं चल सकी जिस तरह के उर्दू में। इसकी ख़ास वजह यही समझ में आती है एक तो हिन्दुस्तानी अदीबात में रूलाँबार्त, सोसेर, लाकाँ, और दरीदा के हवाले से अपनी बात कहने का रुझान मक़बूल नहीं है, दूसरा यह कि शेरो अदब की तारीख़ी बुनियाद के साथ-साथ उसकी तबीई और भौगोलिक नींव पर तवज्जो बहुत आम है। और चूँकि अख़्तरुल ईमान के शऊर में शायरी के माद्दी पसे मंज़र के लिए एक ख़ास जगह थी, और तसव्वुरों के बराबर वे चीज़ों और लोगों से, फ़ितरत के मज़ाहिर से, मख़्लुक़ात से ज़िन्दगी के ठोस मुनासिबात से ग़ैर मामूली और वालिहाना शग़फ़ रखते थे, इसलिए उनकी शायरी हिन्दुस्तान के मज्मुई अदबी मिज़ाज से एक ख़ास नज़दीकी का पता देती है। मीराजी ने 'नारस' का जो तारुफ़ लिखा था और जिसे अख़्तरुल ईमान ने 'ज़मीन, ज़मीन' के इख़्तितामिये की हैसियत दी है। उसके चन्द जुमले यूँ हैं कि :

> भुलावट और सोच सुपुर्दगी का दिबाचा हैं। शायद इसे (अख़्तरुल ईमान को) अपने फ़ारसी आमेज़ लुग़त के तर्शे-तर्शाएपन में अपने आसूदा, एहसासात के इज़हार के लिए मुनासिब ज़रिया नहीं मिला। शायद वो हुस्ने महज़ और इत्मीनान-ए-क़ल्ब की जुस्तजू में जिस तर्जुमानी का ख़्वाँहा है, उसके लिए उसे अपनी पैनी लुग़त में एक रोक महसूस हुई।

अख़्तरुल ईमान ग़ज़ल के साये से मुकम्मल निजात के तालिब थे। वह भी शायद इसलिए कि उनकी 'शेरी लुग़त में एक रोक सी' महसूस होती थी और शायरी में उनका मक़्सूद उर्दू की आम रिवायत से बहुत मुख़्तलिफ़ था। उनका मिज़ाज बिल्कुल ग़ैर रूमानी था। गिनाइयत[१] का एक आम उंसुर जो उर्दू नस्त्र-ओ-नज़्म के साथ परछाईं की तरह लगा हुआ है, अख़्तरुल ईमान शऊरी तौर पर उससे गुरेज़ाँ थे। अपनी शेरी लुग़त, लहजे और मुहावरे के एतिबार से उन्हें अपने पेशरौओं[२] और मुआसरीन में अगर कुछ मुनासिबत थी तो अज़मतुल्लाह ख़ाँ से और मीराजी से। राशिद की शायरी में बहुत सी ख़ूबियों के बावजूद एक तरह का तहक़्क़ुमाना[३] अन्दाज़ और फ़िक्री दराज़दस्ती, आम इंसानी तजुर्बे की सतह से उन्हें कभी-कभी, क़द्रे दूर हटा देती है। जैसे कोई मिंबर[१] से ख़िताब कर रहा हो। या ऊँची

१. संगीत २. रहनुमा ३. ज़बर्दस्ती का

आवाज़ में अपने आप से बातें कर रहा हो। फ़ैज़ के लहजे की मिठास और गुनगुनाहट कभी-कभी आप अपना मक़्सूद बन जाती है। चुनाँचे रवैयों और तबियतों के नुमायाँ फ़र्क़ के बावजूद अख़्तरुल ईमान मीराजी की तरफ़ देखते हैं या फिर अज़मतुल्लाह ख़ाँ की तरफ़। अज़मतुल्लाह ख़ाँ भी ग़ज़ल की कुबूलियत आम उर्दू शायरी के सियाक़[२] में इस सिंफ़ की मुरब्बियाना[३] हैसियत से ख़ास दिलबर्दाश्ता[४] थे। और मीराजी तो थे ही। अजमी रिवायत के मुक़ाबले एक आरियायी[५] रंग के आशिक़ और अपने रुझानों और उफ़्ताद तबअ[६] की मावराइयत और सिर्रीयत के बावजूद अपने तजुर्बों के माद्दी और अर्ज़ी दायरे में घिरे हुए। अख़्तरुल ईमान ने, ख़लीलुर्रहमान आज़मी के लफ़्ज़ों में, "मीराजी की तक़्लीद[७] नहीं की, अलबत्ता, मीराजी के नातमाम और नातराशीदा तजुर्बों को एक नयी मानवीयत[८] के साथ उजागर किया है। मीराजी की तरह गीतों और भजनों की आवाज़ से अपनी कई नज़्मों में मदद ली है (मसलन जुआरी, अनजान, अजनबी, बुलावा, यादें, तरग़ीब और उसके बाद)। हिन्दुस्तान की अवामी (लोक) अदबी रिवायत में, बड़ी से बड़ी, गहरी पेचीदा और दूर-रस फ़िक्र को आम इंसानी तजुर्बे में, छुपाने का जो चलन आम है, उससे भी अख़्तरुल ईमान ने असर लिया है। उन्हें जितनी कशिश मज़्र-व-अफ़्कार में महसूस होती थी और जितना क़लबी ताल्लुक़ इंसानी हस्ती के रहस्य और मन की लहरों से था, उससे कम दिलचस्पी लोगों और चीज़ों से नहीं थी। इनकी शायरी में ठोस शक्लों का हुजूम उमड़ आता है। नदी, नाले, चट्टानें, पहाड़, खेत, मैदान, फ़सलें, परिन्दे, फूल-फल, कीड़े-मकौड़े, जानवर, बस्तियाँ व बाज़ार, दुकानें और लोग, तरह-तरह किरदार जिनमें सियासतदान और मौलवी भी हैं और लुच्चे-लफ़ंगे, चोर-उचक्के भी, हर तब्क़े और हर दर्जे के इंसान। अख़्तरुल ईमान की हवास की दुनिया इन सबसे आबाद है। नज़ीर अकबराबादी की तरह अख़्तरुल ईमान का ज़ाविया-ए-नज़र भी 'सो है वो भी आदमी' क़िस्म का है जिसमें अख़्लाक़-ए-रवादारी, हिस्सी मुसावात और फ़िक्र के फैलाव के अनासिर दूर से चमकते नज़र आते हैं। दूसरी साफ़ मुमासिलत जो अख़्तरुल ईमान के तर्ज़-ए-एहसास को एक ख़ुल्क़ी, फ़ितरी और उंसूरी क़िस्म की मक़ामियत का

---

१. मस्ज़िद में वह ऊँचा स्थान जहाँ इमाम ख़ुत्बा पढ़ता है २. सन्दर्भ ३. सरपरस्त ४. खिन्न ५. आर्य लोगों से सम्बन्धित ६. दुखी स्वभाव ७. अनुसरण ८. प्रासंगिकता

तर्जुमान बनाती है, वो कबीर दास से है। कबीर हमारी इज्तिमाई रिवायत का सबसे बड़ा हक़ीक़त पसन्द, सबसे बरहम[१], बेबाक, बाग़ी और एहतिजाज[२] करने वाले, समाजी मवाद को शायरी की बुनियाद बनाने वाला शायर है। कबीर संत थे, मगर उनकी उलूहियत त्याग और तपस्या को पेशा बनाने वालों से वो कोसों दूर है। कबीर की शायरी इबरत का एक ताज़ियाना[३] है, एक 'सीली उस्ताद' जिसका मक़सद राह से भटके हुए नामुराद शागिर्दों, को सच्चे रास्ते पर लाना है। कबीर 'नैन झरोखे बैठकर जग का मुजरा देख', की तरग़ीब देते हैं मानो इस सुफ़्ला[४] और रियाकार[५] दुनिया के तमाशों से दूर भी हैं। और रचे हुए शऊर, एक रूहानी लातल्लुक़ी के साथ इस तमाशे को भी देख रहे हैं। अख़्तरुल ईमान के यहाँ भी एक जीती--जागती, घनी और पुरशोर हक़ीक़तों के हुजूम में 'शुमूलियत' के बावजूद इस हुजूम से दिलबरदाश्तगी और दूरी, दुनिया में रहने की मक़्सूम[६] मजबूरी और अपनी तन्हाई का एहसास साफ़ झलकता है। अपनी बेबसी और मलाल की कैफ़ियतों पर, अख़्तरुल ईमान ने सन्त कबीर ही की तरह, तंज़[७] की एक महीन चादर डाल दी है।

४

लेकिन अर्ज़ियत, मक़ामियत, मज़ाहिर शिनासी और मौजूदात से ख़ुदकार क़िस्म का सीधा-सादा बेलौस[८] रब्त रखने के बावजूद, अख़्तरुल ईमान सिर्फ़ मुल्की मामलात-ओ-वसाइल के शायर नहीं हैं। जिस तरह उनकी बरहमी, रिवायती तरक़्क़ीपसन्दों की इज्तिमाई, एहतिजाजी रविश से अलग है, उसी तरह ज़माने से और ज़िन्दगी से अपनी सोची-समझी वाबस्तगी के बावजूद अख़्तरुल ईमान ने, वज़ीर आग़ा के लफ़्ज़ों में ''नज़रिये के सस्ते परचम का सहारा'' कभी नहीं लिया। तफ्सीली पैराए में यह बात इस तरह कही जा सकती है कि अख़्तरुल ईमान की हैसियत एक 'निहत्थे सिपाही' की थी जिसकी ढाल बस उसका ज़मीर होता है और जो फ़रार का रास्ता इस हौसले और इस उम्मीद पर अख़्तियार नहीं करता कि जो भी हो,

---

१. उलझा हुआ/अप्रसन्न २. हुज्जत करने वाला ३. चाबुक ४. नीच ५. पाखण्डी ६. जो क़िस्मत में हो ७. व्यंग्य ८. नि:स्वार्थ

लड़ाई तो जारी रहेगी। बड़े आदर्श, अख़्लाक़ी मौक़िफ़[१] और अक़दार पर मब्नी नाकामी की हालत में भी आप अपना सिला बन जाती है। यहाँ मैं एक बार फिर से 'ज़मीन, ज़मीन' के पेश लफ़्ज़ में अख़्तरुल ईमान के इन जुमलों की तरफ़ आपका ध्यान ले जाना चाहता हूँ जिनमें उन्होंने अपने बुनियादी तख़्लीक़ी मिज़ाज की वज़ाहत यह कहते हुए की थी कि इस लेख की 'बेश्तर नज़्मों पर ज़मीन का दर्द हावी है'। और यह कि 'जो मसाइल रोज़ पेश आते हैं, उनमें से अक्सर का हाल फ़र्द के हाथ में नहीं, मगर दर्द अपनी जगह रहता है। फिंर इंसान के पास दिमाग़ है। शानों के ऊपर सर है, जो सोचता भी है'। इस इक़्तिबास से कुछ ख़ास बातें निकलती हैं।

१. अख़्तरुल ईमान की शायरी किसी एक इलाक़े और फ़िरके से वाबस्ता मसलों को अपना हवाला नहीं बनाती।

२. अख़्तरुल ईमान की शायरी इज्तिमाई मसलों से नबर्दआज़्मा[२] एक शख़्स की ज़हनी और रूहानी जद्दोजहद से पर्दा उठाती है।

३. अख़्तरुल ईमान की शायरी आलमी सतह पर फैले हुए, उदासी, बेबसी, दहशत और दर्द के माहौल की तर्जुमान है। एक आलमआशोब, तख़्लीक़ी रिकॉर्ड है।

और आख़िरी बात यह है कि

४. अख़्तरुल ईमान की शायरी का बुनियादी ताल्लुक़ उस इंसान से है जिसके पास दिमाग़ है, कन्धों के ऊपर सर है जो सोचता भी है।

इस तरह यह शायरी हर तरह के भेद-भाव, वहम, अध्यात्म से आज़ाद एक नयी हक़ीक़त पसन्दी के तसव्वुर पर उस्तवार[३] हुई है। इसका ताल्लुक़ ना तो सिर्फ़ मशरिक़ से है, ना सिर्फ़ मग़रिब से। यह शायरी ना तो किसी मुनज़्ज़िम[४] नज़रिये और सियासी फ़िक्र की हिफ़ाज़त करती है, ना किसी क़िस्म की तब्लीग़ करती है। मजीद अमजद के शेरी तजुर्बों की दुनिया तो ख़ैर नयी नज़्म के मशहूरों में, मुक़ाबलतन महदूद है। लेकिन मीराजी, राशिद, फ़ैज़ को भी सामने रखा जाये तो अख़्तरुल ईमान इन सबसे अलग दिखायी देते हैं। उनके पास ना तो मीराजी की जैसी ख़ुदसुपुर्दगी है, ना

---

१. खड़े होने का स्थान २. युद्ध-कौशल ३. मज़बूत ४. नियमानुसार

राशिद के जैसा दानिशवराना[1] आहंग, ना फ़ैज़ की जैसी नज़रियाती वाबस्तगी। तजुर्बे के एक सिरे पर अख़्तरुल ईमान की अपनी हिस्सीयत और बसीरत है, दूसरे सिरे पर वह इंसानी सूरतेहाल जिसने मन व तो[2] का फ़र्क़ मिटा दिया है और एक आलमगीर शक्ल अख़्तियार कर ली है। अख़्तरुल ईमान का इम्तियाज़ और सरमाया-ए-इफ़्तिख़ार उनके तख़्लीक़ी रवैये की बेतहाशा सादगी, उसके अरज़ी और इंसानी इंसिलाकात[3] हैं। मीराजी के एहसास की गुमशुदगी और मावराय्यत, उनका भगतों जैसी तल्लीनता, राशिद की फ़िक्री मज़बूती, तेज़ी और दर्राक़ी और फ़ैज़ के शऊर की इज्तिमाइयत, लहजे की नर्मआसारी, नग़मगी और ज़मीन पर धीरे-धीरे उतरती हुई चाँदनी जैसी कैफ़ियत, अपने अन्दर कशिश का बहुत सामान रखती है और उसकी हैसियत नयी शेरी रिवायत के बेशबहा विरसे की है। नयी शायरी के मज्मुई मिज़ाज को बनाने और काढ़ने में इन सबका किरदार बहुत मुतहर्रिक[4] और मुअस्सिर[5] रहा है। अख़्तरुल ईमान का, अपनी डेढ़ ईंट की मस्जिद अलग बनाना, सबसे अलग रुख़ अपनाना, शायरी की रस्मो रिवायात के साये से बच-बचकर चलते रहना, ज़बान या आवाज़ और तरीक़ों के चुनाव में सिर्फ़ एक तख़्लीक़ी ज़रूरतों का लिहाज़ रखना और किसी मक़बूल व मानूस रंग को ख़ातिर में ना लाना, उनके हैरानकुन फ़न्नी इन्हिमाक[6] और ख़ुदएतिमादी[7] को ज़ाहिर करता है। अख़्तरुल ईमान की शायरी, पर सच्ची शायरी की तरह (जिसकी मिसालें इक़बाल से लेकर मीराजी, राशिद, फ़ैज़, मजीद अमजद, सबके यहाँ बिखरी हुई हैं) तअस्सुबात और छोटी-छोटी खानाबन्दियों को तो ख़त्म करती ही है, इसी के साथ-साथ आम क़िस्म की जज़्बाती, फ़िक्री और लिसानी तर्जिहात से भी दामन बचाती है। अख़्तरुल ईमान तो अपने ज़माने के मख़्सूस मसइलों और सवालों में भी अपनी बसीरत को महसूस नहीं होने देते और इस यक़ीन के साथ सामने आते हैं कि 'गुज़रान का लफ़्ज़ पूरी ज़िन्दगी की असास है'।

> आदमी जहाँ भी है, ख़्वाही ना ख़्वाही, गुफ़्त्नी ना गुफ़्त्नी, हर तरह के क़ुयूद-ओ-बन्द में रहकर गुज़रान करता है। यह गुज़रान कोई सोचा-समझा हुआ फ़ेल नहीं, एक उफ़्ताद[1] है, जैसी पड़ती है झेलता ओटता

---

१. बौद्धिक २. मैं और तू ३. एक चीज़ का दूसरी में प्रवेश करना ४. गति देने वाला ५. असर डालने वाला ६. तन्मयता ७. आत्मविश्वास

है। उस वक़्त उसके दिमाग़ में यह बात नहीं आती कि यह ऐनीयत[२] है या वुजूदियत। ज़िन्दगी जब्र-ए-महज़[३] है या वो मुख़्तार-ए-कुल[४]। अगर देखा जाये तो गुज़रान को मानी पहनाने की कोशिश ही फ़लसफ़ा, अदब और शे'र है।

ये इक़्तिबास 'सर-ओ-सामान' के पेश लफ़्ज़ से है (इशाअत १९८३)। इससे काफ़ी पहले, 'बिंत-ए-लम्हात' के पेश लफ़्ज़ (२३ अप्रैल, १९६९) में अख़्तरुल ईमान ने एक और बात कही थी। "आदमी की तरह शायरी भी जदीद क़दीम, नयी-पुरानी नहीं...अगर्चे शायरी भी अपनी ज़ात का इज़हार है और फ़ुनूने लतीफ़ा में उसका मक़ाम बहुत बुलन्द है मगर ज़िन्दगी में उसका इस्तेमाल, फ़न्ने तामील की तरह नहीं होता। उसकी कुछ हुदूद हैं। जब इन हुदूद से तजावुज़[५] कर जायेंगे, वो इबारत जो शायरी के नाम से लिखी गयी है, सिर्फ़ किसी बात का एक मंजूम बयान होगी जिसमें तमाम लवाज़िमात-ए-शेर मिलेंगे सिवा उस रूह के और शायराना बसीरत के जो अच्छी शायरी का लाज़िमा है।"

मतलब यह कि शे'र की बूतियका के मुताबिक़ शायरी का 'जमाँ गिरफ़्ता' या डेटेड होना ना तो यह शायर की पहचान है ना शायरी की। तरक़्क़ीपसन्द सरमाया-ए-शेर की तरह, जदीदियत के रुझान से मिले हुए शायरी के ज़्यादातर हिस्से की ख़राबी भी उसकी जमाँ गिरफ़्तगी है। हमारे बेश्तर शायर, रूहे अस्र की अलबर्दारी के बेमहाबा शौक़ में नज़्मों के वास्ते से उल्टे-सीधे बयान देते रहे। सनाती तहज़ीब का कहर, नयी *टेक्नोलॉजी* से मुंसलिक अन्देशे, नये मुआशरे के तन्हा आदमी का आशोब, अक़दार की शिकस्त-ओ-रेख़्त वग़ैरह-वग़ैरह अपने असर की तर्जुमानी के आसान नुस्ख़े बन गये। जिसे देखो एक सी बीमारी में मुब्तला है—बेसित, बेचारगी, हज़ीमत[६], इख़राजे बशरियत[७] और बिखराव। फिर जिसे देखो शायरी को एक सी दवा पिलाए जाता है। सूरज, रेत, प्यास, दश्त-ओ-सेहरा, पेड़, टूटे हुए पत्तों का शोर, आँधियाँ और झक्कड़। गर्ज़ कि हरेक के एहसास पर इन्हीं सनसनाहटों की हुक्मरानी नयी लिसानी तश्क़ील और लिसानी तख़रीब की हदें कुछ शायरों ने मिटाकर रख दीं। धड़कते हुए ज़िन्दा और ग़र्म लफ़्ज़ जिनसे भाप उठनी चाहिए सर्द बेजान *क्लीशे* बन गये। मगर

---

१. विपत्ति २. वास्तविकता ३. मजबूरी ४. हर तरह के अधिकार प्राप्त स्वतन्त्र व्यक्ति ५. सीमोल्लंघन ६. हार ७. अमानवीकरण।

अदबी आवाँ गार्द, जिस उजाले में हमारे अस्र का तख़्लीक़ी मिज़ाज मुरत्तब हुआ और जिसकी मुस्तक़्बिलियत और लिसानी रूह की सरकशी के अनासिर करते हैं, हमारे अदबी मुआशरे में इनका शऊर फैल नहीं सका, बाक़र मेहदी की 'तनक़ीदी कशमकश में इन अनासिर की अहमियत और मानवीयत पर इसरार के बावजूद यह शऊर नक़्क़ारख़ाने के शऊर में गुम सा हो गया। बेशक अख़्तरुल ईमान भी, आज के शायर को टूटा हुआ आदमी समझते हैं और कहते हैं कि 'मेरी शायरी इसी टूटे हुए आदमी की शायरी' है। लेकिन, यह टूटा आदमी ज़िद्दी, ख़ुदसर और ख़ैरअन्देश भी है। और अख़्तरुल ईमान ही के लफ़्ज़ों में यह महसूस करता है कि :

> पैग़म्बर अब नहीं आते। मगर छोटे पैमाने पर अब यह काम शायर कर रहा है। शायर का काम ज़िन्दगी में एक तवाज़ुन पैदा करना भी है। और उसके अन्दर जो हैवान है, उसकी नफ़ी करना भी। जहद तो जारी रहेगी! (पेश लफ़्ज़, सर व सामान)

५

उर्दू की नयी शायरी के सियाक़ में अख़्तरुल ईमान के फ़िक्री सरमाये पर नज़र डाली जाये तो वे हमारे सबसे नुमायाँ *'आँवा गार्द'* शायर के तौर पर सामने आते हैं। उनका रवैया रस्मी और मक़बूल वुजूदी रुझानों के उन तर्जुमानों से अलग है जिनकी भीड़-भाड़ हमारी इलाक़ाई ज़बानों के मुआसिर अदब में दिखायी देती है। यह रुझान इस परखे हुए और घिसे-पिटे तजुर्बे पर बसे भेड़चाल की नुमाइंदगी करते हैं जिसके हाथों इंफ़िरादी तर्ज़े एहसास का बेड़ा ख़ूब ग़र्क़ हुआ है, ख़ासतौर पर उर्दू में। बंगाल के अकाल, आज़ादी और फ़साद के पसे मंज़र में एक सी रें रें करने वाली नज़्मों का संग्रह ('गम-ए-दौराँ', मर्तबा, ग़ुलाम रब्बानी ताबाँ) देखकर जोश साहब ने कहा था :

> आफ़रीं बर ग़ुलाम रब्बानी
> क्या निकाला है मेढकों का जुलूस

हमारे जदीदतर शायरों के यहाँ तजुर्बे और इज़हार की यक्सानियत का ऐब हमारे तरक़्क़ीपसन्द पेशरौओं के मुक़ाबले में कुछ कम नहीं। यह लोग,

एक तरह सोचते हैं, या शायद सोचते ही नहीं। बल्कि कुछ गिने-चुने बोसीदा लफ़्ज़ों, मुतहज्जिर[1] अलामतों और फ़र्सूदा तजुर्बों की क़ियादत में अपनी तख़्लीक़ी राह तय करते हैं। नतीजा यह होता है कि उनकी पहुँच भी किसी नौदरियाफ़्त मक़ाम या मंज़िल तक नहीं होती। हम तरक़्क़ीपसन्दों को तयशुदा तख़्लीक़ी मक़ासिद और मालूम और मुतवक़्क़े तख़्लीक़ी सरगर्मी का क़ुसूरवार ठहराते हैं। लेकिन यह नहीं देखते कि हमारे नये शायरों की अक्सरियत के पास उनका अपना कुछ भी नहीं। उधार लिए हुए तरीक़े, माँगे हुए लफ़्ज़ और तजुर्बे चुनाँचे जैसी बेरूह यक्सानियत हमें अपने ज़माने के शायरों में दिखायी देती है। वह हमारी शेरी रिवायत के किसी भी दौर के शायरों की बनिस्बत कमतर नहीं कही जा सकती।

अख़्तरुल ईमान के यहाँ इज्तिमाई ज़िन्दगी के मसलों को एक शख़्सी बल्कि निजी सच्चाई के तौर पर क़ुबूल करने के बावजूद तख़्लीक़ी तजुर्बे की इंफ़रादियत पर ज़ोर दिखायी देता है। इसकी तरफ़ हम इशारा कर चुके हैं। इस सिलसिले में दो-तीन बातों को यहाँ दोहराना ज़रूरी है :

१. अख़्तरुल ईमान आज की शायरी का पसे मंज़र क़ौमी नहीं, बल्कि बैनलअक़्वामी[2] समझते हैं।

२. शायर, उनके नज़दीक, 'छोटे पैमाने' पर पैग़बरों का काम है।

३. शायरी मज़हब है—गोया कि मज़हबी तजुर्बे की शिद्दत, जुनून और लगन के बग़ैर शायरी का तसव्वुर मुमकिन नहीं।

४. 'गुज़राँ' का लफ़्ज़ पूरी ज़िन्दगी की असास है।

इन बातों का लुब्बे-लुबाब यह है कि आने वाले वक़्त के उंसुर से आज की शायरी किसी भी हाल में खाली नहीं हो सकती। इसी तरह इक़्दार और एक सोचे-समझे अख़्लाक़ी मौक़िफ़ का मसला है और यह सब मसले एक तरह की ज़ाती तहज़ीब के अमल से मरबूत है। यही वजह है कि अख़्तरुल ईमान की शायरी अपने पढ़ने वालों में जो पहला और नुमायाँ असर पैदा करती है वह एक संजीदा और मुंज़बित समाजी ज़िम्मेदारी का है। अख़्तरुल ईमान पल भर के लिए भी इस असर से बेगाना नहीं होते। चुनाँचे अपने पढ़ने वाले से भी एक गहरी संजीदगी की माँग करते हैं,

---

१. पत्थर की तरह कड़ा बन जाने वाला २. अन्तरराष्ट्रीय

जदीद (नयी) शायरी के मामूली ज़ायक़े का आदी मज़ाक़-ए-शेर इस शायरी के मुज्मिरात तक पहुँच इसी सूरत में हासिल कर सकता है जब वो अख़्तरुल ईमान की फ़िक्रों और एहसास के साथ-साथ इस उस्लूब को समझने पर भी क़ादिर हो जो बड़ी हद तक शख़्सी है। रहे आज की ज़िन्दगी के आम तजुर्बे और क़िस्से तो उनका बयान, हस्बे इस्तिताअत[१], आज का छोटा-बड़ा शायर कर सकता है। अख़्तरुल ईमान तक़रीबन एक जैसी आवाज़ों की भीड़ में जो अलग नज़र आते हैं और उनका लहजा सा पहचाना जाता है तो इसीलिए कि उन्होंने अपनी इंफ़रादियत को बचाने के बड़े जतन किये हैं। अपने हाल के चंगुल से निकलने की भी उन्होंने ख़ास जद्दोजहद की है। वुजूदियत और वुजूदी तजुर्बों की आम आहट जो हमारे ज़माने के सभी क़ाबिए ज़िक्र शायरों के यहाँ सुनायी देती है, उसकी आवाज़ अख़्तरुल ईमान के यहाँ बहुत बदली हुई है। सार्त्र की इनसानियत, दोस्ताना वुजूदियत जो इस बात की गुंजाइश भी रखती है कि अदीब अपने समाजी तअहुद और तख़्लीक़ी ज़िम्मेदारी, दोनों का बोझ एक साथ उठा सके, अख़्तरुल ईमान के मिज़ाज से फ़ितरी मुनासिबत रखती है, इस फ़र्क़ के साथ कि अख़्तरुल ईमान सियासी या समाजी कारकुनों की पेंफ़लेटबाज़ी और सरगर्म एहतिजात से अलग ख़ामोशी से अपना काम किये जाते हैं। अज़ीज़ क़ैसी ने अख़्तरुल ईमान पर अपने लेख में कहा था कि "अख़्तरुल ईमान की शायरी के मौज़ूआत[२] वही हैं जो तरक़्क़ीपसन्दों के हैं, लेकिन उनका बयान मक़बूल और मशहूर तरक़्क़ीपसन्द शायरों से अलग है।" इसलिए अख़्तरुल ईमान क़ुबुल-ए-आम के हिसार से बाहर रहे। मेरा ख़याल है कि अख़्तरुल ईमान और तरक़्क़ीपसन्दों के मारूफ़ रंग में फ़र्क़ सिर्फ़ बयान का या नज़्मिया शायरी के असालीब का ही नहीं, मिज़ाजों का फ़र्क़ भी है। एक फ़ैज़ को छोड़कर दूसरे तमाम मुमताज तरक़्क़ीपसन्द शायरों के यहाँ समाजी मसलों और तजुर्बों की तरफ़ जो रवैया मिलता है उसमें फ़िक्री इब्तिज़ाल[३] के आसार नुमायाँ हैं। मुझसे एहतिजाज बरहमी का एक सा अन्दाज़। ज़ब्त और ठहराव के साथ बातें करना गोया कि उन्हें रास नहीं आता। बरहमी और बेज़ारी का एहसास अख़्तरुल ईमान के यहाँ भी कम नहीं। मगर वो शायर और शायरी के मंसब में तब्दीली या तक़फ़ीफ़ के नुक़सान का शऊर भी रखते हैं। इसीलिए तरक़्क़ीपसन्दों की

---

१. यथासामर्थ्य २. विषय ३. फूहड़पन

आवाज़ में आवाज़ नहीं मिलाते। अपने समाजी सरोकार और वाबस्तगी को बचाये रखते हैं मगर इस तरीक़े से कि शायरी भी बची रहे।

६

तसव्वुर और ज़ाविया-ए-नज़र का एक और पहलू जो अख़्तरुल ईमान के शायरी के सियाक़ में ख़ास तवज्जो का मुस्तहक़ है, वो उनकी शायरी के मक़ामी रिश्तों और अर्ज़ी राब्तों से ताल्लुक़ रखता है। एक मारूफ़ इस्तलाह का सहारा लिया जाये तो अख़्तरुल ईमान की शायरी में 'देसीपन' या नेटीविज़्म का उंसुर भी कहा जा सकता है। देखने में बात अजीब सी है। क्योंकि अख़्तरुल ईमान जदीद शायरी (नयी शायरी) के बेनअल अक़्वामी मिज़ाज के सरगर्म वकील हैं, जैसा कि पहले अर्ज़ किया जा चुका है वो तो नस्लों के फ़र्क़ को भी नहीं मानते। गोया कि ज़माँ के तग़य्युरात[१] की अहमियत अख़्तरुल ईमान के शऊर में कुछ ख़ास नहीं है। और इससे यह फ़िक्री जिहत भी निकलती है कि अख़्तरुल ईमान इंसान के बुनियादी तजुर्बों की दाइम्मीयत[२] के क़ायल हैं। ऐसी सूरत में अख़्तरुल ईमान के फ़िक्री और हिस्सियाती निज़ाम का रिश्ता 'देसीपन' के तसव्वुर से जोड़ना बज़ाहिर उनके साथ ज़्यादती है। लेकिन ग़ौर से देखा जाये तो पता चलेगा कि अख़्तरुल ईमान की शायरी में बेनलअक़्वामी अनासिर का रास्ता उनकी क़ौमियत (मक़ामियत) से निकलता है। नज़ीर अकबराबादी और अज़मतुल्लाह ख़ाँ की तरह अख़्तरुल ईमान के यहाँ भी शेरी तजुर्बे के मक़ामी हवालों की कसरत है। ख़लीलुर्रहमान आज़मी का यह ख़याल कि (मुख़्तार सिद्दीकी और मजीद अमजद के अलावा) अख़्तरुल ईमान ने भी 'मीराजी के नातमाम और नातराशीदा तजुर्बों को एक नयी मानवीयत के साथ उजागर करने की कोशिश की है'। इसी वाक़िये पर मब्नी है— 'बेशक अख़्तरुल ईमान के यहाँ गीतों और दोहों की जुबान से इस्तेफ़ादे का रुझान मौजूद है और अख़्तरुल ईमान की लफ़्ज़ियात[३], शेरी कवायद, लहजे में हिन्दी रिवायत की गूँज साफ़ सुनायी देती है, लेकिन इससे यह ग़लतफ़हमी नहीं पैदा होनी चाहिए कि अख़्तरुल ईमान मक़ामी रंगों के

---

१. परिवर्तन २. नित्यता ३. शब्दावली

शायर हैं। उनका तर्ज़े एहसास असासी तौर पर देही या क़स्बाती नहीं है बल्कि शहरी और साइंसी है। अख़्तरुल ईमान के यहाँ इस 'दानिशे हाज़िर' के निशानात देखे जा सकते हैं जो अपने कमाल में अपने ज़वाल[१] को भी पहचान लेती है। जो अस्रे रवाँ की तरक़्क़ी-ए-माकूस[२] ख़तरों से अच्छी तरह आगाह है। चुनाँचे ख़ुदएहतिसाबी के अन्दाज़ अख़्तरुल ईमान की नज़्मों में तरह-तरह से ज़ाहिर होते हैं। कहीं मलाल है, कहीं बरहमी, कहीं तंज़ और तज़्हीक। एक तरफ़ कुछ रिवायतों के मिटने की कसक है। दूसरी तरफ़ उनकी बोसीदगी का एहतिराफ़ भी है।

हिन्दुस्तान की दूसरी इलाक़ाई ज़बानों और सबसे ज़्यादा तो हिन्दी वालों में, अफ़्कार व एहसासों की सतह पर जो क़ुरबत अख़्तरुल ईमान से दिखायी देती है, उर्दू के किसी और शायर (बा शुमूल[३] फ़ैज़) से नहीं। इसका सबब भी वही है जिसकी तरफ़ ज़रा देर पहले इशारा किया गया था, यानी अख़्तरुल ईमान के शऊर और इज़्हार में मक़ामियत के निशान। वारिस अलवी ने अपने लेख 'अख़्तरुल ईमान की शायरी के चन्द पहलू' में यह बात इस तरह दोहराई है कि :

> अख़्तरुल ईमान जदीद सनाती शहर के हमहमों में रहने के बावजूद अपने ज़हन में एक हरा-भरा गाँव लिये फिरते हैं। राशिद और फ़ैज़ के ज़हनों में ऐसा कोई गाँव नहीं। इसलिए कि उनके यहाँ वो लड़का और उसका बचपन भी नहीं जो गाँव की मुंडेरों पर खेलता और तितलियों के तअक़्क़ुब[४] में दौड़ता है। अख़्तरुल ईमान की शायरी की पूरी शादाब इमेजरी इसी गाँव के मरहूने मिन्नत है और शहरों की फ़िज़ाओं को वो शायराना इमेजरी और मरकाओं में बदल नहीं पाते। गो उनके यहाँ कोलतार की सड़कों, कारख़ानों, ट्रेनों और इंसानी भीड़ का ज़िक्र दूसरे शुअरा की निस्बत सबसे ज़्यादा हुआ है...

यह बात ज़ाहिरी तौर पर सीधी-सादी और दुरुस्त होते हुए भी तशरीह तलब और मुबहम[५] है। नये शहर का नये शे'र से रिश्ता बहुत पेचीदा रहा है। अमीक़ हनफ़ी के मअराक़तुल आरा मज़्मून (शोले की शिनाख़्त) से नज़र हटाकर, मशरिक़ व मग़रिब की जदीद शायरी में इस पेचीदा तजुर्बे के नुक़ूश और आसार जा-ब-जा बिखरे हुए हैं। शायरी के साथ-साथ

---

१. पतन २. अवनति ३. समेत ४. पीछे ५. अस्पष्ट

मशरिक़ व मग़रिब का जदीद फ़िक्शन भी इस मसले के मुताल्लिक़ात और मज़ाहिर से भरा पड़ा है। अख़्तरुल ईमान की कई नज़्मों—एक लड़का, यादें, बुलावा—के हवाले से यह बात कही जा सकती है कि सीने में छुपे हुये किसी ख़्वाब की तरह वो अपने ज़हन में 'एक हरा-भरा गाँव' लिए फिरते हैं। मगर इस गाँव की हैसियत अस्ल में एक अलामत, एक तम्सील, तख़्लीक़ी तजुर्बे के एक मुहर्रिक की है। अख़्तरुल ईमान इसी हवाले की मदद से अपने अख़्लाक़ी मौक़िफ़ की निशानदेही करते हैं। गाँव उनके यहाँ वापिसी के सफ़र या फ़िक्री मुराजात का मक़सूद नहीं है। बल्कि नयी ज़िन्दगी की उथल-पुथल को एक पसे मंज़र, एक अक्बी पर्दा मुहैया करने वाली ठोस सच्चाई है जिसे अलामती बदलाव के ज़रिये अख़्तरुल ईमान ने एक तजरीद बना दिया है। अक़दार की कश्मकश और पुराने और नयी की हाथापाई का जो तजुर्बा अख़्तरुल ईमान की नज़्मों में बार-बार सर उठाया है उसकी बयान अख़्तरुल ईमान ने गाँव के मुअस्सिर और मशहूर इस्तिआरे के विस्तार तक से किया है। हमें अख़्तरुल ईमान के ज़हन में जिस गाँव की मौजूदगी का एहसास होता है उनकी शायरी और मज्मुई फ़िक्री रवैये की सियाक़ में उसकी हैसियत सिर्फ़ एक तख़्लीक़ी मंतक़े की है। शेरी ज़िन्दगी के आशोब और इन्हितात की तस्वीरें बोदिलियर से लेकर गिंज़बर्ग तक नज़रों में आम है। अख़्तरुल ईमान की नज़्मो में शहरी ज़िन्दगी और उसके मुताल्लिक़ात हक़ीक़तपसन्दाना तिमसालों के एक पूरे सिलसिले तक रसाई का ज़रिया बने हैं। अख़्तरुल ईमान की अस्ल यह नहीं कि शहर से फिर गाँव की तरफ़ किस तरह वापिस जाया जाये, बल्कि यह है कि इंसानी फ़ितरत की अन्धाधुन्ध बर्बादी और तख़रीब[१] के जंगल से अपने आप को निकालें कैसे? अपने मुस्तक़्बिल को बचाये किस तरह? अपने बेमाना तगोदौ और बेवसूली के सफ़र का रुख़ क्यों कर मोड़े? यही उलझन अख़्तरुल ईमान के शऊर को मुतहर्रिक और एहसासात को मुस्तक़िल्लन बेचैन रखती है। चुनाँचे इनकी शायरी इंफ़िरादी तजुर्बे के ज़रिये से इस अहद की एक इज्तिमाई और तहज़ीबी दस्तावेज़ भी मुरत्तब करती है, जिसके हाथ-पैर इस ज़माने की ज़िन्दगी के साथ-साथ इसकी तारीख़ से बँधे हुए हैं। अख़्तरुल ईमान ने जिस तरह मक़ामियत के अनासिर की मदद से एक आफ़ाक़ी लहजे की तश्क़ील की है, उसकी

---

१. विनाश।

मिसालें आज की शायरी में बहुत कमियाब हैं। यही ख़ूबी अख़्तरुल ईमान को हमारे ज़्यादातर थके-माँदे, मुरझाते हुए अपने आपको लगातार दोहराते हुए नये शायरों से आगे निकाल देती है।

अख़्तरुल ईमान ने राशिद और फ़ैज़ की तरह इस दौर के दूसरे तमाम जदीद शायरों से लम्बी तख़्लीक़ी उमर पाई। रूमानियत से हक़ीक़तपसन्दी तक का उनका सफ़र लम्बा भी है और रंगा-रंग भी। उनके यहाँ रिवायतों की सादगी और सुझाव भी है और नयी ज़िन्दगी के भेदों और पेचीदगियों का इदराक भी। एक मँझे हुए कथावाचक की तरह वे अपने क़बीले के तमाम मामलों पर नज़र रखते हैं। इस क़बीले के मसलों पर आधारित क़िस्से सुनाते हैं। तमाशा दिखाते हैं। कहानी और ड्रामे के रिवायती हिस्सों और अनासिर से अपनी नज़्मों की तश्क़ील में अख़्तरुल ईमान ने जिस तरह काम लिया है, उनके मुआसरीन के यहाँ यह ख़ूबी तक़रीबन नायाब है। उनकी नज़्में रस्मी असालीब शे'र और रिवायती झालरों से हैरतअंगेज़ तौर पर आज़ाद हैं। पहली नज़र में उनकी नज़रों पर नस्रियत की जो परत चढ़ी हुई दिखायी देती है उसका सबब यही है कि अख़्तरुल ईमान के यहाँ सजावट से शऊरी गुरेज़ मिलता है। ग़िनाई[१] और मुतरन्निम लहजे पर वे फ़ितरी और बेसाख़्ता लहजे को तर्जीह देते हैं। मगर इस रवैये ने अख़्तरुल ईमान की नज़्मों में एक मुख़्तलिफ़ुल्जिहात क़िस्म की मौसीक़ियत को राह दी है। जैसे ढोलक की थाप पर कोई खुरदरा गीत गाया जा रहा हो। या बंगाल के बाउल अपने इकतारे की धुन पर गाने के अलावा, दीवानावार नाच भी करते जाते हों। अपने इदराक के साथ-साथ अख़्तरुल ईमान ने अपने इज़हार की रेंज को भी फैलावा देने की एक मुनज़्ज़िम जुस्तजू की है। अख़्तरुल ईमान का एक इम्तियाज़ अपने हमअस्रों में, यह भी है कि उन्होंने शेरी तजुर्बे के इदराक और बसीरत के इज़हार पर किसी तरह की लिसानी, नज़रियाती और फ़िक्री रोक नहीं लगायी। यह किसी तय दायरे में गर्दिश करती हुई शायरी के मुक़ाबले छोटे-बड़े मुख़्तलिफ़ दायरों से रिहाई की शायरी है। मैंने इस लेख की शुरुआत महमूद अयाज़ के हवाले से की थी। अन्त के लिए भी उनका एक इक़्तिबास नीचे दिया है।

> अख़्तरुल ईमान सीधे-सादे आदमी थे। अमली ज़िन्दगी की सूझ-बूझ रखते थे। मुताले की वुसअत[१] और इल्म की गहरायी व गिरायी के लिए

---

१. संगीतात्मक

उनके पास वक़्त ना था और ना इन बातों का वो मिज़ाज रखते थे। लेकिन वो जो इक़बाल ने ख़ूने जिगर से लिखे जाने वाले फ़लसफ़े की बात कही है, उसकी बसीरत उनको हासिल थी। उन्हें ज़िन्दगी और उसके मज़ाहिर को नज़रियात व अफ़कार के ज़रिये देखने की ज़रूरत ही नहीं थी। वो इन सबसे जीने के अमल के ज़रिये बहुत अच्छी तरफ़ मुतआरिफ़ और रूह शिनास थे। उनके शायरी का जौहर और ताक़त भी उसी में थी...

---

१. विस्तार।

सरदार जाफ़री की शायरी

सरदार जाफ़री की शायरी पर एक लेख में उन तमाम मसलों पर ख़याल का इज़हार करना जिनसे यह शायरी बनी है और जो सरदार जाफ़री की हिस्सियत और इज़हार के तअय्युन[१] का ज़रिया बनते हैं, वह भी इस तरह कि लेखक और पाठक दोनों के ज़हन को यह बहस किसी नतीजाख़ेज़ नुक़्ते तक ले जा सके, मेरे लिए तक़रीबन नामुमकिन है। यह एक ऐसा मौज़ू है जो बहुतों की तरह मेरे भीतर भी, एक शदीद क़िस्म का रद्दे अमल पैदा करता है। यह तो ख़ैर एक अच्छी बात है, क्योंकि जो शायरी पढ़ने वाले में, किसी बामाना रद्दे अमल को हवा नहीं दे सके, वह संजीदा और फ़िक्र की मुतहम्मिल भी नहीं होती। इस लिहाज़ से जाफ़री अपने तरक़्क़ीपसन्द समकालीनों जैसे मख़दूम, मजाज़ और फ़ैज़ और अपने ग़ैर तरक़्क़ीपसन्द मुआसरीन मसलन मीराजी, राशिद, मजीद अमजद और अख़्तरुल ईमान की बनिस्बत मेरे लिए ज़्यादा मुश्किल इसलिए ठहरते हैं कि उनकी शायरी क़दम-क़दम पर उसूली और नज़रियाती बहसों के दरवाज़े खोलती है। अजीब बात है कि राशिद, फ़ैज़, मीराजी, मजीद अमजद और अख़्तरुल ईमान के मुक़ाबले में बहुत सहलुल फ़हम[२] और ग़ैर रस्मी शायराना हर्बों[३] से ख़ासी हद तक आज़ाद होने के बावजूद और इस हक़ीक़त के बावजूद भी कि जाफ़री की नज़्मों में उनकी हिस्सियत के माख़ज़[४] और मर्कज़ों तक पहुँच निस्बतन आसान भी है, जाफ़री की शायरी सवाल बहुत उठाती है। अदब की ख़ासियत और अदीब के मज्मूई किरदार के बाबत जाफ़री ने अपने तमाम मुआसरीन से ज़्यादा लिखा है। मकदार के लिहाज़ से उनका अपना तख़्लीक़ी सरमाया भी शायद अपने सभी मारूफ़ हमअस्रों से ज़्यादा है। और कम से कम इस मामले में तो शक और क़यास की ज़रा भी गुंजाइश नहीं, कि तख़्लीक़ी और फ़िक्री

---

१. अस्तित्व २. जो आसानी से समझ आ जाये ३. लड़ाई ४. लेने का स्थान।

सतह पर हमारे ज़माने के पूरे अदबी मुआशरे को घेरने वाले कुछ सवालों और बुनियादी क़िस्म रखने वाली कुछ बहसों में अमली शिरकत के एतिबार से जाफ़री हमेशा दूसरों से आगे रहे हैं। इख़्तिलाफ़ात[१] में ज़्यादा उलझे हैं। इश्तिआल आमेज़[२] बातें ज़्यादा कही हैं और अपने यक़ीनों की तरह अपने मफ़्रूज़ात[३] के सिलसिले में भी अड़ियल क़िस्म का रवैया ज़्यादा ज़ोर-शोर के साथ अख़्तियार किया है। वे अपने हल्क़े के शारेह[४] और मुफ़स्सिर भी रहे हैं। एक सरगर्म वकील और मुबल्लिग़ और इस मामले में उनका रवैया ख़ासा पुरजोश, पासदाराना[५] और जज़्बाती भी रहा है।

इसीलिए जाफ़री दूसरों के मुक़ाबले में एतराज़ और मज़म्मत का निशाना भी ज़्यादा बने। कमोबेश हर छोटे-बड़े ने, तरक़्क़ीपसन्दी की नज़रियाती बुनियादों को निशाना बनाने का सबसे आसान रास्ता यही दरियाफ़्त किया कि पहले जाफ़री से कुछ हिसाब कर लिया जाये। आदर्श सामने हो तो ज़िदालपसन्दी[६] हवा में बेमाना मशक़्क़त से बच जाती है। यहाँ इस वाक़िये की तरफ़ भी इशारा ज़रूरी है कि जाफ़री के बाद की नस्ल का मामूली तरक़्क़ी के साथ, जाफ़री के साथ वही सुलूक रहा है, जिसे जाफ़री ने अपने पेशरौओं[७] के साथ रवा रखा था। ज़्यादती के मुर्तकिब[८] दोनों हुए हैं। मगर सरदार जाफ़री की अदबी ज़िन्दगी के अव्वलीन दौर से वाबस्ता रवैयों ने उनके बारे में कुछ संगीन क़िस्म की ग़लतफ़हमियाँ पैदा की हैं। इन ग़लतफ़हमियों के नतीजे में सरदार जाफ़री की शायरी को अभी तक उसके हक़ीक़ी तनाज़ुर रखकर देखा नहीं जा सका। इस तरह की इक्का-दुक्का कोशिश हुई भी तो, जदीदियत और तरक़्क़ीपसन्दी की कश्मकश के शोर में गुम हो गई।

मीराजी ने मुंतख़िब नज़्मों (१९४१) के दीबाचे में लिखा था :

> सही और सेहतमन्दाना तरक़्क़ीपसन्दी, मुख़्तसर लफ़्ज़ों में ख़याल अफ़रोज़ी का दूसरा नाम है। जो अदब ख़याल अफ़रोज़ होगा, वो ज़िन्दगी के हर शोहबे में हमें एक क़दम आगे बढ़ने पर मजबूर कर देगा।

मीराजी की इस तहरीर का हवाला देते हुए, मुहम्मद सफ़दर ने अपने लेख 'बेराह रवी की ज़रूरत' में राशिद, फ़ैज़, जाफ़री और उनके बाद की नस्ल

---

१. मतभेद २. उत्तेजित ३. कल्पनाएँ ४. टीकाकार, ५. तरफ़दारी ६. वाद-विवाद, ७. रहनुमा ८. दोषी।

के शायरों के हवाले से यह राय क़ायम की थी कि यह शायरी एक तरफ़ तो इक़बाल की माबादत्तबीआत[१] के ख़िलाफ़ है। दूसरी तरफ़ उस बेयक़ीनी की कैफ़ियत के ख़िलाफ़ जो जदीदतर शायरी में इंफ़िरादियत[२], तन्हाई और तशन्नुज[३] के तौर पर नमूदार हुई है। ख़ुद जाफ़री ने इक़बाल के माबादत्तबीआत से किनाराकशी का जो रवैया शुरू में अपनाया था, उससे देखने में यही गुमान होता था, कि उर्दू की बुनियादी शेरी रिवायत और इक़बाल के मज्मूई निज़ामे फ़िक्र से अलग, वे किसी तीसरी जिहत की तलाश में है। जहाँ तक इक़बाल की माबादत्तबीआत और नयी नस्ल की बेयक़ीनी से इख़्तिलाफ़[४] का ताल्लुक़ है, यह बात कुछ ऐसी ग़लत भी नहीं। जाफ़री और उनके तरक़्क़ीपसन्द समकालीन, बहरहाल, एक साफ़ तख़्लीक़ी नस्बुल आएन और एक मुअय्यना[५] निज़ामे फ़िक्र में यक़ीन रखते हैं जो ना तो इक़बाल की शायरी से मुनासिबत रखता है, ना नयी नस्ल के मिज़ाज से। लेकिन इक़बाल की माबादत्तबीआत से अदमे मुताबक़त[६] को इक़बाल की रिवायत से इंकार के तौर पर देखना सही नहीं है। अब आइये नयी नस्ल और जाफ़री के सवाल पर 'गुफ़्तगू' के 'तरक़्क़ीपसन्द अदब नबर' (१९७९) में तख़्लीक़ी नयी सिम्त के उन्वान से जाफ़री ने इस अहद की अदबी सूरतेहाल का ज़िक्र यूँ किया है कि :

> इस वक़्त अदब में दो आवाज़ें एक-दूसरे के मुक़ाबिल हैं। एक अवाज़ का मौज़ू, तहज़ीब की नशअते सानिया[७] है और उसका महवर[८] और मर्कज़ इंसान है जो तारीख़ में पहली बार आलमगी[९] पैमाने पर आज़ादी का ख़्वाब देख रहा है। यह सिर्फ़ मुआशी और सियासी आज़ादी नहीं है, बल्कि वो रूहानी आज़ादी भी है जो इंसान की तमाम तख़्लीक़ी सलाहियतों को बर्रुएकार लाने के लिए ज़रूरी है। दूसरी आवाज़ का मौज़ू तहज़ीब का ज़वाल[१०] है। और उसमें इंसान शिकस्त ख़ुर्दा और हक़ीर[११] है, बेबस और मजबूर है, यक़ीन की रौशनी से महरूम है। और नजात के तसव्वुर से भी बेख़बर।

गोया के फिर वही बात कि सरदार जाफ़री की शायरी (तरक़्क़ीपसन्द शायरी) अपने पेशरौ रिवायत और अपने बाद की रिवायत, दोनों से अलग है, शऊर के एक तीसरी मंतक़े से ताल्लुक़ की निशानदेही करती है। फ़तह

---

१. आध्यात्म २. निजीपन ३. अकड़न ४. विरोध ५. निश्चित ६. असमानता ७. पुनरुद्धार ८. परिधि ९. विश्वव्यापी १०. पतन ११. तुच्छ

मुहम्मद मलिक ने नयी शायरी और जदीद शायरी की पहचान को तय करते हुए इस बात की शिकायत की थी कि फ़ैज़ और सरदार जाफ़री को तरक़्क़ीपसन्दी के नुमाइन्दा शायर की हैसियत इसीलिए हासिल हुई कि यह दोनों 'इक़बाल के फ़ैलते हुए असरात की राह में' फ़िक्री सतह पर हाइल हुए और इक़बाल से बिल्कुल अलग होकर अपनी बूतियक़ात[१] मुरत्तब की। तरक़्क़ीपसन्द लेखकों की पहली बैठक में इक़बाल की अदम-ए-शिरकत[२] के वाक़िये को फ़तह मुहम्मद मलिक ने १९३६ के आस-पास की अदबी सियासत, रिवायत और तरक़्क़ीपसन्दी आमेज़िश के हवाले से यह सिम्त देने की कोशिश की है कि चूँकि इक़बाल ने बैनलअक़्वामी[३] सूरतेहाल का मुताला एक ख़ास मशरीक़ी अन्दाज़े नज़र के साथ किया था इसलिए वे अपने बाद की नस्ल के लिए क़ाबिले क़ुबूल नहीं हो सके। दूसरी तरफ़ (अजीब बात है कि) वे इक़बाल को 'बैनलअक़्वामी फ़िज़ा में साँस लेने वाले' और 'फ़ैलते हुए असरात' के शायरी की हैसियत से भी देखते हैं।

यहाँ सरदार जाफ़री की शायरी और उनकी हिस्सियत से मरबूत कुछ मसलों के जायज़े में इक़बाल की चर्चा मैंने एक ख़ास मक़सद और मजबूरी के तहत की है। पहली नज़र में जाफ़री के शेरी रवैये और उनका फ़िक्री मिज़ाज, इक़बाल से किसी तरह मुनासिबत नहीं रख़ता। इक़बाल के तहज़ीबो तसव्वुरात और उनकी शेरियात के बारे में जाफ़री ने अपनी शुरुआती तहरीरों में जिन बातों पर ज़ोर दिया है, उनसे भी यही असर उभरता है कि जाफ़री की शायरी के अनासिर[४] और सरचश्मे इक़बाल से बिल्कुल लाताल्लुक़ हैं और उनका तख़्लीक़ी और फ़िक्री एहसास बिल्कुल अलग है। इस सिलसिले में मेरा ख़याल यह है कि जाफ़री की शायरी के ख़िलाफ़ जो गहरा तअस्सुर हमें नयी तनक़ीद में आम दिखायी देता है, उसका बुनियादी सबब यही है कि शुरू से अब तक जाफ़री की शायरी को उसके सही सियाक़[५] में रखकर देखा नहीं जा सका। एक आम भ्रम क़ायम कर लिया गया कि जाफ़री की शायरी (तरक़्क़ीपसन्द शायरी) अपनी रिवायत से टकराव और गम्भीर क़िस्म की नज़रियाती कशमकश, एक लम्बे फ़िक्री फ़ासले, एक मुख़्तलिफ़ शेरियात का पता देती है। यह वहम

१. अरस्तू की किताब 'द पोएटिक्स' का अनुवाद २. काव्य-शास्त्र ३. अन्तरराष्ट्रीय ४. तत्त्व ५.सन्दर्भ

हक़ीक़त के बजाय सिर्फ़ एक तअस्सुर पर टिकी है और इस तअस्सुर की बनावट में ख़ुद जाफ़री भी अपने मोतरीज़ीन से कम सरगर्म नहीं रहे हैं। जाफ़री की नस्ल ने उनकी शायराना हैसियत के ख़िलाफ़ ख़ासी गर्द उड़ाई है।

तरक़्क़ीपसन्द शायरों से नज़र हटाकर, 'अपने ग़ैर तरक़्क़ीपसन्द' हमअस्त्रों के मुक़ाबले में भी जाफ़री ने नस्ल में अपने मौक़िफ़[१] की वज़ाहत[२] कहीं ज़्यादा तफ़सील के साथ की है। तरक़्क़ीपसन्द अदब पर उनकी किताब के अलावा उनके मज़ामीन, इदारिए, बहसें, मुक़द्दमे, उनकी अपनी शायरी के जवाज़[३] और पसे मंज़र की वज़ाहत भी करते हैं। जाफ़री की शायरी को पढ़ते वक़्त मेरे ज़हन में यह सवाल बार-बार पैदा होता है कि क्या इस शायरी के तख़्लीक़ी मफ़्हूम[४] और मर्तबे[५] का तअय्युन ख़ुद जाफ़री के नस्त्री बयानों और वज़ाहतों की मदद से किया जाना चाहिए? मेरा अपना जवाब नफ़ी में है। उसकी सबसे बड़ी वजह यह है कि जाफ़री की शायरी का हक़ीक़ी सियाक़ शेरियात के जिन उसूलों, हमारी अपनी रिवायत की जिन ख़ूबियों और हमारे मुआशरती निज़ाम से मरबूत जिन क़दरों की रौशनी में तय किया जाना चाहिए था, हमारे ज़माने की हिस्सियत ने उन्हें ज़्यादा अहमियत नहीं दी और ख़ुद जाफ़री ने उसूलों, क़दरों और ख़ूबियों को क़ुबूल करने के बावजूद उनसे ज़्यादा ज़ोर नज़रियाती बहसों की वज़ाहत पर सर्फ़[६] किया। अपनी मर्कज़ी शेरी रिवायत से जो रिश्ता जाफ़री का है, वो राशिद, फ़ैज़, मख़दूम, मीराजी, मजीद अमजद, अख़्तरुल ईमान में से किसी का नहीं है। और इक़बाल से अपनी इरादत[७] का बहुत मुअस्सिर[८] इज़हार (इक़बाल पर अपनी नज़्म में) करने के बावजूद, फ़ैज़ की हिस्सियत और इक़बाल की हिस्सियत में इश्तिराक[९] के इतने पहलू नहीं निकलते जितने कि इक़बाल के तसव्वुरात से जारिहाना[१०] इख़्तिलाफ़ रखने के बावजूद, जाफ़री के तख़्लीक़ी मिज़ाज और उनकी शायरी के मुज्मूई निज़ाम से निकलते हैं।

आज़ादी के बाद की उर्दू नज़्म से मुतअल्लिक़ अपने एक लेख में वहीद अख़्तर ने यह ख़याल ज़ाहिर किया था कि नयी नज़्म के तरीक़े और मिज़ाज की बनावट में दो रिवायतें, दूसरे तमाम माख़ज़ और सरचश्मों पर

१. जगह २. विवरण ३. औचित्य ४. उद्देश्य ५. दर्जा ६. ख़र्च ७. आस्था ८. प्रभावशाली ९. समानता १०. उग्र

फ़ौक़ियत[1] रखती हैं। एक का सिलसिला मीराजी तक जाता है। दूसरी का सरदार जाफ़री तक। वहीद अख़्तर का ख़याल था कि तजुर्बापसन्दी और हैयतपरस्ती के हिसारे शौक़ से बाहर की नयी नज़्म, जिसके वास्ते से नये तर्ज़े एहसास की फ़िक्री बुनियादों तक पहुँचा जा सकता है, वह सरदार जाफ़री की क़ायम की हुई रिवायत से मरबूत है। इस सिलसिले में सबसे ज़्यादा ग़ौरतलब बात यह है कि, नयी नज़्म को फ़िक्री एहसास मुहैया करने वाले तमाम क़ाबिले ज़िक्र शायरों राशिद, फ़ैज़, मीराजी, अख़्तरुल ईमान और मजीद अमजद के मुक़ाबले जाफ़री की शायरी में बैनलअक़्वामी तसव्वुरों और तजुर्बों से मुतअस्सिर[2] होने के बाद भी अपनी मशरिक़य्यत को बचाये रखा। शायरों की इस क़तार से (शायद) एक अकेली आवाज़ जो आज़ाद नज़्म की कुबूलियत से इंकार में उठी वह सरदार जाफ़री की थी। जाफ़री, सज्ज़ाद ज़हीर की तरह आज़ाद नज़्म को इन्हिताती रुझानों की परवर्दा[3] समझते थे। यह और बात है कि "पत्थर की दीवार (१९५३) की नज़्मों में तो आज़ाद नज़्म के इसी उसलूक को एक नया तख़्लीक़ी एतिबार मिला और सन् १९३६ तक जिस वक़्त जाफ़री ने आज़ाद नज़्म के ख़िलाफ़ आवाज़ उठाई वह समझते थे कि "कुछ नौजवान और (रिवायत की पासदारी को बेजा कुयूद का नाम देकर) ब्लैंक वर्स की तरफ़ राग़िब[4] हो गये हैं, ऐसी चीज़ें पेश कर रहे हैं जो उर्दू अदब के दामन पर बदनुमा धब्बा हैं। (मज़्मून 'उर्दू अदब और नौजवानों के रुझानात', अलीगढ़ मैगज़ीन, १९३६) इस राय की शिद्दतपसन्दी में कुछ हिस्सा जवानी के जोश का भी होगा। इसके अलावा, लॉरेंस का यही ख़याल कि लोग तजुर्बे से डरते हैं और अनजान ग़िज़ा की तरह अपरिचित ख़याल को क़ुबूल करने में भी वक़्त लगता है, इस वाक़िये पर भी सादिक आता है। बहरहाल जाफ़री के तख़्लीक़ी सफ़र में इस वाक़िये की हैसियत महज़ ज़िम्मी[5] है और उसकी बुनियाद पर अदब के मामले में उनके क़ुव्वते फ़ैसला को कसूरवार ठहराना दुरुस्त नहीं। उसके बरक्स, मैं तो यह समझता रहा हूँ कि नये तजुर्बों से जहाँ डरते रहना अच्छा नहीं, वहीं हर नये तजुर्बे को बग़ैर सोचे-समझे क़ुबूल कर लेना भी तारीफ़ के क़ाबिल नहीं है। मज़ीद बरआँ जैसा कि इस बहस के शुरू में अर्ज़ किया गया। जाफ़री अपनी रिवायत की पहचान के मामले में अपने तमाम मुम्ताज़ मुआसिर नज़्मगोयों, राशिद,

---

१. प्रधानता २. प्रभावित ३. पाली हुई ४. आकर्षित ५. अपवाद

फ़ैज़, अख़्तरुल ईमान, मजीद अमजद, मीराजी से आगे हैं। *क्लासिकियत* से इनका रोज़ अफ़्ज़ूँ[1] शग़फ़, इक़बाल की तरफ़ उनकी वापिसी उन्हें दरअस्ल इस सिलसिले का शायर बनाती है, जो जोश, इक़बाल, अकबर से होता हुआ हाली तक पहुँचता है। इस सिलसिले के पसे मंज़र में उर्दू मसनवी, मर्सिये और एक हद तक ग़ज़ल की रिवायत भी फैली हुई है।

अपने तहज़ीबी और मुआशरती शऊर को *डीकोलोनाइज़* करने का चलन अभी कल की बात है। नहीं तो सिर्फ़ अँग्रेज़ी सन्दूक़ों में इनके ख़ज़ानों को दरियाफ़्त करना और अपने साझे विरसे और अपने नस्ली हाफ़िज़े की हँसी उड़ाना, एक आम वाक़िआ था जिससे हमें कुछ फ़ायदा नहीं पहुँचा। लेकिन जिसके हाथों हमने नुक़्सान बहुत उठाया। मुझमें वह हौसला नहीं कि उर्दू की मर्कज़ी शेरी रिवायत से मरबूत उन सब शायरों को जिनका साया उर्दू की जदीद/नयी नज़्म के पसे मंज़र में एक हद तक धुँधला चुका है, (अख़्तर शीरानी, हफ़ीज, जोश वग़ैरह), इन्हें तख़्लीक़ी लिहाज़ से पसमान्दा कहूँ और इनके नाम क़लमज़द कर दूँ। हम जिन्हें दूसरे नम्बर का शायर समझते हैं, उन्होंने किसी नयी रिवायत की बुनियाद चाहे ना डाली हो, लेकिन अपनी रिवायत के तहफ़्फ़ुज़ और तसल्सुल का फ़र्ज़ बक़ौल इलेट, यही *मेजर-माइनर* अंजाम देते हैं। जाफ़री के फ़न्नी शऊर में रफ़्ता-रफ़्ता जो तब्दीली पैदा हुई और जिसकी शहादत हमें 'नयी दुनिया को सलाम' (१९४८) 'एशिया जाग उठा' (१९८०) और 'पथरी की दीवार' (१९५३) में मिलती है, इससे अन्दाज़ा होता है, कि जाफ़री तक शायरी के नये तरीक़े, इज़हार के नये तरीक़े धीरे-धीरे रौशन हुए, एक तख़्लीक़ी भेद के तौर पर। इस मामले में उनके यहाँ किसी तरह की जल्दबाज़ी नज़र नहीं आती। वे नये असालीब को क़ुबूल भी करते हैं, तो अपनी रिवायत और अपने शऊर में गढ़ी हुई मशरिक़य्यत के साथ। चुनाँचे नयी हस्तियों और इज़हार के तरीक़ों से परिचित होने के बाद भी उन्होंने अपने तहज़ीबी अलायीम, तिम्सालों[2], शबीहों[3], तलमीहों[4] और सदियों के परखे हुए शेरी वसीहों से अपनी दिलचस्पी ख़त्म नहीं होने दी। मिसाल के तौर पर महज़ वज़ाहतन एक नुक़्ते की तरफ़ तवज्जो दिलाना चाहूँगा। नयी नज़्म के बूतियका में ख़याल की तदरीजी इर्तिक़ा, नज़्म की नामियाती वहदत, तजुर्बे की हिक्मियत के तसव्वुर पर इस तरह इसरार किया गया

---

१. अत्यधिक २. आकृतियों ३. शे'र या बयान में किसी क़िस्से की ओर संकेत ४. तस्वीर

कि उस तसव्वुर ने एक शेरी कानून की हैसियत इख़्तियार कर ली। मग़रिबी मेयारों के मारे हुए, एक नक़्क़ाद (कलीमुद्दीन अहमद) ने इक़बाल की शाहकार नज़्मों में भी यह नुक्स ढूँढ़ निकाला कि इन नज़्मों से बन्द के बंद हज़फ़ कर दीजिये जब भी नज़्म की तरक़ीब में फ़र्क़ नहीं आयेगा और पढ़ने वाले को अधूरेपन का ज़रा भी एहसास नहीं होगा। एक बुनियादी सच्चाई जो भुला दी गयी, यह थी कि नये तख़्लीक़ी तजुर्बे, वक़्त की तब्दीली और रिवायत के इर्तिक़ा के साथ लाज़िमन पुराने तजुर्बों का मुतबादिल[१] नहीं बनते। यह उन्हें *रीप्लेस* नहीं करते। ज़रूरी नहीं कि हर नये ख़याल को अख़्तियार करने से पहले आप पुराने ख़याल से दस्तबरदार[२] हो जायें। इंसानी शऊर और एहसासों की सरज़मीन पर नये तजुर्बों के लिए जगह इस तरह नहीं बनायी जाती। नया ज़माना कभी-कभी पुराने निज़ाम में शामिल इस तरह भी होता है, कि किसी तरह के शोर-शराबे और तोड़-फ़ोड़ के बग़ैर उसके लिए गुंजाइश निकाल ली जाती है। कुछ पाने के लिए, अदब और *आर्ट* की रिवायत में कुछ खोने की शर्त ज़रूरी नहीं। ख़ैर, यह अलग बहस है। और इस वक़्त उसकी तरफ़ बस इतना इशारा काफ़ी है। जाफ़री की शायरी के हवाले से यहाँ अर्ज़ यह करना है कि इस मंज़रनामे में नये तजुर्बों की दस्तक के साथ-साथ पुराने तजुर्बों की सरगोशी भी साफ़ सुनायी देती है। जाफ़री के शेरी तरीक़कार, तर्ज़े एहसास, फ़न्नी मक़ासिद का सिलसिला कहीं टूटता नहीं। वे शबीसाज़ी[३] को, राशिद के बरक्स, अय्याशी नहीं समझते। एक रंग के मज़्मून को सौर रंग से बाँधने की रविश से किनाराकश नहीं होते। वे अपने आदर्श तक नयी मग़रिबी तनक़ीद और यूरोप के नये अदबी रुझानों की मदद से नहीं पहुँचना चाहते।

अपनी बुरी-भली को त्याग कर नयी दुनिया का वासी बनने की तलब ने हमें पिछली दो सदियों में ख़ासा ख़राब और रुसवा किया है। यहाँ सरदार जाफ़री की नज़्मों से मिसालें पेश करने और उस सीधे-सादे नुक़्ते की वज़ाहत के लिए इन नज़्मों के फ़कीहाना[४] तज्ज़िये की ज़रूरत नहीं। जाफ़री के दो-एक बयानों पर नज़र डालना काफ़ी होगा। जैसे :

> तकरार, एक तख़्लीक़ी ज़हन की ख़ुसूसियत है। उर्दू ग़ज़ल की ही मिसाल मौजूद है जिसमें कोई दो सदियों से तश्बिहात और इस्तिआरे दोहराये जाते रहे हैं। मैं नहीं समझता कि अल्लामा इक़बाल से ज़्यादा

१. अदल-बदल होनेवाला २. विरक्त ३. आकृति बनाना ४. धार्मिक

किसी उर्दू शायर ने अपने आप को दोहराया होगा।

(अफ़्कार, कराची : सरदार जाफ़री नम्बर)

नक़्क़ाद की जो तरतीब होती है, ख़ास तौर से योरोप की तनक़ीदी किताबें पढ़-पढ़कर, वो मेरी तर्बियत[१] नहीं है। मैंने पुराने शुअरा का जायज़ा लिया। उसमें ग़ालिब और मीर के अलावा कबीर भी हैं। मीराबाई भी है। रूमी भी है। हाफ़िज़ भी हैं...मैं उनका जायज़ा इस नज़र से लेता हूँ कि मैं अपनी शायरी के लिए मेयार बना सकूँ। तलाश कर सकूँ, अपनी शायरी की तर्बियत के लिए।

(आइज़न)

अपनी इसी बातचीत में, जहाँ से यह दो मिसालें ली गयीं, जाफ़री ने एक सवाल यह भी उठाया था कि ''किसी शायर के रुत्बे का तअय्युन अगरचे उसकी आला दरजे की शायरी से होता है'', लेकिन, इसी शायर के लिए यहाँ एक हिस्सा 'ज़रूरत वाली शायरी' का भी होता है। ''वही दरिया है मगर, उस दरिया में कहीं तिनके भी बह रहे हैं और कहीं गुलाब भी।'' कहने का मतलब यह है कि जाफ़री ने अपनी तर्जियात के अलावा अपने हदों की निशानदेही भी की है। इस सिलसिले में जो बात सबसे ज़्यादा साफ़ तौर पर सामने आती है, यह है कि जाफ़री की शायरी का ताना-बाना ज़माने के रंग के बजाय, उनकी अपनी उमंग का तैयार किया हुआ है।

अपनी रिवायत से इनके ताल्लुक़ महज़ इल्मी नहीं हैं। यह रिवायत अपने आप को दरियाफ़्त करने, अपने पैमाने क़ायम करने और अपने शऊर की तर्बियत का एक ज़रिया भी है। फ़ारसी की शेरी रिवायत से इस्तिफ़ादे[२] में जाफ़री ने हालाँकि सब हिन्दी शायरों से सरोकार नहीं रखा या बहुत कम रखा, और कबीर, हाफ़िज़, मीर, ग़ालिब, इक़बाल की तरफ़ भी वे जाते हैं। तो इस तरह कि उनका अपना *एजेंडा* साथ रहता है और उसी *एजेंडे* के मुताबिक़ वे अपना रिश्ता अपने माज़ी से जोड़ते हैं। लेकिन एक अहम नुक्ता जो रद्दो क़ुबूल के इस पूरे अमल से रूनुमा होता है, यह है कि अपनी इज्तिमाई तारीख़, अपने माज़ी और रिवायत से जाफ़री का ताल्लुक़ अपने तरक़्क़ीपसन्द और ग़ैर तरक़्क़ीपसन्द मुआसरीन की बनिस्बत तमाम हदबन्दियों के बावजूद ज़्यादा फैला हुआ है। मीराजी, मीराबाई तक सिर्फ़ अपनी तबीयत की आशिक़ाना लहर के वास्ते से पहुँचते थे। और फ़ैज़ के

१. तालीम/सुधार २. फ़ायदा उठाना

यहाँ फ़ारसी शायरी की रिवायत का असर बस कुछ अलाइम और इस्तिआरों, इज़हार के कुछ साँचों की दरियाफ़्त तक है। फ़ारसी की रिवायत और मज्मुई तौर पर उर्दू शायरी के तहज़ीबी माज़ी से जाफ़री का रिश्ता, राशिद के फ़ारसी आमेज़ लहजे और मग़रिबी इस्तेमार[1] के ख़िलाफ़ उनके फ़िक्री जिहाद और उसके ईरानी सियाक़ के बावजूद, ज़्यादा बामाना है और ज़्यादा फैलाव रखता है। बक़ौल मीराजी, राशिद तबीयत से मग़रिबी मुहावरे के शायर थे (मीराजी : 'इस नज़्म में')। ग़ज़ल की तरफ़ अपने बेगाने रवैये की वजह से अख़्तरुल ईमान ने अपनी रिवायत और अपनी हिस्सियत के दरमियान ख़ुद ही एक हद क़ायम कर ली थी। वैसे भी, मीराजी, राशिद, फ़ैज़, मजीद अमजद और अख़्तरुल ईमान का शऊर कुछ तो उर्दू के लिसानी मर्कज़ों से दूरी और जज़्बाती लाताल्लुक़ी की वजह से और कुछ उर्दू की मर्कज़ी रिवायत से बेरग़बती[2] के कारण अपने माज़ी में कुछ इस तरह पैवस्त नहीं हो सका। सरदार जाफ़री अपनी तमामतर तरक़्क़ीपसन्दी के बावजूद *क्लासिकी* मिज़ाज के शायर हैं और गो कि ज़्यादा शौक़ के साथ उन्होंने नज़्म की सिंफ़[3] अख़्तियार की। मगर ग़ज़ल की रिवायत को उन्होंने कभी ख़ारिज नहीं किया। और उसके असर से उनकी नज़्म उमूमन निकल नहीं सकी। यह जाफ़री के अपने जमालियाती इन्तिख़ाब का नतीजा भी है, किसी तरह की नफ़्सियाती मजबूरी नहीं। इससे यह भी मालूम होता है कि जाफ़री मशरिक़ी तर्ज़े एहसास और फ़िक्र के इम्तियाज़ी ख़ूबियों से इस तरह और क्यों काम लेते हैं।

> हम आज भी हाफ़िज़ शीराजी की ज़बान में शायरी करते हैं। और हमारी तमाम ग़ज़लों में अल्फ़ाज़ का एक *सेट* है, कोई पाँच सौ अल्फ़ाज़ का। उन्हीं से हम बड़े मफ़ाईम पैदा करते हैं, इसलिए कि वो एक इस्तिआरा बन गया है।
>
> (अफ़्कार, कराची : सरदार जाफ़री नबर गुफ़्तगू बन्द ना हो)

> 'ग़ज़ल' सबसे ज़्यादा *नेचुरल फ़ोर्म* है, शायरी का...लेकिन अच्छे शायर के यहाँ दो चीज़ें ज़रूर होती हैं। एक तो उसका मज्मुई तअस्सुर और एक आहंग, यह दोनों बराबर रहते हैं। यह नहीं कि मुतफ़र्रिक[1] शे'र के साथ आहंग बदल गया या उसका तअस्सुर बदल गया।
>
> (अफ़्कार, कराची : सरदार जाफ़री नबर गुफ़्तगू बन्द ना हो)

---

१. शोषण २. जिसमें दिलचस्पी ना पैदा हो ३. विधा

ज़ाहिर है कि इस अन्दाज़े फ़िक्र के नुज़्मिरात[२] सिर्फ़ लिसानी नहीं है। इसके पीछे ज़िन्दगी की तरफ़ मशरिक़ के मज्मुई रवैये, मशरिक़ी विज्दान[३] में लचक और फैलाव की ख़ूबियों की आगही भी मौजूद है। मग़रिबी क़ौमों की पैदाकर्दा ज़हनी बेदारी[४] के सैलाब में, हमारी इज्तिमाई सरिश्त के साथ सानिहा[५] यह पेश आया कि हमें यह तो अजबर[६] हो गया कि बक़ौल मुल्ला रमे के शायरी में तश्बी का इस्तेमाल एक मुहलिक[७] शह है और उसे शेरी क़वायद के दायरे से ख़ारिज कर देना चाहिए, लेकिन यह बात हमने भुला दी कि कालीदास को उपमा सम्राट के लक़ब से भी याद किया जाता है। और यह कि *क्लासिकी* अरबी और फ़ारसी शायरी के महासिन की कोई फ़ेहरिस्त तश्बीहसाज़ी और क़ाफ़ियापैमाई[८] के तज्किरे से खाली नहीं होगी। जोश की शायरी के बारे में जाफ़री की राय मुबालिगा आमेज़ और जोश के शेरी ज़ाब्तों में जाफ़री के यक़ीन की क़िस्म क़द्रे-जज़्बाती भी हो सकती है। मगर हमारे लिए सोचने की बात यह भी है, कि सलीम अहमद ने (तरक़्क़ीपसन्दी से शदीद ज़हनी मुग़ाइरत के होते हुए भी) जोश को जोशे आज़म क्यों कहा था!

इसी तरह बयान की पेचीदगी और ख़याल या तजुर्बे की पेचीदगी को नयी शेरीयाती तर्वीज[९] व तफ़हीम में कुछ ऐसी क़ुबूलियत मिली कि हमारे तख़्लीक़ी विज्दान अदबी मज़ाक़ के महवर ही बदल गये। नये तजुर्बों, इज़हार के तरीक़ों, *आर्ट* और अदब की दुनिया में होने वाली आलमगीर तब्दीलियों, नये रवैयों से रूशनास होना और अपनी रूहानी एहतियाज़ के और ज़ौक़ के तक़ाज़ों की रौशनी में उन्हें अख़्तियार करना समझ में आता है। लेकिन यह क्या कि हम ज़हनी बेदारी और तरक़्क़ी के नाम पर बड़े अदब, मानीख़ेज़ और सच्चे अदब की बाबत अपने तमाम साबिक़ा[१०] तसव्वुरात से बयक़ल मुन्हरिफ़ हो जायें। अदब और तहज़ीब के अय्यामे जाहीलियत, बहुत बहरावर[१] तख़्लीक़ी रौशनी और फ़ैज़ान के दिन भी हो सकते हैं। दुनिया भर के आला अदब का क़ाबिले लिहाज़ हिस्सा ज़िन्दगी के आम और मानूस तजुर्बों और इज़हार के सहलतरीन तरीक़ों का गवाह है। जाफ़री ने उमूमियत ज़दगी के ख़तरे अपनी लम्बी नज़्मों में ख़ासे बड़े फ़िक्री कैनवस पर मोल लिये हैं। शायराना और ग़ैर शायराना इज़हार की

---

१. विभिन्न २. आशय ३. काव्य रसज्ञता ४. जागृति ५. मुसीबत ६. कंठस्थ ७. जानलेवा, ८. तुक नापना ९. प्रचलित करना/रिवाज़ देना/प्रचार करना १०. पहली

रिवायती तक़्सीम तख़्लीक़ी ज़बान और कारोबारी ज़बान की दर्जामंदी के सिलसिले में हमारे रवैये अक्सर नाक़िस[2] और ग़लत क़िस्म के वहमों पर मब्नी हैं। अपने मुआसरीन में, जाफ़री का एक इम्तियाज़ यह भी है कि इक़बाल के बाद वे पहले शायर हैं जिन्होंने तब्दीलियों से दो-चार और पेचीदा जज़्बाती, फ़िक्री, सियासी, मुआशरती हालात से बोझिल ज़माने में अपनी शायरी से तख़्लीक़ी मक़ालानवीसी[3] का काम लिया। 'नयी दुनिया को सलाम' (१९४८), 'अमन का सितारा' (१९५०), 'एशिया जाग उठा' (१९५०) शायरी के पैराये में हमारे पुरजलाल और मुहीब मसलों को घेरने वाली *डाक्यूमेंट्रीज़*[4] हैं। पहली आलमी जंग के बाद की इंसानी सूरतेहाल में सियासी, तहज़ीबी, तख़्लीक़ी सतह पर दहशत, बेचैनी, इज्तिमाई दीवनगी और उथल-पुथल का जो रास्ता अपनाया था उसका तक़ाज़ा था कि बड़े कैनवस पर उस सूरतेहाल की तस्वीर मुरत्तब की जाये। एलियट के 'वेस्टलैण्ड' (१९२२) के पैमाने पर। एलियट ही के लफ़्ज़ों में widest possible variation of intensity शिद्दत ए एहसास के वसीतरीन मुम्किना तग़ैयुर्रत[5] और सूरतों के इज़हार की गुंजाइश इसी तरह पैदा की जा सकती है। एक साथ बहुत कुछ कहने के लिए तख़्लीक़ के शोले को भड़ककर ठण्डे पड़ जाने से बचाना ज़रूरी है। जाफ़री ने अपनी लम्बी नज़्मों में जो उस्लूबियाती[6] रविश अख़्तियार की है, उसके कई पहलू हैं। तम्सील निगारी[7], मुसव्विरी[8], मौसिक़ी और तफ़क्कुर के अमल को आपस में मिलाने और एक सब्र आज़मा और तवील तख़्लीक़ी मुहिम को सर करने की तैयारी में अदब और सहाफ़त की सरहदों को साथ-साथ उबूर करने की कोशिश ने इन नज़्मों में तख़्लीक़ी तजुर्बे की एक नयी सतह दरियाफ़्त की है। तरह-तरह के लफ़्ज़ों, लकीरों की हय्यतों, रंगों और शबीहों की भीड़, फिर शोर और सरगोशी, साज़ और रक़्स, सुकूत और तहर्सक[1] की मुश्तरका सरगर्मी ने इन नज़्मों को एक मुहीब *म्यूरल* की शक्ल दे दी है। मानो सिर्फ़ सख़ुन मुख़्तसर, या एक शोला-ए-मुस्ताजिल[2] की मदद से यह सफ़र तय होने का नहीं।

मेरा ख़याल है कि इस लेख को ख़त्म करने का यह मुनासिब मौक़ा है।

---

१. ख़ुशनसीब २. विकृत ३. रचनात्मक तर्क-वितर्क ४. वृत्त-चित्र ५. परिवर्तन ६. शैली ७. उपमा देना ८. चित्रकारी

और मुझे एक शख़्सी एतिराज़ के साथ अपनी बात अब समेट देनी चाहिए। जाफ़री के बारे में और ख़ुद जाफ़री से गुफ़्तगू की मौज़ूआत कई हैं। मैं कसरते नज़ारा आशिक़ हूँ। एक रंगी मुझे बहुत जल्द ही थका देती है। हमारे ज़माने के तरक़्क़ीपसन्दों में नयी नस्ल की बातचीत सबसे ज़्यादा जाफ़री के साथ रही। इत्तिफ़ाक, इख़्तिलाफ़, मुहब्बतें, शिकायतें, और तवहुम्मतें, यकजिहती और बरगशत्गी, कौन सी ऐसी कैफ़ियत है जिसके तजुर्बे से इस बातचीत के दौरान हम नहीं गुज़रे। एक ऐसे बर्क़ रफ़्तार[3] और हज़ार शेवा[4] ज़माने में, जब एक-दूसरे के लिए ग़ैर दिलचस्प होने में हमें देर नहीं लगती, आये दिन ज़िन्दगी के और फ़िक्र के तरीक़े बदलते रहते हैं, और कच्चे ख़याले-खाम माल की तरह हम दरामद करते रहते हैं, जाफ़री की सदाबहार शख़्सियत अपनी मुख़्तलिफ़ुल जिहात शायरी, अपनी दिल नशीन और तवान नस्र, अपनी कभी नहीं ख़त्म होने वाली तख़्लीक़ी जुस्तजू और सरगर्मी के मुख़्तलिफ़ दायरों, अपने फ़िक्री तनव्वो और फैलाव, अपनी तजुर्बापसन्दी और अपनी क्लासिकी रचाव के साथ, हमारे लिए आज भी ताज़ाकर और पुरकशिश है। जाफ़री के वज़ाकर्दा मेयारों और हमारे मेयारों में अदमे मुफ़ाहमत और इख़्तिलाफ़ की सूरतें भी मौजूद हैं। और उनके तमाम फ़ैसलों को हम क़ुबूल नहीं करते, लेकिन हम यह भी जानते हैं कि इन जैसे कोई और नहीं। हमारे तहज़ीबी माज़ी, हमारी रिवायत, हमारी आज की हिस्सियत और ज़हनी और जज़्बाती माहौल तक पहुँच और इन सबका तय होना एक बहुत असरदार ज़रिया जाफ़री की शख़्सियत है। सिर्फ़ हमख़यालों के साथ ज़िन्दगी तो नहीं गुज़ारी जा सकती!

---

१. हिलना-डुलना २. बहुत तेज़ी से जल जाने वाला शोला ३. बिजली की तरह बहुत तेज़ गतिवाला ४. भाषण-पटु

फ़िराक़ और नयी ग़ज़ल

नये अहद की तरह नयी ग़ज़ल को भी कुछ लोग पुराने अहद या पुरानी ग़ज़ल का जवाब समझ बैठे थे। मगर अब उसे क्या कहा जाये कि नयी ग़ज़ल अभी अच्छी तरह नयी हो भी नहीं पायी थी, कि पुरानी दिखायी देने लगी। एक ऐसी सिंफ़[१] जो एक पूरी तहज़ीब के नुक़्तए कमाल की निशानदेही करती हो, उसका यह हश्र अफ़सोसनाक है। हर तहज़ीब अपने एक ख़ास ज़ाविये[२] के साथ अपनी *जीनियस* का इज़हार करती है। यह जाविया उससे अलग हुआ नहीं कि इसी तहज़ीब का अपना एतिबार ख़तरे में पड़ जाता है। चुनाँचे नयी ग़ज़ल भी इस ज़ाविये से महरूमी के नतीजे में कभी-कभी अपना एतिबार खोती हुई नज़र आती है।

नयी ग़ज़ल का इससे भी बड़ा अलमीया[३] यह है कि इसकी लिसानी[४], फ़िक्री[५], हिस्सियाती हदें वक़्त से पहले तय हो गयीं। इज़हार के नये तरीक़ों को किसी गहरी बामाना[६] सतह पर अपनी जगह बनाने में कुछ वक़्त लगता है। हमारे नये ग़ज़लगो, तब्दीलियों के अमल में अक्सर बहुत उतावले साबित हुए। इसीलिए, नयी ग़ज़ल को अपने अलाइम और अनासिर[७] के इन्तिख़ाब में जिस ज़ब्त[८] और ठहराव से काम लेना चाहिए था, हमारे शायर इससे महरूम थे। अहद की तब्दीली, तजुर्बों और तसव्वुरों के महवर[९] की तब्दीली का शोर ऐसा बेअमाँ था कि नयी हिस्सियत[१०] की सामूहिक माँगों की तक्मील[११] के शौक़ में लोग सिंफ़े ग़ज़ल के इंफ़िरादी[१२] तक़ाज़ों पर तवज्जो नहीं कर सके। अख़्तर अहसन की ग़ज़ल से लेकर, ज़फ़र इक़बाल की 'टैडी ग़ज़ल' तक इसी ख़राबी का सिलसिला फैला हुआ है। जिन शायरों ने इसी ख़राबी से अपना दामन बचाये रखने की

---

१. विधा २. कोण ३. त्रासदी ४. भाषा सम्बन्धी ५. वैचारिक ६. अर्थपूर्ण ७. तत्त्वों ८. सहनशीलता ९. धुरी १०. संवेदनशीलता ११. पूर्ति १२. निजी

कोशिश की और अपने हिसाब से बहुत सोच-समझ कर नयी ग़ज़ल की मिज़ाज और लफ़्ज़ियात[१] को बदलने का बीड़ा उठाया, वे एक तरह की बेउसूली का शिकार हुए। नयेपन के फेर में उनकी ग़ज़ल आम ढर्रे की रिवायती ग़ज़ल से ज़्यादा बेनमक और रस्मी बनकर रह गयी। वही बार-बार के दोहराये हुए तजुर्बे, मज़ामीन[२] की थका देने वाली यकसानियत[३], बँधे-टिके लफ़्ज़ों, तरक़ीबों और इस्तिआरों के बोझ से निढाल जज़्बे, उतार-चढ़ाव से मरहूम आवाज़, जैसे तरक़्क़ीपसन्दों के ज़्यादातर शेरों की तरह नयी ग़ज़ल का बेश्तर हिस्सा भी बहुत जल्द घिसा-पिटा हो गया। यूँ भी ग़ज़ल की शायरी दो-चार साल के बाद ज़रा सी मुद्दत में एक बड़ी ज़िन्दगी पार कर लेती है। उसके नयेपन में, देखते ही देखते पुराना पड़ जाने की जो बेमिसाल ख़ूबी रही है, उसे समझने के लिए आम ग़ज़लगोयों पर बस एक नज़र डाल लेना काफ़ी होगा। फिर इस हक़ीक़त तक पहुँचने में भी देर नहीं लगेगी कि उर्दू शेरो अदब की तारीख़ में अपवादों को छोड़कर, ग़ज़ल कहने वालों से ज़्यादा रिवायती और बेख़बर मख़्लूक़ किसी और सिंफ़ के हिस्से में क्यों नहीं आयी। रस्मियत के माहौल में अपनी पहचान बनाने वाली शायरी एक नये तर्ज़े एहसास और इज़्हार के तरीक़ों की तरफ़ एक नये रवैये से जन्म लेती है। वाजिबी क़िस्म की ज़हानत रखने वाला नज़्मगो भी उसे वाक़िफ़ नज़र आता है। इसके मुक़ाबले बहुत मामूली ज़हन, मामूली लिसानी शऊर, मामूली तजुर्बे और तक़रीबन सिफ़र के बराबर इदराक, एहसास और बसीरत से बहरवर[४] शायर भी अच्छी-ख़ासी कामचलाऊ ग़ज़लें कहते हैं। ऐसी शायरी, जो किसी बीनाई, और हिस्सियत के बग़ैर भी, सिर्फ़ मश्क़[५] और आदत के सहारे वुजूद में लायी जा सकती हो, उसके कहर से डरना चाहिए। लेकिन हमारे ज़्यादातर ग़ज़लगो, क्या नये क्या पुराने, इस मामले में निहायत ढीठ रहे हैं और ग़ज़ल की मज्मूई फ़िज़ा, आहंग और लिसानी माहौल में किसी तरह की बामाना तरमीम[६] के बजाय, सिर्फ़ अपने तजुर्बों का हवाला बदल देने के बाद इस गुमान में मुब्तला देखे गये हैं कि ग़ज़लगोई का एक नया तौर उनके हाथ आ गया है। उर्दू शायरी की पिछली तीन-साढ़े तीन सौ साल की तारीख़ में ऐसे ग़ज़लगोयों की तादाद भला कितनी है जिससे इस सिंफ़ का कोई मुंफ़रिद[७] मेयार[८] वाबस्ता किया जा सके ? मुश्किल से दर्जन भर।

---

१. शब्दावली २. विषय ३. समानता ४. ख़ुशनसीब ५. अभ्यास ६. सार्थक परिवर्तन ७. अनूठा ८. स्तर

और यह गिनती की तादाद सैकड़ों ग़ज़लगोयों की भीड़ से छनछनाकर सामने आयी है। ग़ौर कीजिये तो अन्दाज़ा होगा कि इन दर्जन भर शायरों के यहाँ याद रखे जाने के क़ाबिल शेरों का तनासुब[१] मुश्किल से सौ में एक का होगा। सन् १९६५ में फ़िराक़ साहब ने अपनी ग़ज़लों की एक सूची बनवायी थी। इस सूची के मुताबिक़ सन् १९६५ तक फ़िराक़ साहब ने कुल ६२० ग़ज़लें कहीं थीं। १९६५ के बाद से १९८२ तक यानी फ़िराक़ साहब के साले वफ़ात तक, इस तादाद में कम से कम १०० ग़ज़लों का और इज़ाफ़ा कर लीजिये। यानी कि तक़रीबन सवा सात सौ ग़ज़लें। इनमें ज़्यादा से ज़्यादा चालीस-पचास ग़ज़लें ऐसी होंगी जिन्हें फ़िराक़ साहब के वास्ते से नयी हिस्सियत का तर्जुमान क़रार दिया जा सके।

मगर, कोई बात तो है कि इस कम हैसियती के बावजूद नयी ग़ज़ल की रिवायत के सबसे पहले पेशरौओं[२] में सिर्फ़ दो नाम ऐसे मिलते हैं— यगाना और फ़िराक़, जिनसे इस सिंफ़ के बदले हुए मिज़ाज की नुमाइंदगी भी होती है। और जिनकी शायरी अपनी मारूफ़ कोताहियों और नाहमवारियों[३] के बावजूद, नयी ग़ज़ल का रास्ता बनाने में अपने समकालीनों से आगे रही है। इससे ज़्यादा अजीब बात यह रही है, कि लखनऊ की मेयार पार्टी के ग़ज़लगोयों—सिंफ़ी, साकित, अज़ीज़ से लेकर फ़ानी, हसरत, असग़र और जिगर तक यह सबके सब, उर्दू के जलीलुलक़द्र[४] नक़्क़ादों[५] और ज़िम्मेदार उस्तादों की नज़र में भी यगाना और फ़िराक़ की बनिस्बत वसीअतर ठहरे। सबब वही रस्मियतज़दगी जो ग़ज़लगोई और ग़ज़लशनासी[६] के ज़ौक़, दोनों के इब्तिज़ाल[७] की गवाह रही है। इन शायरों का मंसब और मर्तबा अपनी जगह पर और उनकी सलाहियतें बरहक़, मगर उनके कमाल की हद सिर्फ़ यहाँ तक है कि अपनी रिवायत के साये यह ख़ूब सफ़र करते हैं। यह और बात कि अपने अहद की धूप से कोई वास्ता नहीं रखते।

इस सूरतेहाल को देखते हुए, यगाना और फ़िराक़ के इम्तियाज़ात का तज्ज़िया किया जाये तो कुछ दिलचस्प नतीजे निकलते हैं। मिसाल के तौर पर यह कि यगाना तो ख़ैर ज़िद्दी आदमी थे। उन्होंने अपनी डेढ़ ईंट की अलग मस्जिद जान-बूझकर बनायी और अपनी ख़ुदसरी की वजह

---

१. अनुपात २. रहनुमा ३. असमता ४. महामना ५. आलोचक ६. ग़ज़ल की जानकारी ७. फूहड़पन

से ग़ज़लिया शायरी की कई जानी-पहचानी ख़ूबियों को हाथ नहीं लगाया। अपने मुआसरीन ख़ास तौर से असग़र, फ़ानी और जिगर की ख़ैरियत तो वे पूछते ही रहते थे, ग़ालिब से भी उखड़ गये। मगर जहाँ तक फ़िराक़ का ताल्लुक़ है, इस मामले में उनका रवैया यगाना से बिल्कुल मुख़्तलिफ़ था। अपनी शख़्सियत के तमाम टेढ़ेपन के बावजूद फ़िराक़ अपने पेशरौओं के सिलसिले में हिफ़्ज़े मरातिब[१] के बहुत क़ायल और उर्दू कल्चर या ग़ज़लिया शायरी के कल्चर का हिस्सा थे। यगाना की हैसियत उस कल्चर के उस बाग़ी या बेगाने शख़्स की थी, जिसे हक़ीक़त के बावजूद कि ग़ालिब की ग़ज़ल इस सिंफ़ के फ़िक्री सिलसिले और फ़न्नी महारतों का नुक़्तए मुन्तहा[२] कही जा सकती है, ग़ालिब तक को तस्लीम[३] करने में तअम्मुल[४] था। मगर फ़िराक़ साहब तो अपनी तमाम अज़ ख़ुदरफ़्तगी[५] के साथ इस मामले में हमेशा चौकन्ने रहे। बल्कि यह कहना चाहिए कि ग़ज़ल के नामावरों की बाबत अपनी अस्ल राय के इज़हार में वे मसलहतकोशी[६] की हद तक मोहतात[७] रहे। मीर और ग़ालिब का ज़िक्र अलग रहा, दाग़, मीर और रियाज़ ख़ैराबादी के बारे में भी कोई ऐसी-वैसी बात फ़िराक़ साहब ने कभी कही भी तो साफ़ पता चलता है, कि बहुत जी कड़ा करने के बाद कही। यह उर्दू शायरी और उर्दू ग़ज़ल की आम रिवायत से मुहब्बत और नफ़रत में एक साथ अपने तमतराक़ के बावजूद अपनी कम एतिमादी को छुपाने से क़ासिर[८] रहे। अन्दाज़े के मज़ामीन से यह समझने में देर नहीं लगती कि फ़िराक़ साहब की तख़्लीक़ी ज़रख़ेज़ी[९] और फ़िक्री वुसअत[१०] भी ग़ज़ल की आम रिवायत के ख़ौफ़ से उन्हें निजात नहीं दिला सकी। उन्हें सन्नाई[११] के साथ कहे हुए मामूली और कम रुत्बा क़िस्म के शे'र भी चमत्कारी और करामाती दिखायी देते थे और दूसरी बल्कि तीसरी सिंफ़ के ग़ज़लगो भी साहिबे कमाल। यह ख़ौफ़ हक़ीक़ी से ज़्यादा नफ़्सियाती[१२] था और नतीजा था उर्दू के राइजुलवक़्त[१३] तरीक़ों पर गिरफ़्त की कमज़ोरी का। इसीलिए फ़िराक़ साहब बहुत मामूली ज़हनी सतह रखने वाले मारूफ़ ग़ज़ल गोयों का कलाम भी निहायत तवज्जो से पढ़ते थे, यह सोचकर कि इन लोगों के

---

१. हैसियत और दज का लिहाज़ २. पराकाष्ठा ३. कुबूल करना / सलाम करना ४. पसोपेश ५. अपने आप से बेख़बरी ६. अपने भले-बुरे की सोचकर कोई काम करना ७. सावधान ८. असमर्थ ९. समृद्ध सृजनात्मकता १०. वैचारिक सामर्थ्य ११. कारीगरी १२. मनोवैज्ञानिक १३. वक़्त के चलन के अनुसार

पास बड़ा तजुर्बा और बसीरत ना सही, फिर भी कम से कम ज़बान और बयान की बारीक़ियों का इल्म तो है। उर्दू कल्चर में क़ादिरुलक़लामी[१] को एक ख़ास हैसियत हासिल रही है। ज़िला-जुगत[२], ईहाम[३], काफ़िया पैमाई, एंडी-बेंडी रदीफ़ों और ज़मीनों में तबा[४] आज़्माई ज़रा से ख़याल को लेकर लफ़्ज़ों का तूमार[५] बाँधने की रविश, इन सबको निस्बत उसी रवैये से है। और यही वजह है कि ऐसे शायर, जिनकी उड़ान बस कलाम की मौज़ूनियत तक थी, मीर और ग़ालिब के ज़माने में भी दाद पाते थे। और आज भी शे'र की महफ़िल में डटकर अपना कलाम सुनाते और दाद पाते हैं। फ़िराक़ की शायरी को एतिबार ना तो ज़बान और बयान के करतब दिखाने वालों में मयस्सर आया, ना मुंतिख़बात के हल्क़े में। तो भी अहले इल्म की क़तारों से ऐसी सदाएँ उठती रहती हैं कि फ़िराक़ ने ग़ज़ल को गँवा दिया (अख़्तर अंसारी)। यह मसला अदबी तनक़ीद और तारीख़ से ज़्यादा नफ़्सियात का है कि असग़र, फ़ानी, हसरत, जिगर यहाँ तक कि अज़ीज़ लखनवी को तो अलीगढ़ और इलाहाबाद के बरगुज़ीदा[६] उलेमा-ए-अदब ने सरआँखों पर बिठाया, मगर यगाना और फ़िराक़ के लिए यह शहर, शहरे ग़रीब ही बने रहे। रिवायत से बेजा शग़फ़ और फ़न्नी इस्तेदाद[७] या लिसानी महारत का नाक़िस[८] तसव्वुर अदब में नये तजुर्बों पर इसी तरह रोक लगाता है। इस सूरतेहाल ने यगाना और फ़िराक़ को जो भी तकलीफ़ पहुँचायी हो, अस्ल नुक़्सान ग़ज़ल की सिंफ़ ने उठाया और आख़िरकार फ़ायदे में यही दोनों रहे। अपनी फ़िक्र की रस्मियतज़दगी और अपनी बेरूह और मक़्सूद बिज़्ज़ात[९] फ़न्नी चाबुकदस्तियो[१०] और अपनी बेलोच लिसानी आदतों की वजह से एक फ़ानी को छोड़कर यगाना और फ़िराक़ के किसी भी मुम्ताज मुआसिर की ग़ज़ल तारीख़ के दायरे से नहीं निकली। मर्कज़ गुरेज़ी का ख़तरा मोल ले सकने की क़ीमत उन्हें इस तरह चुकानी पड़ी की रिवायात ने उनके पाँव में बेड़ियाँ डाल दीं। मगर यगाना की ख़ुदरवी[११] और अनागज़ीदगी[१२] की तरह, फ़िराक़ की लिसानी बेमश्क़ी और कच्चापन इस मैदान में उसूले इम्तियाज़ का ज़रिया ठहरे। रिवायात बनाने वाले और रिवायत को तोड़ने वाले के दरमियान

---

१. वाक्पटुता २. फ़िक़रेबाज़ी ३. वहम ४. तबीयत/आदत ५. झूठी बातों की भरमार, ६. चुने हुए ७. काम करने की क्षमता ८. विकृत ९. जो अपने आप में एक लक्ष्य हो, किसी और चीज़ को पाने का ज़रिया नहीं १०. फ़न की कुशलता ११. अपनी राह चलने की आदत १२. ख़ुद को काटने की आदत

कोई रिश्ता ज़रूर होता है।

यगाना की तरह फ़िराक़ पर भी अपने माज़ी की तारीख़ का जादू कभी दूर तक नहीं चल सका। इसीलिए, अपने अहद को मुतअस्सिर[१] करने में कामयाब साबित हुए। असल में आज़्मूदा[२] सहारों से दस्तबरदार[३] हुए बग़ैर तख़्लीक़ी आज़ादी नसीब में नहीं आती। फ़िराक़ का ज़हन अपने तमाम हमअस्र ग़ज़लगोयों से ज़्यादा ज़रख़ेज़ था और ग़ज़ल की हिस्सियत उन सबसे ज़्यादा फैली हुई और कसीरुल्जिहात[४]। रहा क़िस्सा ज़बान और बयान के मैदान में पर्चमकुशा[५] उस्तादों का, तो उन्हें ज़ेर[६] करने के लिए फ़िराक़ ने उन्हीं की दरियाफ़्त की हुई ज़मीनों में नये रास्ते निकाल लिये। लम्बी-लम्बी, अनोखे रदीफ़ों वाली ग़ज़ल जिसका सिलसिला हिन्दुस्तानी नशअते सानिया[७] के अहद से ताल्लुक़ रखने वाले हक़ीम आग़ा जान ऐश से लेकर नयी प्रौद्योगिकी के अहद में क़ाफ़ियापैमा[८] उस्ताद नूह नारवी और हज़रत जोश मल्सियानी तक फैला हुआ है।

बैठे हैं वो किस-किस जानिब, आगे-पीछे दायें-बायें
आके वो सूरत दिखा जाते हैं, चौथे पाँचवें
जिसको कहते हैं बशर, उसमें है शर, दो बटा तीन

फ़िराक़ ने तजुर्बे और बुलन्द एहसास की तब्दीली के वास्ते से इस रवैये के महवर ही बदल दिये। झूमर का मेरे चाँद, आगे-पीछे दाएँ-बायें, और 'दो बटा तीन' की जगह 'बड़ी उदास है रात', 'बहुत अँधेरा है', अभी यहाँ से ना जाओ, 'और यहाँ ना बाँधो नाव' (ज़मीन ख़िलाफ़ है भाई यहाँ ना बांधो नाव) ने ले ली। यह रदीफ़ें ख़ारिजी करतबबाज़ी की बजाय, बक़ौल फ़िराक़ साहब मिसरों के पेट से निकलती थीं। ग़ज़लिया शायरी के सियाक़ में फ़िराक़ का सबसे बड़ा कारनामा यही है कि उनकी हिस्सियत इस सिंफ़ की किसी भी लिसानी, फ़िक्री, फ़न्नी, तहज़ीबी हदबन्दी को क़ुबूल नहीं करती। मक़्बूल असालीब को बरतने के लिए जो लिसानी तर्बियत[९] दरकार थी, फ़िराक़ को उससे एक हद तक अपनी महरूमी का एहसास भी था और वो उससे गुरेज़ाँ[१०] भी थे। रद्दो क़ुबूल की यह खींच-तान, दो सतहों पर फ़िराक़ को रास आयी। एक तो इस तरह कि रिवायती

---

१. प्रभावित २. परखा हुआ ३. विरक्त ४. जिसके कई रुख़ हों ५. झण्डा लहराते हुए, ६. परास्त ७. पुनरुद्धार ८. तुक नापने वाला ९. प्रशिक्षण १०. परहेज़ करने वाला

ग़ज़ल के जिन अनासिर को फ़िराक़ लालच भरी नज़र से देखते थे, अपने इम्तियाज़ की ख़ातिर इन अनासिर को उन्होंने क़ुबूल भी किया तो अपनी शर्तों पर। इसीलिए, फ़िराक़ की ग़ज़ल के मुतवाज़ी[१] ख़ित्तों पर चलने के बाद भी रिवायती नहीं रह जाती। दूसरे यह कि फ़िराक़ ने ग़ज़ल की रिवायती ज़बान, मज़ामीन और घिसे-पिटे सक़ाफ़ती *कल्चर* के बने-बनाये दायरों को तोड़ने के लिए, ग़ज़ल का एक नया लहजा और एक नया माहौल मुरत्तब करने की कोशिश की। असकरी साहब का यह ख़याल था कि फ़िराक़ की नज़्म का यह मिसरा

कँवल की चुटकियों में बन्द है नदी का सुहाग

एक नये और उर्दू *कल्चर* से बिल्कुल मुख़्तलिफ़ तहज़ीबी ख़ुल्क़िये[२] की देन है। चुनाँचे ग़ज़ल के इस नौदरियाफ़्त माहौल में साँस लेना, जिसे रिवायती ग़ज़ल के अलम्बर्दार एक ग़ैर शायराना हरकत समझते रहे, दरअस्ल एक नये ख़ुल्क़िये को बरतने और एक नये तहज़ीबी तजुर्बे से गुज़रने के मुतरादिफ़[३] था। और यही वजह है कि फ़िराक़ की ग़ज़ल अपने बाद वालों पर तजुर्बे और इज़्हार के तमाम दरवाज़े खुले रखती है। हद तो यह है कि तोते, क़मीस, और साड़ियाँ, जैसी रदीफ़ों वाली नयी ग़ज़ल की गुंजाइश भी (बिमल कृष्ण अश्क़) नासिर काज़मी की पहली बारिश की ग़ज़लों की आहट इससे पहले हमें फ़िराक़ साहब ही के यहाँ सुनायी दी थी (मशाल, १९४६)। फ़िराक़ की ग़ज़ल ऐसा कोई मेयार क़ायम नहीं करती, मिसाल के तौर पर ग़ालिब की तरह, जिसकी तख़्लीक़ में ख़राबी का ख़ौफ़ हो या ख़ुद को गुम कर बैठने का इम्कान[४]। एक नयी और नातमाम हिस्सियत, जो तरक़्क़ीपसन्द ग़ज़ल के मुक़ाबिले में हल्क़ा-ए-अरबाब-ए-ज़ौक़ की क़ायम की हुई लकीरों पर, उर्दू शायरी की रिवायत में रफ़्ता-रफ़्ता अपने क़दम जमाती जा रही थी, अपने हमअस्र ग़ज़लगोयों की बनिस्बत फ़िराक़ इस हिस्सियत का बेहतर शऊर रखते थे। वजह यह थी कि इस हिस्सियत का रिश्ता उर्दू शायरी को पसे मंज़र मुहैया करने वाली ईरानी रिवायत के अलावा, कुछ ऐसी रिवायतों से भी था जिनकी अपील उर्दू वालों में महदूद थी। इस हिस्सियत के ताल्लुक़ मग़रिब की मज्मूई तख़्लीक़ी रिवायत से भी थे और उस ठेठ अर्ज़ियत[५] से भी जिसका ज़ोर

---

१. समानान्तर २. स्वभाव ३. समानार्थक ४. सम्भावना ५. ज़मीन से जुड़ाव

उर्दू वालों के लिए रिवायात के तक़रीबन नामानूस इलाक़े से हुआ था। नासिर काज़मी ने अपनी एक ग़ज़ल :

> तेरे सिवा मुझे पहने कौन, मैं तेरे तन का कपड़ा हूँ
> मेरा दिया जलाये क़ौन, मैं तेरा ख़ाली कमरा हूँ

के बारे में कहा था कि इसकी तहरीक उन्हें मीराबाई के एक भजन से मिली थी। इस प्रसंग में फ़िराक़ साहब के हवाले से एक मसले की तरफ़ इशारा करने से पहले फ़िराक़ साहब ही की तहरीरों के यह इक़्तिबास देखते चलें :

> हाँ, तो उर्दू शायरी में घर का तसव्वुर और औरत का तसव्वुर बल्कि क़ायनात और हयात का तसव्वुर कमज़ोर और नाक़िस होने के सबब उर्दू की इश्क़िया शायरी बहुत कुछ होते हुए भी अपने अन्दर बहुत कुछ कमी रखती है। एक विज्दानी और जमालियाती एहसास कभी-कभी ख़ुशनसीब लम्हों में उर्दू शायरी को ज़रूर हाथ आ जाता था लेकिन मनाज़िरे कुदरत माद्दी और उंसुरी क़ायनात, घरेलू और समाजी ज़िन्दगी की जुज़ईयात[१] ज़िन्दगी के भरपूर और ठोस हिस्सों और पहलुओं को यह विज्दानी एहसास बहुत कम छू पाता है और अक्सर एक मुतसव्विफ़ाना हाल और क़ाल[२] की चीज़ होकर रह जाता है।'
>
> (मज़्मून : उर्दू की इश्क़िया शायरी की परख शमूला फ़िराक़ नम्बर, शाहकार इलाहाबाद)

फ़िराक़ साहब ने मुख़्तलिफ़ लफ़्ज़ों में यह बात कई मौक़ों पर कही है। अजब क़िस्सा है कि इन मुआसरीन में किसी और ने भी इस मसले को नाक़ाबिले ऐतिना[३] नहीं समझा। गोया कि उर्दू ग़ज़ल की रिवायत से वाबस्ता एक ऐसी नुमायाँ कमज़ोरी जो इस सिंफ़ की जमालियाती और मुआशरती क़द्र भी उसके मज्मुई निज़ाम पर असरन्दाज़ होती है। उर्दू के तमाम ग़ज़लगो जो एक वक़्त में इन्हिराफ़[४] और तौसीअ[५] के अमल से ग़ज़लिया शायरी की रिवायत को अपने ज़माने की हिस्सियत का तर्जुमान बनाना चाहते थे, नासिर काज़मी ग़ज़ल की रिवायत का गहरा शऊर रखते हुए भी यह समझते थे कि नयी ग़ज़ल की तश्कील के लिए अपने माज़ी से इस तरह इस्तिफ़ादा करना चाहिए कि अपने एहसास और इज़हार का

---

१. किसी बात के तमाम पहलू २. कथन ३. उपेक्ष्य ४. अवज्ञा/भागना ५. विस्तार

दरीचा बन्द नहीं हो। मीर की ग़ज़ल की जिस शायरी में नासिर काज़मी को अपनी हिस्सियत के मुनासिबात का सबसे ज़्यादा सुराग़ मिला वो फ़िराक़ हैं। इस वाक़िये का एहतिराफ़ नासिर काज़मी ने दो वास्तों से किया है, एक की ताइद के ज़रिये जिसकी निशानदेही फ़िराक़ के ऊपर कहे गये इक़्तिबास से होती है। यानी यह कि नासिर काज़मी को भी उर्दू ग़ज़ल की इस कमी का एहसास था कि ख़याल परस्ती से बेमहाबा शग़फ़ के नतीजे में उसकी अर्ज़ी और तबीही बुनियादें कमज़ोर हो चली हैं और यह कि उस कमज़ोरी की वजह से ग़ज़ल की सिंफ़ अपने रिवायती आदाब की पाबन्द होकर रह गयी है। इसमें ना तो नये तजुर्बों को बरतने की सकत है, ना ज़बान और बयान के नये साँचों को। चुनाँचे नासिर काज़मी ने ग़ज़ल की माहीयत[१] और उसके ख़ारिजी रंग और रूप को एक साथ बदलने का रास्ता अख़्तियार किया। मुजर्रदात[२] की जगह उंसुरी और माद्दी[३] हवालों को दी। और चीज़ों के वास्ते से भी एहसासों की अक़्क़ासी[४] का हुनर सीखा। मेरा ख़याल है कि यह जद्दोजहद बेहुसूल रह जाती अगर इसका पसे मंज़र फ़िराक़ की ग़ज़ल से खाली रह गया होता, बल्कि क्या अजब कि फ़िराक़ की ग़ज़ल ने ही इस जुस्तजू के ख़्वाब की सूरतगरी की हो।

---

१. ख़ासियत २. ऐसी चीज़ें जिनका सम्बन्ध पंच भूत से ना हो ३. भौतिक ४. नक़्ल

फ़िराक़ की हिस्सियत से हमारा राबिता[१]

अब से कोई पचास बरस पहले (१९७१ में) नासिर काज़मी ने अपने एक लेख (नयी ग़ज़ल) में यह सवाल उठाया था कि फ़ानी और यगाना रंगे ग़ालिब के अच्छे शायर होने के अलावा कुछ थे या नहीं? और यह कि हमारे अहद की ग़ज़ल मीर और ग़ालिब के साये से हटकर अपनी धूप में भी चर सकती है या नहीं? इस लेख में नासिर काज़मी ने नयी ग़ज़ल की चन्द ऐसी ख़ासियतों का ज़िक्र भी किया था जो उसे पुरानी ग़ज़ल से अलग करती हैं। यह ख़ुसूसियात हैं रिवायत से इन्हिराफ़[२], नये इस्तिआरों की बहतात, इज़हार में जुरअत[३] और ग़िनाई[४] साँचों का इन्तिख़ाब।

नयी ग़ज़ल की पेशरौ[५] रिवायत पर नज़र डाली जाये तो फ़ानी, यगाना और फ़िराक़ के नाम तक़रीबन एक साथ सामने आते हैं। अज़गर, हसरत और जिगर की शोहरत इन तीनों से कम नहीं। मगर उनकी ग़ज़ल इस सिंफ़[६] के जाने-पहचाने और रिवायती फ़रेब से बाहर नहीं निकलती। फ़ानी और यगाना के यहाँ एहसास और इदराक[७] के एक नये आहंग का सुराग़ ज़रूर मिलता है। मगर यह आहंग महदूद[८] बहुत है। दोनों के मिज़ाज की मजबूरियाँ उनकी ग़ज़ल को एक ख़ास ढर्रे से निकलने नहीं देतीं। दोनों के यहाँ ग़ैर मुतवक़्क़े[९] नतीजों तक जा पहुँचने की सलाहियत का हैरतनाक फ़ुकदान है और दोनों की शायरी एक तरह की इन्तिहा पसन्दाना ज़ात आलोदगी का शिकार है। ख़लीलुर्रहमान आज़मी ने कलामे फ़िराक़ के इन्तिख़ाब के साथ (१९६५ में) जो मुकद्दमा तरतीब दिया था उसमें फ़ानी और यगाना का ज़िक्र करते हुए कहा था कि : हसरत के मुआसरीन[१०] में फ़ानी के यहाँ थोड़ी सी दबाज़त मालूम होती है। लेकिन उनका तसव्वुरे मर्ग[११] और

१. ताल्लुक़ २. अवहेलना ३. बेबाक़ी ४. संगीतात्मक ५. रहनुमा ६. विधा ७. अगोचर, वस्तुओं का बोध ८. सीमित ९. अप्रत्याशित १०. समकालीन ११. मौत की कल्पना

उनका मुतसव्विफ़ाना[1] तफ़ल्सुफ़[2] जदीद ज़हन के लिए दिलकशी नहीं रख़ता। अलबत्ता इस ज़माने में मिर्ज़ा यगाना के यहाँ, ज़िन्दगी के मुतज़्ज़ाद[3] और पेचीदा मसाइल से नबर्दआज़मा[4] होने का हौसला मिलता है। और उनकी शायरी में ज़हन का उंसुर भी ख़ास हद तक है, लेकिन यगाना की बदक़िस्मती यह है कि उन्होंने अपनी शख़्सियत की इस क़ुव्वत से मुज़्बत[5] तौर पर कोई फ़ायदा नहीं उठाया। इसलिए आगे चलकर उनके ज़हनी सोते ख़ुश्क हो गये और उनके अन्दर एक ऐसी करख़्तगी[6] और ख़ुशूनत[7] पैदा हो गयी जिसने उनकी ग़ज़ल के इमकानात[8] को महदूद कर दिया।

फ़ानी और यगाना के मुक़ाबले फ़िराक़ की ग़ज़ल अपनी नाहमवारी[9] और खुरदरेपन के बावजूद नयी हिस्सियत के एक रवाँ-दवाँ सरचश्मे की हैसियत रखती है। उसकी मज्मूई सत्ह पर एक ऐसी तजुर्बागाह का गुमान होता है जहाँ एहसास और इज़हार की सतहें जामिद[10] और मुतअय्यन नहीं हैं। और इन सतहों पर तब्दीलियों के निशान बराबर उभरते रहते हैं। फ़िराक़ की ग़ज़ल, अपने माज़ी से मरबूत होते हुए भी, हमें एक नये फ़िक्री और जज़्बाती निज़ाम तक ले जाती है। और अपने वक़्त से पीछे नहीं हटती। उसका सबब यह है कि फ़िराक़ की तख़्लीक़ी शख़्सीयत अपने तमाम मुआसरीन के मुक़ाबले में कहीं ज़्यादा बड़ी और पहलूदार थी। उनकी शायरी और तनक़ीद से जो शेरी किरदार उभरता है, वह बड़ी हद तक नया और अपरिचित है, और हालाँकि नस्र और नज़्म दोनों में फ़िराक़ का ढंग जज़्बाती है। मगर इनके रवैये और यक़ीन जज़्बाती नहीं है। इसलिए फ़िराक़ की शायरी और तनक़ीद को हम एक-दूसरे से अलग नहीं कर सकते—अन्दाज़े, हाशिये, उर्दू की इश्क़िया शायरी, उर्दू ग़ज़लगोई—यहाँ तक के उनके ख़तों के संग्रह 'मन आनम' में शे'र और शायरी से मुतअल्लिक़ कुछ साफ़ क़िस्म के तसव्वुरों की मौजूदगी और तकरार भी इन तहरीरों को नज़रिया बाज़ी और नज़रिया साज़ी के ऐब से बचाये रखती है। फ़िराक़ रिवायती अन्दाज़ के तर्कों से गुरेज़ के बावजूद अपनी तमाम नस्री किताबों में एक मख़्सूस मंतिक़ी[11] रवैये के पाबन्द दिखायी देते हैं और कोई अनोखी, मुतानाज़िया[12] या नयी बात भी दलील और

---

१. सूफ़ियाना २. हिकमत ३. एक-दूसरे से टकराने वाले ४. जंग ५. सकारात्मक/पॉज़िटिव ६. कठोरता ७. रूखापन ८. सम्भावना ९. असम १०. ठोस ११. तर्क़संगत १२. लड़ाई-झगड़े वाली

मिसाल के बग़ैर नहीं कहते। फ़ानी और यगाना के मुक़ाबले में फ़िराक़ की तख़्लीक़ी हिस्सियत हमें जो ज़्यादा मुअस्सिर[१], मुनज़्ज़म[२] और मरबूत[३] नज़र आती है तो इसीलिए कि फ़िराक़ इन दोनों की बनिस्बत एक बेहतर और वसीअतर तनक़ीदी शऊर रखते थे। फ़िराक़ का शेरी तनाज़ुर अपने तमाम मुआसरीन से ज़्यादा फैला हुआ है। फ़िराक़ मख़्सूसियत को शायरी का दुश्मन समझते थे। और किसी ख़ास वाक़िये या सूरतेहाल से कहीं ज़्यादा दिलचस्पी उन्हें ज़िन्दगी के सामूहिक सूरतेहाल या उसकी आम सदाक़तों से थी। अपनी एक गुफ़्तगू (दिल्ली दूरदर्शन २८ मार्च, १९८२) में फ़िराक़ ने यह मानीख़ेज़ बात कही थी कि बड़े शायर के यहाँ ख़ारिजी ज़िन्दगी के वाक़िआत (अपने मुअय्यन हवालों के साथ) या तो आयेंगे नहीं, या आयेंगे तो लोग उन्हें क़यामत तक पहुँचा नहीं सकेंगे। शायद इसीलिए अस्करी ने भी कहा था कि फ़िराक़ की शायरी आहटों की शायरी है। यह शायरी ऐसी दुनियाओं में साँस लेती है जो कुछ समझ में आती हैं, कुछ नहीं आतीं।

अपने ज़बाँज़द ख़ास-ओ-आम शे'र :

> ज़िन्दगी क्या है आज उसे ऐ दोस्त
> सोच लें और उदास हो जायें

की मिसाल देते हुए फ़िराक़ ने कहा था कि इस शे'र की रौशनी में अगर कोई हे नतीजा बरामद कर ले कि फ़िराक़ ने यह शे'र अपने वालिद के इन्तिकाल पर कहा था तो वो इस शे'र से हमेशा के लिए दस्तबरदार[४] हो जायेंगे। ज़िन्दगी के भेद और ज़िन्दगी की हमागीर सच्चाइयों को एक ग़ैर ज़मानी सतह पर देखने की जैसी कोशिश हमें फ़िराक़ के यहाँ मिलती है, उनके किसी दूसरे हमअस्र के यहाँ नज़र नहीं आती। फ़िराक़ ने अपने आप को ना तो अपनी रिवायत का पाबन्द रखा, ना अपने अहद के फ़िक्री और जज़्बाती माहौल की इताअत[५] क़ुबूल की। उनकी ग़ज़ल एक कट्टर और बेलोच मिज़ाज रखने वाली सिंफ़ में भी अपने लिए निजात के रास्ते निकाल लेती है। खुली फ़िज़ाओं में परवाज़ करती है और तख़्लीक़ी आज़ादी के एक मुस्तक़िल एहसास की तौसीक़[६] करती है। आज़ादी का यह एहसास फ़िराक़ की ग़ज़ल में कई सतहों पर रूनुमा हुआ है। और शेरी

---

१. प्रभावशाली २. बातर्तीब ३. क्रमबद्ध ४. विरक्त ५. पालन करना ६. समर्थन

इदराक के कई वास्तों से आया है। ज़बान और बयान, लहजा, उस्लूब, आहंग, मिसरों की सख़्त, तजुर्बों की रंगा-रंगी और बेतक़ल्लुफ़ी, मानूस और नामानूस चीज़ों और मज़ाहिर से क़रीबी यक्साँ शगफ़[1] के मामले में फ़िराक़ से पहले के ग़ज़ल गोयों में सिर्फ़ मीर का नाम लिया जा सकता है। इस जुमले से अगर किसी को यह गुमान गुज़रता है कि मीर और फ़िराक़ हममर्तबा शायर हैं तो यह उसका अपना मसला है। मैं तो बस इतना अर्ज़ करना चाहता हूँ कि मीर और फ़िराक़ की शेरी क़ायनात में कुछ बुनियादी मुमासिलतें[2] मौजूद हैं और ज़बान और बयान, वारदात और तजुर्बे, तसव्वुर और एहसास की तरफ़ अपने रवैयों के एतिबार से उर्दू के तमाम ग़ज़ल गोयों में फ़िराक़ को सबसे ज़्यादा क़रीबी मीर साहब से हासिल है। ग़ज़ल की माहीयत[3] और हैयत के बारे में फ़िराक़ ने कुछ ऐसे नुक़्तों की तरफ़ इशारे किये थे जो लगभग साठ बरस के बाद भी (यह लेख १९५७-१९५८ में लिखा गया था), हमारी तवज्जो और तज्ज़िये का तक़ाज़ा करते हैं। मिसाल के तौर पर फ़िराक़ का यह कहना कि :

१. ग़ज़ल इन्तिहाओं का एक सिलसिला है।

२. ग़ज़ल की माहीयत, तहज़ीब व इनसानियत के मर्कज़ी, जमालियाती व विज्दानी तजुर्बात की इस माहीयत में पोशीदा है। जहाँ अक़्ली, अख़्लाक़ी और जमालियाती हक़ीक़तों का एक मावराई आलम में या लामहदूद के मर्कज़ पर संगम होता है।

३. ग़ज़ल कहने के लिए बहुत सयानी और बहुत मासूम तबीयत चाहिए।

४. हर कामयाब ग़ज़ल नतीजों का सिलसिला होती है।

५. कलीमुद्दीन अहमद ने ग़ज़ल को नीम वहशी सिंफ़े सुख़न बताया है। दौरे वहशत की जिबिल्लतें[4] अगर यक लख़्त[5] तर्क कर दी जायें तो तहज़ीब और फ़ुनूने लतीफ़ा की मौत हो जाये (यहाँ फ़िराक़ का यह क़ौल भी याद आता है कि Literature is brilliant illiteracy)।

६. ग़ज़ल के वो अशआर जिनमें ग़ज़ल की हक़ीक़ी रूह कारफ़र्मा है,

---

१. सरोकार २. समानता ३. ख़ासियत ४. आदतें ५. अचानक

हमें बताते हैं कि ज़िन्दगी की छोटी-छोटी बेनाम वारदात तहज़ीब की असास होती हैं।

७. इल्म में, ख़याल में, अमल में बुलन्द से बुलन्द और मुश्किल से मुश्किल फ़िक्र में या फ़लसफ़ा में वो गहराई नहीं होती जो रचे हुए जज़्बात और ख़ालिस कैफ़ीयात में होती है।

८. ग़ज़ल एक बुनियादी मज़ाक़ है, ज़िन्दगी की पैदावार है।

९. ग़ज़ल के अशआर का एक मज्मूई असर हम पर पड़ता है और इस तरह हमारे विज्दान में एक दाख़िली निज़ाम रूनमा होता है।

१०. ग़ज़ल के अशआर में एक विज्दानी हमआहंगी होती है। एक ख़ास विज्दानी अमल आशिक़ और माशूक के ताल्लुक़ात, इंसान से इंसान के ताल्लुक़ात, इंसान के अपने आप से ताल्लुक़ात, इंसान के ज़िन्दगी से रिश्ते, क़ायनात से हमआहंगी और पिन्हा[१] रिश्ते, ज़िन्दगी के दुख-दर्द, ग़म ख़ुशी, दुनिया से मानूसियत, क़ायनात से पैदा होने वाले इस्तेज़ाब[२], मनाज़िरे फ़ितरत की आलाइमी और इशारियाती मानीख़ेज़ी, ज़िन्दगी के वो ख़्वाब और वो तसव्वुरात जिनके बग़ैर ज़िन्दगी नहीं रहती, क़ायनात की वो हिस जिसके बग़ैर हम इस आफ़ात के हक़ीक़ी बाशिन्दे या शहरी बन ही नहीं सके। जिसके बग़ैर ज़िन्दगी मुहज़्ज़ब[३] हो के भी वीरान रहती है, हमारी बिखरी हुई शख़्सियतों को अन्दर से सालिम बनाने का अमल।

इन तमाम इक़्तिबासात में इंसानियत के तसव्वुर को शायरी की एक बुनियादी सच्चाई के तौर पर देखा गया है। फ़िराक़ ज़िन्दगी के आम शऊर और शायरी के शऊर को एक-दूसरे के हवाले के तौर पर बरतना चाहते हैं। ज़ाहिर है कि सिंर्फ़े ग़ज़ल की हद तक यह रवैया फ़िराक़ के अहद में बहुत आम नहीं था और फ़िराक़ किसी ज़ोर-शोर के साथ उनके किसी भी हमअस्र ने इस सवाल पर ग़ौर नहीं किया था कि अदब और ज़िन्दगी में ख़ूबियाँ और महासिन[४] के इश्तिराक[५] की एक सूरत भी तलाश की जा सकती है। ग़ज़ल की हैयत और माहीयत की बहस में फ़िराक़ बार-बार

---

१. पोशीदा २. ताज्जुब की चीज़ें ३. सँवरी हुई ४. अच्छाइयाँ ५. साझा

ज़िन्दगी की हक़ीक़तों को समझने और समझाने की जुस्तजू भी करते हैं। जैसे कि शायरी भी ज़िन्दगी ही की तरह एक रूहानी मुहिम का दर्जा रखती है। अदब का एहतिराम फ़िराक़ के नज़दीक ज़िन्दगी के एहतिराम की ही एक शक्ल था। नासिर काज़मी ने मीर पर अपने एक लेख में लिखा था कि—

> हमें अज़ सरे नौ[1] एक ज़हनी और अख़्लाक़ी तसव्वुरे ज़बान और फ़ल्सफ़ा-ए-हयात की ज़रूरत है और गो कि[2] मीर साहब के ज़माने और हमारे ज़माने में बड़ा बोद[3] है और दुनिया इतनी बदल चुकी है कि आज के शायर के सामने पहले से भी कहीं वसीअ[4] मंज़रे हयात खुल गया है। मगर वाक़ियात की मुमासिलत की वजह से मीर साहब का ज़माना हमारे ज़माने से मिल गया है।

फ़िराक़ की हिस्सियत जिस ज़हनी और जज़्बाती माहौल में मुरत्तब हुई वह आज की दुनिया के माहौल से मुमासिल नहीं होते हुए भी हमारा अपना तजुर्बा इसलिए बन जाता है कि उसकी तरफ़ फ़िराक़ का रवैया उनकी बाद की नस्ल के रवैये से मुमासिलत रखता है। फ़िराक़ के रवैये ने उनकी ग़ज़ल की सरज़मीन, उसकी सरिश्त, वह कुछ नहीं रहने दी जिसका तमाशा हम हसरत, अजगर, जिगर, फ़ानी और यगाना के यहाँ देखते हैं। इसका सबब यह है कि एक तो फ़िराक़ के यहाँ ज़बान का शऊर ज़िन्दगी से ताल्लुक़ के पसे मंज़र में उभरता है। दूसरे यह कि फ़िराक़ अपनी हर बात इशारों में कहते हैं, तफ़्सील से बचते हैं। और ख़यालों को भी लोगों की तरह जीता-जागता, मुजस्सम और मुतहर्रिक देखने पर क़ादिर हैं। ज़हनी ज़िन्दगी से यह ढंग हमें फ़िराक़ के अहद के किसी दूसरे ग़ज़लगो के यहाँ नज़र नहीं आता।

इस सिलसिले में एक और हक़ीक़त जिसका तज्ज़िया ज़रूरी है, यह है कि फ़िराक़ की हिस्सियत को तश्कील देने में अदब की तीन रिवायतों का अमल दख़ल तक़रीबन यक्साँ[5] रहा है। एक तो हिन्द-ईरानी रिवायत जिससे फ़िराक़ का तार्रुफ़ फ़ारसी ग़ज़ल के अलावा १८वीं और १९वीं सदी के उर्दू ग़ज़ल गोयों के वास्ते से हुआ। यह रिवायत फ़िराक़ की बसीरत के सियाक़ में एक तरह की तहज़ीबी याद्दाश्त का मर्तबा रखती थी। फिर मग़रिबी अदबियात की रिवायत थी जिससे फ़िराक़ ने सीधे तौर

---

१. नये सिरे से २. चूँकि ३. दूरी ४. विस्तृत ५. एक जैसा ६. आलोचना

पर इस्तिफ़ादा किया था और जिसका असर फ़िराक़ की तनक़ीद[६] और फ़िराक़ की शायरी दोनों पर देखा जा सकता है। अलबत्ता इस सिलसिले में एक ग़लतफ़हमी को दूर करना ज़रूरी है कि फ़िराक़ सिर्फ़ रूमानी तनक़ीद या शे'र के सिर्फ़ रूमानी तसव्वुर से मुनासिबत रखते थे। फ़िराक़ की शायरी और तनक़ीद कुछ भी साबित नहीं करती। बस हवास के कुछ रास्ते रौशन करती है और यह रास्ते हमें सिर्फ़ रूमानी तर्ज़े एहसास तक नहीं ले जाते। इन रास्तों की मदद से हम फ़िक्र के एक पूरे निज़ाम तक पहुँचते हैं जो ज़िन्दगी और शायरी दोनों का इहाता करता है। इसीलिए अस्करी ने यह बात कही थी कि फ़िराक़ की तनक़ीद अदब की तनक़ीद है। तनक़ीद की तनक़ीद नहीं है। और यह तनक़ीद हमारे लिए अदब की रूह के साथ-साथ अपनी शख़्सियत और अपनी इंसानियत को समझने का वसीला भी बन जाती है। फ़िराक़ की हिस्सियत में एक नयी इंसान दोस्ती और रौशन ख़याली के अनासिर इन्हीं वास्तों से शामिल हुए जिनका सरचश्मा पश्चिमी उदारतावाद को क़रार दिया जा सकता है। तीसरी रिवायत जिसने फ़िराक़ की हिस्सियत का एक साफ़ रुख़ तय करने में नुमायाँ हिस्सा लिया, क़दीम हिन्दुस्तानी तसव्वुरात और शेरियात की रिवायत है। फ़िराक़ साहब इंग्लिस्तान के सनाती इंक़लाब[१] और नयी टेक्नोलॉजी के आशिक़ों में थे और मशीन की दरियाफ़्त को तहज़ीब की तरक़्क़ी का नागुज़ीर[२] ज़रिया समझते थे, इस हद तक माज़ी परस्ती के रवैये को उन्होंने अपनी नस्र और नज़्म में एक मुस्तक़िल मौज़ू की हैसियत दी है और इस पर सख़्त एतिराज़ात किये हैं। मगर फ़िराक़ ने इसी जोश व ख़रोश के साथ अपने मिज़ाज और बसीरत की अर्ज़ी बुनियादों, उसके मकानी राब्तों, उसके देसीपन को महफ़ूज़ रखने पर भी ज़ोर दिया है। इस सिलसिले में यह ख़याल कि फ़िराक़ की शायरी में मक़ामी रंग, सिर्फ़ उनकी दो-तीन नज़्मों (कार्तिकी पूर्णिमा, दीवाली के दीप जले, हिंडोला, जुगनू) और रूप की रुबाइयों तक महदूद है, दुरुस्त नहीं है। फ़िराक़ ने ग़ज़ल के बहुत से शेरों में एक नयी ज़बान और नया मुहावरा रखने की कोशिश भी की है। बिहारी, तुलसीदास, सूरदास, कबीरदास के लहजे और तर्ज़े इज़हार के अलावा फ़ितरत और क़ायनात के मज़ाहिर की तरफ़ पुरातन संस्कृत शायरों के रवैये की गूँज भी फ़िराक़ की ग़ज़लों में देखी जा सकती है।

---

१. औद्योगिक क्रान्ति २. आवश्यक।

फ़िराक़ साहब को जितनी दिलचस्पी तसव्वुरात से और अपनी ज़हनी ज़िन्दगी से थी उससे कम दिलचस्पी इंसानों और चीज़ों से नहीं थी। मौसमों, मंज़रों, मौजूदात के बयान में फ़िराक़ का इन्हिमाक[१] फ़ितरत से उनकी मुकम्मल हमआहंगी[२] का पता देता है। फ़ितरत में ख़ुद को गुम कर देना उनके नज़दीक एक नयी और फैली हुई इंसानी सतह पर ख़ुद को पा लेने के बराबर है। यह शायरी एक साफ़ इंसानी मौक़िफ़[३] की शायरी है। और बक़ौल नियाज़ फ़िराक़ शे'र नहीं कहते, ज़िन्दगी और मुहब्बत और फ़ितरत के नुक़्तों पर तब्सिरा[४] करते हैं। चुनाँचे फ़िराक़ की हिस्सियत को समझने के लिए सिर्फ़ जमालियाती क़द्रों के अन्दर रहकर उनके क़द्रो-क़ीमत का हिसाब करना सही नहीं होगा। फ़िराक़ की हिस्सियत ने उर्दू ग़ज़ल की रिवायत में कई ऐसे अनासिर का इज़ाफ़ा किया है जो अपने आप को, अपने ज़माने को और अपनी दुनिया को परखने और पहचानने में हमारी मदद करते हैं।

---

१. तल्लीनता २. अनुरूपता ३. स्थान ४. आलोचना

अमीक़ हनफ़ी
शब गश्त का शायर

मध्य प्रदेश में इन्दौर से लगभग चौदह मील के फ़ासले पर, विन्ध्याचल की भूरी और मटमैली पहाड़ियों के दामन में एक बस्ती है महू छावनी। अँग्रेज़ी अहद में इस इलाक़े का नक़्शा ही कुछ और था। किसी ज़माने में यहाँ सर विंस्टन चर्चिल भी आकर रहे थे। साफ़ और चमकदार सड़कें, रौनक़दार बाज़ार, फ़ौजियों की बैरकें और अफ़सरों के लिए लम्बे बारामदों, बड़े कमरों और मोटी देव-हैकल[1] दीवारों के बँगले, चारों तरफ़ से हरे-भरे सायादार दरख़्तों और घास के मैदानों में घिरे हुए। कुछ ही दूर पर पाताल पानी का झरना। इसी छावनी के एक हिस्से में मध्यम और निचले तबक़े के मुसलमानों और हिन्दुओं के मकानों से लबालब गलियाँ हैं। कहा जाता है कि मालवा की सरज़मीन के किसी हिस्से को ज़रा सा खोदकर बीज डाल दिए जाएँ तो देखते-देखते हरे पौधे उग आते हैं। यहाँ फ़ितरत मुख़य्यर[2] है और इंसान बेहद काहिल कि फ़ितरत की सख़ावत[3] में इनकी सिमटी-सिमटायी ज़िन्दगी के निकम्मेपन का जवाज़[4] मौजूद है। चूँकि इस इलाक़े में बारिश ख़ूब होती है, और पूरा पठार बाहरी मैदानों के मुक़ाबले में ख़ासी बुलन्दी पर आबाद है, इसलिए यहाँ मौसम बहुत ख़ुशगवार होता है। गर्मी के महीनों में भी फ़िज़ा भीगी-भीगी सी नज़र आती है। शायद इसी वजह से यहाँ शोख़, भड़कीले कपड़ों और मोटे-मोटे भद्दे चाँदी के गहनों का रिवाज़ आम है। मेले-ठेले, रस्में, भ्रान्तियों, रिवायतों का चलन यहाँ बहुत ज़्यादा है। फ़ौज का मर्कज़ और ऐसी ठेठ हिन्दी फ़िज़ा। फिर ज़रा ही फ़ासले पर मिलों, कारख़ानों, व्यापारियों और स्मगलरों का शहर इन्दौर है। एक भौगोलिक अहाते में ऐसे समाजी ज़िदें[5] देखने में

---

१. विशाल २. देने वाली ३. दानशीलता ४. औचित्य ५. विपरीत।

कम आती हैं। अमीक़ हनफ़ी का वतन यही महू छावनी है।

कुदरत और उद्योग या नये शहर और सदियों पुरानी तहज़ीबी फ़िज़ा के दरमियान एक ज़माने से जो कशमकश जारी है, उसका निहायत मानीख़ेज़[१] इस्तआरा[२] अमीक़ हनफ़ी का वतन है। शहर और देहात, शाइस्तगी[३] और खुरदरापन। अजब तज़ादात[४] हैं। १९५८ में जब इनका संग्रह 'संगे पैराहन' छपा तो इसके आवरण पर मुन्तज़िरात[५] की फ़ेहरिस्त में इन्होंने कई किताबों के नाम दिये। इनमें से ज़्यादातर की मानवी[६] सतह पर इनके वतन का अक्स फैला हुआ था। लेकिन किसी दूसरी किताब से पहले 'सिन्दबाद' की लम्बी नज़्म सामने आ गयी। दो ज़िदों के टकराव में एक को राह से हटाना ही पड़ता है।

देखने में बात छोटी सी है। लेकिन अमीक़ हनफ़ी के अदबी मिज़ाज, इनके शेरी रवैये के इर्तिक़ा[७] और तग़य्युर पिज़ीर[८] अन्दाज़े नज़र को देखा जाये तो यही बात बहुत अहम मालूम होती है। अमीक़ हनफ़ी ने शायरी एक चुनौती के जवाब के तौर पर की। महू में छोटी-मोटी बैठकें होती थीं जहाँ नज़ारों के साहिल पर तमाशा देखने वाले शौक़ीन शायर मिलते थे। इनकी शायरी के मश्ग़ले और मसले और मरहले[९] जिल्द, गोश्त, इंकिशाफ़ जिस्म[१०], दामन, बन्दे क़बा[११], अँगिया, दुपट्टे, पाँयचे ना रहे हों, तो भी सतह वही थी। हो सकता है यहाँ शायरी की ज़बान में गुफ़्तगू किसी क़द्र मुबाल्गे का शिकार हो गई हो, लेकिन इसमें ज़िम्नी[१२] सदाक़त[१३] तो होगी ही। इन मौज़ूआत के लफ़्ज़ी पैकरों[१४] का स्तर वही है। रदीफ़ो काफ़िया, शायराना इल्लतें[१५], लफ़्ज़ी और मानवी मुनासिबतें और तिब्बी नुस्खों की तरह सीना-बा-सीना मुन्तक़िल होती हुई तश्बियें[१६] और अलामतें[१७] ख़ास तौर पर देखी जाती थीं। शायरी के इस महकमा-ए-रिफ़ाहे आम्मा[१८] में एक तेज़ मिज़ाज और हस्सास[१९] नौजवान के लिए क्या जगह हो सकती थी? नतीजा यह हुआ कि अमीक़ हनफ़ी ने अपने शेरी माहौल की चुनौती क़ुबूल कर ली और दबे-कुचले रास्तों से बचने की ख़ातिर अपना सफ़र, ख़ारिज की दुनिया के बजाय अपनी ज़ात[२०] के रुख़ पर शुरू कर दिया।

---

१. सार्थक २. रूपक ३. उरदगी ४. विरोधाभास ५. आगामी/जिनका इन्तिज़ार हो ६. अर्थपूर्ण ७. प्रगति ८. बदलाव पसन्द करने वाला ९. मंज़िल १०. अंग प्रदर्शन ११. चोली की डोर १२. गौण १३. सच्चाई १४. शक्ल-सूरत/आकृति १५. बुरी लत १६. उपमा १७. पहचान/लक्षण १८. जनहित का विभाग १९. संवेदनशील २०. शख़्सियत

जब तक यह चारदीवारी महदूद रही, उनकी फ़िक्र की बस्ती में मज़ाहिर[१] फ़ितरत की उलूही[२] अज़मतें, रूमान के रंग और बेहद आम और बेलिबास समाजी हक़ीक़तों से आरास्ता[३] पैकर आबाद रहे। यह दुनिया भी गिर्दो पेश से बिल्कुल मुख़्तलिफ़ नहीं थी, लेकिन बरगश्ता[४] और मुंफ़रिद[५] फ़न्नी मेयार ने मन व तो[६] के दरमियान एक हदे इम्तियाज़ ज़रूर क़ायम कर दी थी। जहाँ तक मुझे याद आ रहा है, 'संगे पैराहन' में यह शे'र भी शामिल है :

हज़ार फूल खिलाती फिरे बहार तो क्या
किसी के बन्दे क़बा टूटने लगे तब है

नज़रिये तब्दील करना इतना आसान नहीं है जैसे क़मीस उतारकर बुश-शर्ट पहन लेना। किताबों में लिखा हुआ है कि हज़रत उमर ने बहन को कलाम पाक की तिलावत[७] करते हुए सुना और उनकी माहियते-कल्ब[८] बस एक पल में तब्दील हो गयी। मज़हबी अक़ीदे की हद तक तब्दीली या इंक़लाब का यह अन्दाज़ हैरतअंगेज़ नहीं और इस दायरे में वे नज़रिये भी आ जाते हैं जिन्हें फ़िक्री गुलू[९] की वजह से बेलचक अक़ीदे के हिसार में बन्द कर दिया हो। आम इंसानों की बात अलग है लेकिन ऋषियों, वलियों, पैग़म्बरों और मज़ाहिब की कुछ दूसरी चुनी हुई शख़्सीयतों की सरिश्त[१०] हिस्सी और विज्दानी[११] सतह पर इतनी मुख़्तलिफ़ होती है कि इनके किरदारों की बुलन्दी और शिकवे पर अक़ीदा ग़ालिब नहीं आता, बल्कि उनके बातिन[१२] का नागुज़ीर[१३] हिस्सा बन जाता है। इस तरह उनकी शख़्सियत के भेद, तिलिस्म, सोज़[१४] और जलाल[१५] के रंग और गहरे हो जाते हैं और वो माद्दी[१६] जज़ीरों के बजाय उलूही फ़िज़ा में साँस लेते हुए दिखायी देते हैं। इस ज़मीन के असल बाशिन्दे जो हवास और अनासिर[१७] के ज़रिये बदलते हुए रंगों की फ़सल में ज़माने की तकलीफ़ झेलते हैं, उनका मसला बिल्कुल अलग है। उन्हें इस अज़ीमुश्शान[१८] तिलिस्म की ढाल मयस्सर नहीं जो अक़ीदे पर अक्ल की हर चोट को वापिस लौटा सके। लेकिन मामूली ज़हनी बिसात रखने वाले लोग अक़ीदे से अपनी ज़ात की नयी बनावट या नशअते सानिया[१९] का काम नहीं लेते बल्कि इसके तवील और

---

१. प्रत्यक्ष वस्तु २. दिव्य ३. सुसज्जित ४. प्रतिकूल ५. बेजोड़ ६. मैं और तू ७. क़ुरान पढ़ना ८. दिल की हालत ९. ऐसी अत्युक्ति जो ना अक्ल के अनुसार ठीक हो ना प्राकृतिक हो १०. स्वभाव ११. अन्तर्ज्ञान १२. मन १३. जिससे बचा ना जाये १४. जलन/तपिश १५. प्रताप १६. भौतिक १७. तत्त्व १८. महान १९. पुनर्जीवन

मसहूर[1] कुन सायों में अपने आप को गुम कर देते हैं और ज़िन्दगी भर इस ख़ूबसूरत फ़रेब में फँसे हुए रहते हैं कि कभी तो वह अपनी शिकस्त और बन्दगी का सिला पा जायेंगे।'' इसीलिए मैं अब तक अपने अन्दर इस फ़ल्सफ़ियाना हक़ीक़ियत से इंकार की जुर्रत नहीं पाता कि सतही और मुतवस्सित[2] ज़हन रखने वालों के मिज़ाज में ही मज़हब को मर्कज़ी हैसियत हासिल हो सकती है। ब-सूरते-दीगर[3] सरूर साहब का यह कौल मुझे एक मज़बूत हक़ीक़त मालूम होता है कि बग़ैर सोचे-समझे अक़ीदे के मुक़ाबले में सोची-समझी बेइत्मिनानी ज़्यादा बड़ी चीज़ होती है।

हमारा मसला ख़ुद को खोना नहीं बल्कि अपनी तलाश है। तलाश के इस सफ़र में क़ायनात की हज़ार रंग मंज़िलों को पार करना शर्त है। किसी भी अक़ीदे या नज़रिये की ग़ुलामी पहले ही क़दम के साथ हमें हमसे छीन लेती है। यह सूरतेहाल हमारे लिए क़ाबिले क़ुबूल नहीं। वे हज़रात जो नये शायरों के मज्मूई अदबी रोल को मुश्तबह[4] और किसी दूर-रस सियासी या तहज़ीबी साज़िश से जुड़ा हुआ क़रार देते हैं, इस पेचीदा मसले पर बहुत सादगी के साथ यह तब्सिरा[5] करते हैं कि अपनी ज़ात से ग़ैर-मशरूत[6] ताल्लुक़ और वफ़ादारी का रवैया भी एक अक़ीदा है, पस[7] उनका यह तर्ज़े अमल[8] ख़ुद इनके नज़रिये की नफ़ी करता है। मुझे किसी भी अक़ीदे से मतभेद के बावजूद उसका मज़ाक़ उड़ाना पसन्द नहीं। इसलिए यहाँ मैं ऐसे एतिराज़ करने वालों को बहस में नहीं लाना चाहता। लेकिन यह अर्ज़ करने को जी चाहता है कि जब चारों तरफ़ धूप का सेहरा बिछा हुआ हो उस वक़्त अपने साये में क़ियाम[9] की जुस्तजू ना तो गुमराही है और ना किसी क़िस्म की सियासत। बेअक़ीदगी की इस मंज़िल तक नये शायर अक़ीदे की आज़माइशों से गुज़रने के बाद पहुँचे हैं। इस तरह इन्होंने फ़िक्री और फ़न्नी सतह पर वो शर्त भी पूरी कर ली है जिसकी तरफ़ पिकासो ने यह कहकर इशारा किया था कि माद्दी पैकर[10] की तजरीदी अक्कासी[11] से पहले उसकी मरई[12] तस्वीर खींचने की इस्तिदाद[13] ज़रूरी है।

अमीक़ हनफ़ी के शऊरी सफ़र में मंज़िलों की बदलती हुई बनावट की

---

१. जादुई असर करने वाली चीज़ २. मध्यम स्तर का ३. अन्यथा ४. संदिग्ध ५. टिप्पणी/आलोचना ६. जो किसी शर्त पर आधारित ना हो ७. आख़िरकार ८. काम करने का तरीक़ा ९. अस्थायी निवास १०. वास्तविक आकृति ११. निराकार/अमूर्त रूप देना १२. वास्तविक १३. क़ुव्वत

बुनियादें मन्तक़ी[१] हैं। इस मामले में इनका तजुर्बा इनके दूसरे हमअस्र और हमउम्र शायरों से अलग नहीं। यहाँ मुराद उन्हीं शायरों से है जिन्होंने तब्दीलियों को क़ुबूल करते हुए अपनी सरगर्मियाँ जारी रखी हैं और ज़हन की खिड़कियों को बन्द नहीं किया। चुनाँचे 'संगे पैराहन' की शायरी में ज़हनी और जज़्बाती इंसिलाक[२] और मेल-जोल के नतीजे में फ़िक्र का जो मलगोबा[३] नज़र आता है, 'सिन्दबाद' तक पहुँचते-पहुँचते उसमें एक बाक़ायदा मरबूत[४] और मुतअय्यन[५] निज़ामे फ़िक्र की शक्ल अख़्तियार कर ली। इनकी शायरी सलाहितों का सबसे ज़्यादा साफ़ और मुतनासिब[६] इज़हार लम्बी नज़्मों में हुआ है। 'सिन्दबाद', 'शहरज़ाद' और 'शब गश्त' से जो तजुर्बाती सदाक़तें नमूदार होती हैं उनकी बुनियादी मर्कज़ीयत ज़ात और क़ायनात के एक लम्बे, बड़े और दुश्वारगुज़ार[७] मुशाहदे[८] और तज्ज़िये[९] पर क़ायम है। इन नज़्मों में मौज़ू के पेचो-खम की तरह एहसास और असर की हदें भी दायरा-दर-दायरा फैली हुई हैं। लेकिन रद्दे अमल का मम्बा[१०] चूँकि कोई ख़ारिजी तसव्वुर नहीं बल्कि मुंफ़रिद बातिनी[११] वजूद है इसलिए सोच के एक तार ने इन दायरों को आपस में मज़बूत कर दिया है। अमीक़ हनफ़ी का तरीक़कार चूँकि तअक़्क़ुल[१२] और तज्ज़िये का परवर्दा[१३] है इसलिए इन नज़्मों में बिलवासिता[१४] तौर पर उनके तहज़ीबी और समाजी फ़ैसलों की रूदाद[१५] भी शामिल हो गई है और खालिस शेरी एहसास से नज़र, हटाकर, नयी तहज़ीब के अनासिरे तरक़ीबी[१६] का अज़ाब[१७], इनकी अन्दरूनी कश्मकश, इनके टकरावों से निकले हुए नतीज़ और असर के खाके भी मुरत्तब[१८] हो गये हैं। अब चन्द इक़्तबासात[१९] देखिये :

तख़्त-ओ-कुर्सी, मिम्बर-ओ-मसनद पे जो हैं जलवगर[२०]
तजुर्बा गाहों, दफ़ातिर, मण्डियों के राह पर
मंज़िल मक़्सूद उनकी और मैं महवे सफ़र[२१]
मंज़िलें भी सब इन्हीं की और इन्हीं की रहे गुज़र
और मैं ग़र्मे सफ़र

(सिन्दबाद)

---

१. तर्क संगत २. एक चीज़ का दूसरी चीज़ में प्रवेश करना ३. बहुत सी गीली चीज़ों का समाहार, ४. जुड़ी हुई ५. निश्चित ६. जिसमें हर चीज़ सही अनुपात में हो ७. जहाँ से गुज़रना कठिन हो ८. अनुभव ९. अलग-अलग करना १०. स्रोत ११. आन्तरिक १२. सोच-विचार १३.पाला हुआ १४. परोक्ष १५. वृत्तान्त १६. तत्त्वों का मिश्रण १७. तकलीफ़ १८. क्रमबद्ध किये हुए १९. उद्धरण २०. बनाव-शृंगार और ठाट-बाट से किसी स्थान पर उपस्थित २१. सफ़र में लीन

अपनी मंज़िल नहीं, अपना जादा[1] नहीं
और 'अपना' सफ़र का इरादा नहीं
फिर भी गर्मे सफ़र जा-ब-जा दर-ब-दर

(सिन्दबाद)

मैं एक बाब किसी और के फ़साने का
मैं एक पुर्जा हूँ दुनिया के कारख़ाने का

(सिन्दबाद)

कौन दायरों की दीवारें उठा रहा है
दीवारों को नचा रहा है
मर्कज़ मर्कज़ कहकर मुझको क्यूँ सदियों से बना रहा है

(सिन्दबाद)

इस भीड़ के मेले-ठेले में
आदमज़ादों के रेले में
क्या हुस्न-ओ-अदा, क्या इश्क़-ओ-हवस
क्या ख़्वाहिश-ओ-शौक़ और क्या हसरत
क्या शर्म-ओ-हया, जुरअत ग़ैरत
हर मंज़र भीड़ में डूब गया
मैं ख़ुद भी ख़ुद में डूब गया
तन्हा, तन्हा, तन्हा, तन्हा

(शहरज़ाद)

मैं अकेला दरमियाने बाम-ओ-दर[2] गर्दिश में हूँ
गुम्शुदा साये को अपनी हमनशीनी के लिए
ढूँढ़ता-फिरता हूँ इस गहरी अँधेरी रात में

(शब गश्त)

दायरे मेरी ग़ुलामी, दायरे मेरी निजात
दायरा ही मौत मेरी, दायरे बादल्समात
दायरा-दर-दायरा शुग़ल हयात

(शब गश्त)

सुबह मेरी भीड़ के गल्ले की सुबह
शाम मेरी, भीड़ के रेवड़ की शाम

---

१. पगडण्डी २. छत और दरवाज़ा

फ़ोर्स्ड लेबर कैम्प मेरा दिन
एक थकी, माँदी गशी सी नींद, मेरी रात
एक कैलेण्डर मेरा सन!

(शब गश्त)

रोल नम्बर, हाउस नम्बर, फ़ाइल नम्बर, मेरा नाम
काग़ज़ों का पेट भरना मेरा काम
सैकड़ों आकाओं के क़दमों में है मेरा मक़ाम
मैं ग़ुलाम!

(शब गश्त)

इन इक़्तबासात को पढ़ने के बाद सबसे पहले जब्र[१] और अख़्तियार[२] का मसला सामने आता है। यह मसला ना तो हमारी ज़िन्दगी के लिए नया है और ना शायरी में। लेकिन रवैये का फ़र्क़ बहुत साफ़ है। पुराने लोगों के यहाँ मशीयत[३], फ़ितरत और तक़दीर और आसमान इस जब्र के सरचश्मे थे। हमारे लिए यह मसला ज़मीनी है और इसका सरचश्मा एक मुहमल[४] समाजी निज़ाम, बेरूह लेकिन मुक़्तदिर[५] सियासी ताक़त और इस्तेहसाल[६] की लज़्ज़त में डूबा हुआ तहज़ीबी तसव्वुर है। 'सिन्दबाद', 'शहरज़ाद' और 'शब गश्त' में अमीक़ हनफ़ी ने सिर्फ़ माद्दी और ज़मीनी हक़ीक़तों का तज्ज़िया बराहे रास्त और मुनज़बित तौर पर किया है। यहाँ ना तो लफ़्ज़ी पैकर साज़ी की गई है और ना हवास पर आसमान की तरह फ़ैले हुए मसलों और उलझनों की अलामती[७] तश्कील[८] का अमल अख़्तियार किया गया है। देखने में यह तरीक़ा *मैकेनिकी* है और पैराया-ए-इज़हार[९] बड़ी हद तक नस्री। लेकिन एक दाख़िली बहाव उसे नस्र से अलग करती है और यह लहर हैजान[१०] और इज़्तिराब[११] की वो शिद्दत या दरिश्त और बरगश्ता[१२] एहसास का वो इज़्मेहलाल[१३] है जो मसले की सादगी को नफ़्सियाती[१४] पेचीदगियों में उलझा देता है। अमीक़ हनफ़ी की शायरी में यही रवैया अहम हैसियत रखता है।

अरसा हुआ, 'सौग़ात' के जदीद नज़्म नम्बर में डॉक्टर मुहम्मद हसन ने कुछ इस तरह की बात लिखी थी कि अमीक़ हनफ़ी की शायरी में

---

१. अन्याय २. हक़, ३. भाग्य ४. अर्थहीन ५. सत्तावान ६. प्राप्ति ७. प्रतीकात्मक, ८. बनावट
९. इज़हार का ढंग १०. बेचैनी/शोर ११. व्याकुलता/बेताबी १२. प्रतिकूल १३. शिथिलता
१४. मनोवैज्ञानिक

अर्ज़ियत[४] उनके हमअस्रों के मुक़ाबले में ज़्यादा है। मेरे ख़याल में थोड़े-बहुत का यह हिसाब इसलिए मुनासिब नहीं कि हर तरह की शायरी बहरहाल अर्ज़ी सदाकतों के बत्न[५] से जन्म लेती है और उसे मुख़्तलिफ़ निज़ाम, मिज़ाज और सआत अता करने में शायर की अपनी क़ुव्वत और फ़न्नी बर्ताव का बहुत बड़ा हाथ होता है। अमीक़ हनफ़ी का तरीक़ा यह है कि वे अरज़ी, माद्दी और जानकार हक़ीक़तों के शऊरी रद्दे अमल की तजरीद के बजाय उसकी तजसीम करते हैं। उनके शेरी किरदार की दरिश्तगी, खुरदरापन और ताक़तें एहसास की तहलील[६] या तज़्किये[७] के निस्बतन[८] धीमे पुरसुकून और आहिस्ता रद्दे अमल की मुतहम्मिल[९] नहीं हो सकती। वे भेद से ज़्यादा इंकिशाफ़ के, इशारे से ज़्यादा तफ़्सील के और हिस से ज़्यादा इदराक के शायर हैं। इनके यहाँ जज़्बे की तेज़ी या एहसास की शिद्दत हमेशा एक शऊरी तजुर्बे का नतीजा होती है और दिल की धुँधली और गुबार आलूद[१०] और भेद भरी फ़िज़ा तक पहुँचने के लिए ख़याल को दश्त[११]-ए-फ़िक्र की सुऊबतों[१२] से गुज़रना पड़ता है। इसलिए इनकी नज़्मों में अलामतें ख़ुद रौ नहीं होतीं बल्कि एक तख़्लीक़ी जद्दोजहद का हासिल होती हैं।

ख़ून जिगर की आमेज़िश से ज़हर है आबे हयात
आबे हयात की बूँदें हैं यह मेरे कड़वे बोल
तारीख़ों का बीज छुपाये है हर छोटी बात

(तारुफ़)

तारीख़ ने ज़माने की खेती में जो बीज डाले थे, उस तक अमीक़ हनफ़ी की पहुँच अपने मुताले[१३] से हुई है। इस बीज से जो फ़सल तैयार होकर आज हमारे सामने आयी है वह मुशाहिदे[१४] का मर्कज़ है। यह दोनों अमल ज़हनी रियाज़त के तालिब हैं। अमीक़ हनफ़ी की ज़हानत सरकश और बेअख़्तियार है और इनकी संजीदगी बेहद पुरसोज़, चुनाँचे इन्होंने जिस तरह वक़्त के सहीफ़ों को पढ़ा है और बदलती हुई ऋतुओं के मंज़र देखे हैं, उसका सिला तकलीफ़ और मलाल के सिवा कुछ भी नहीं और इसकी शिद्दत आसाब शिकन है। इसीलिए इनकी शायरी में वापिसी की ख़्वाहिश का इज़हार बार-बार हुआ है और भटकी हुई राहों और गुमशुदा सिम्तों से

४. ज़मीन से जुड़ाव ५. गर्भ ६. घुलना ७. सफ़ाई ८. अपेक्षाकृत ९. सहनशील १०. धूल धूसरित ११. जंगल १२. तकलीफ़, १३. अध्ययन १४. शौक़

निकलकर आग़ाज़े-सफ़र की मंज़िल तक शिकस्ता और वामांदा[१] लौट जाने की आरज़ू बराबर कचूके लगाती रहती है। यह तर्ज़-ए-फ़िक्र एक तरफ़ तो महू छावनी की इस पुरकैफ़, हरी-भरी और पुरसकूत भौगोलिक और क़ुदरती फ़िज़ा से रिश्ता जोड़ती है जिसे छोड़कर इन्होंने बेतहाशा तेज़ रौ शहरी ज़िन्दगी के दायरे में क़दम रखा था। दूसरी तरफ़ इसका सिरा उस जज़्बे से मिल जाता है जो जुस्तजू और सफ़र की बेमानवियत, लाहासिली और थका देने वाली बेक़ैफ़ी या माद्दी कमाल के बेज़ायका अतियात[२] से उभरकर इंसानी तारीख़ के मुख़्तलिफ़ ज़मानों में जानदार और तवाना बहीमियत[३] की ज़िन्दगी को फिर से पा लेने की हवस के रूप में बराबर नुमायाँ होता रहा है। 'पत्थरों की आत्मा', 'तज़्दीद', 'जंगल—एक हश्त पहलू तस्वीर', इन तमाम नज़्मों की धुरी यही अन्दाज़े नज़र है, गरचा इसका मक़्सूद और मुंतिहा एक-दूसरे से मुख़्तलिफ़ है। इस ख़याल की वज़ाहत से पहले यह इक़्तबासात देखिये :

घर बने, बिगड़े, बसे, उजड़े मगर हर दौर में
एक यह जंगल ही ऐसा है कि ज्यों का त्यों रहा
आओ चलकर झाड़ियों के झुण्ड में सो जायें हम
फिर से पाने के लिए एक दूजे में खो जायें हम

(तज्दीद)

शहर के आरे चलाते, बेसुरे, बदरंग शोर-ओ-गुल से दूर, पाक रंगों का सनम आबाद
पाक अवाज़ों का एक गन्धर्व लोक
शहरवालों में जंगल है जिसका नाम
सुबह जिसकी एक अर्ज़ंग[४]
एक एल्बम जिसकी शाम

(जंगल : एक हश्त पहलू तस्वीर)

तुम जज़ीरे ग़र्क़ हो सैल[५] हवा में ता बगर्दन ग़र्क़
जब भी कोई मौज धक्का मारती है तब उछल जाते हो तुम
चन्द लम्हों के लिए संसार सागर से उभर आते हो तुम
और फिर वापिस उसी तल में उतर जाते हो तुम

(पत्थरों की आत्मा)

---

१. लाचार २. तोहफ़ा ३. सुखों की, आसक्ति ४. एल्बम ५. सैलाब

हम भी आये थे कभी शहरों की किचकिच से निकल कर
हम भी सब अन्दर से तन्हा थे, जज़ीरे थे, दुखी थे, जैसे तुम हो
बेदर-ओ-दीवार, बेछत और बेपर्दा मकान की वुसातों में
शौक़ का कासा[१] लिये, हम भी चले आये थे सदियों क़ब्ल[२]
पत्थरों के इन शरीरों के हमीं थे आत्मा
ये गुफ़ायें यह बदन, हमने तराशे थे चट्टानों से ख़ुद अपने वास्ते
लौट जाने के लिए आये ना थे

(पत्थरों की आत्मा)

अज़ सरे नौ[३] जिसमें पढ़ता अब्जद[४]-ए-इनसानियत
काश मिल जाता कहीं ऐसा कोई मकतब[५] मुझे

हिन्दुस्तान के दिगम्बर कवियों, भूखी पीढ़ी वालों और अमरीकी दर्वेश एलन गिंज़बर्ग के क़बीले का मत्महे नज़र[६] भी यही है। अठारहवीं सदी के आख़िर में इंक़लाब-ए-फ्रांस के ज़हनी उफ़ुक़[७] पर भी रूसो ने इसी रुझान के नुक़ूश ढूँढ़े थे। श्री अरविन्दो का ख़याल था कि तहज़ीबी इर्तिक़ा की सिम्त और रफ़्तार का मक़्सूद ही अपने नुक़्तए आग़ाज़ की बाज़याफ़्त[८] है। और हिन्दी, बंगाली और मराठी के शायरों के यहाँ इसी ख़याल की तज्दीद मिलती है। इनमें किसी ने जज़्बाती इश्तिआल[९] और हैजान की कियादत[१०] में हुसूले लज़्ज़त[११] और उसकी आसूदगी[१२] को अपना मेयार बनाया। किसी ने मुरव्विजा[१३], फ़िक्री और अख़लाक़ी जाबितों[१४] की फ़सील में घुटन महसूस की। किसी ने फ्रांस के अय्याश और फ़िजूलख़र्च हुक्मरानों के जब्र और इस्तेहसाल[१५] से तंग आकर दूर उफ़तादा माज़ी[१६] की बाज़दीद[१७] का अलम बुलन्द किया और ज़ात के एहतसाब[१८] की रूहानी वर्ज़िश और बातिनी वजूद के मुताले का नतीजा आख़िरकार हयाते माद्दी के दायरे की तक्मील को क़रार दिया। इनमें अक्सर ज़ाविये बहीमाना[१९] और कवी-उल-असर जज़्बाती लहरों या बेहिस, बेरंग और थका देने वाली ज़िन्दगी

---

१. प्याला २. सदियों पहले ३. नये सिरे से ४. वर्णमाला, अरबी अक्षरों का वह क्रम जिसमें हर अक्षर का मूल्य एक से हज़ार तक, क्रमशः दिया जाता है। इनकी सहायता से लोगों के मरने और पैदा होने का साल निकाला जाता है। और कुछ लोग अपने बच्चों के नाम भी इसी हिसाब से रखते हैं जिससे उनके जन्म का वर्ष मालूम हो जाता है। ५. प्रारम्भिक पाठशाला ६. मक़्सद ७. क्षितिज ८. फिर पाया हुआ ९. भड़काना १०. रहनुमाई ११. आनन्द-प्राप्ति १२. तृप्ति १३. चलन में १४. नियम १५. शोषण १६. बहुत मुसीबतज़दा अतीत १७. जवाबी मुलाक़ात १८. हिसाब करना १९. वहशियाना

के परवर्दा हैं। और इनमें से किसी की बुनियाद तारीख़ के नागुज़ीर ज़हनी और माद्दी इर्तिक़ा की मंतिक़ पर क़ायम नहीं। लेकिन मुसीबत यह है कि वक़्त का पहिया उल्टी सिम्त में तो कभी ना घूम सकेगा और अक़्ली तौर पर अब इस नज़रिये का जवाज़ मुहैया करना दुश्वार है कि तहज़ीबी लहरें सीधी राह चलने के बजाय दायरों की शक्ल में सफ़र करती हुई आख़िरकार अपने नक़्शे अव्वल में फिर से मुदग़म[१] हो जाती हैं। किसी सियासी या तहज़ीबी जुनून के नतीजे में हमारी दुनिया रेज़ा-रेज़ा होकर बिल्कुल बिखर जाये तो बात और है। लेकिन अब यह अंदेसे रफ़्ता-रफ़्ता ग़ायब होते जा रहे हैं। क्यूँकि तबाही का ख़ौफ़ तबाही के रास्ते की दीवार बनता जा रहा है। इस सिलसिले में अमीक़ हनफ़ी का रवैया फ़रार का नहीं बल्कि सिलसिला-ए-रोज़-ओ-शब की फ़िक्री, माद्दी, सियासी, जिंसी[२], हिस्सीयाती घुटन से आज़ादी का है, और यह आज़ादी ऐसी नहीं जिसका हुसूल तारीख़ और तहज़ीब की क़ाबिले क़ुबूल पाबन्दियों के साथ मुम्किन नहीं हो। वे इस तमाशे की आग को ठण्डा करना चाहते हैं। इस वार को रोकने के लिए उन्हें सिपर की तलाश है और इस तलाश का रुख़ थके-थकाये नज़रियों और पुरफ़रेब अकीदों की तरफ़ नहीं बल्कि अपने अफ़्रीकी ज़ात की तरफ़ है। इनके यहाँ मुराजअत की ख़्वाहिश माद्दी नहीं फ़िक्री है और तहज़ीब की पहली मंज़िल की तरफ़ लौट जाने का ख़याल इस हक़ीक़त का हामिल कि ज़हन को बनावटी, ग़ैरफ़ितरी और नाख़ुशगवार पाबन्दियों के जब्र से आज़ाद होना चाहिए। यह पाबन्दियाँ ऐसे मसलों में ढल चुकी हैं कि कारे नशात बेलज़्ज़त हो गया है और लहू को जमा देने वाले अन्देसे हर असासे मसर्रत के हरीफ़ बन गये हैं। ऐसी सूरत में जंगल का बहीमाना तसव्वुरे हयात, आज़ाद और बेमहार तहज़ीबी नज़रिया और एक ऐसा मुआशरा जहाँ इंसानी रिश्तों पर मस्लहतों का अज़ाब ना हो, जहाँ मसर्रत अपने अंजाम के ख़ौफ़ से मशीन की तरह बेजान और बेरूह ना हो गयी हो, यह सब के सब एक अलामती हैसियत रखते हैं और इनके बराहे रास्त इज़हार अलमियाती एहसास की शिद्दत और वुफ़ूर[३] का नतीजा है। हालात की युरुश[४] ने शऊर को इस दर्जा पस्पा कर दिया है कि जुस्तजू और तलाश की बेक़रार रौ तूफ़ानी बन गई है। इस रौ में शोर और हंगामा है। सरकशी और बग़ावत है और बेलिबास हक़ीक़तों से सरमंदगी की वजह से ऐसा बेकरां[५]

---

१. समन्वित २. कामुक ३. बाहुल्य ४. हमला ५. असीम

और लाज़वाल[1] दर्द की यह बजाय ख़ुद अज़ाब बन गई है।

अमीक़ हनफ़ी की कई नज़्मों, तशन्नुज[2] नज़्म ३-११-६६ तारुफ़ नीम ख़ाली एहसास की नज़्म और शोले की शिनाख़्त में हड्डियों को पिघला देने वाली उदासी और निज़ामे आसाब[3] को अस्त-व्यस्त कर देने वाली बेचैनी की जो फ़िज़ा मिलती है, उसके ताने-बाने इसी फ़ल्सफ़ियाना मंतिक़[4] से तैयार हुए हैं। चन्द मिसालें देखिये :

किसलिए मुझको परेशाँ कर रहे हैं ख़्वाब मेरे
नींद के ज़ख़्मी कफ़-ए-पा[5] से टपकता है ख़ुद अपना ही लहू
ख़्वाब में फ़ूलों से आती है ख़ुद अपने ख़ूँ की बू
बेअमल हूँ (ख़्वाब हूँ) फिर भी जारी (एक बेनाम-ओ-निशाँ-सी) जुस्तजू
दर्मियाँ से इस ज़मीं को चीरता जाता है चाक-ए-इर्तिक़ा[6]
मौत आकर खटखटाती रहती है दर आँख का

(तशन्नुज)

उफ़ यह एहसासे गिराँ
कुछ ना होने का यह एहसासे गिराँ
तीरगी और जमूद, और सकूत
दम बाख़ुद मौज़े हवा
ठहरे पानी की यह मैली चादर
उफ़ यह पथरायी फ़िज़ा
एक तस्वीर तमाशा है, तमाशाई है तब

(मदावा)

आरज़ू-ए-दीद के शोलों में तुम जलते रहे
दीद के शोलों में हम लिपटे हुए हैं
तुम परायी आग में जलते रहे
और हम जलते हैं अपनी आग में

(तुम और हम)

आसाब के जानलेवा तनाव, तशन्नुज और पत्थरों की तरह सिर पर बरसती हुई उदासी और बेदिली से जो फ़िज़ा अमीक़ हनफ़ी की बहुत सी नज़्मों में तैयार हुई है, उसका सरचश्मा नयी मशीनी, मैकेनिकी २-२ चार की

---

१. अनश्वर २. अकड़न ३. तन्त्रिका तन्त्र ४. तर्क ५. तलुआ ६. प्रगति का पहिया

माद्दी और शर्मनाक हद तक बेग़ैरत सियासी तहज़ीब का वो जहन्नुम है जिसने हुस्न और ख़ुशी की हर क़द्र के सिर पर शोलों की चादर तान दी है और कुछ शख़्सी महरूमियाँ भी हैं जहाँ कहीं जाती महरूमियों और नामुरादियों का ताक़तवर एहसास आया है, एक धीमी उदास और मतरन्नुम लय में इनके निजी रद्दे अमल ने इज़हार के रास्ते तलाश किये हैं। शाम के उदास और सरनिगूँ[१] मंज़र का अकेलापन, जुदाई और सन्नाटे के एहसास को गहरा कर देता है। यह मंज़र कई नज़्मों के कैनवस पर उभरा है। इनमें किसी शऊरी तजुर्बे के बजाय चूँकि हिस्सी कैफ़ियतों ने राह पायी है इसलिए भेद और इशारों और भीतरी रहस्यों का हुस्न इनमें नाज़ुक फ़न्नी बरताव के साथ नुमायाँ हुआ है। इन नज़्मों को पढ़ते या सुनते वक़्त समझने से ज़्यादा महसूस करने का तजुर्बा होता है। इनमें इंफ़रादियत की आँच बहुत तेज़ है और एक पेचदार तहातुलर्ज़ नग़माती लय उबलती हुई महसूस होती है। इस नग़मे में तरतीब के बजाय इन्तिशार[२] की मासूमियत और शिकस्त की झंकार है, इसीलिए इसका असर ज़्यादा दूर-रस और गम्भीर है। और पढ़ने या सुनने वाले को एक ऐसे हिस्सियाती तजुर्बे में शिरकत की दावत देता है जो उसे मसहूर[३] तो करता है लेकिन डराता नहीं है। इसके सामने, वो नज़्में जहाँ असरी तहज़ीब के गदलेपन, इसकी सतहियत और फ़िक्री इफ़्लास[४] या मुख़्तलिफ़ अक़ीदों और नज़रियों के खोखलेपन और रोज़-ओ-शब की जुस्तजू के फ़रेब ने अमीक़ हनफ़ी के शऊर को सवालों की हस्रगाह तक पहुँचाया है। वहाँ इनका रद्दे अमल एक झुँझलाए हुए, ग़ुस्सावर और सरकश मंतिक़ी का है। इस मक़ाम पर भी उनका अल्मियाती एहसास उतना ही लाज़वाल और हजीम[५] है लेकिन उसका इज़हार 'औप आर्ट' की तरह झपटते हुए, पुरशोर, ग़ैरमुतवक़्क़ो और हैजांख़ेज़ रंगों की सूरत में उमड़ने लगता है। फ़िक्री बलूगत और तअस्सुर की शिद्दत इस वक़्त किसी भेद को भेद नहीं रहने देती। यह भी है कि जब हक़ाएक़ के जिस्म पर एक तार ना हो। दिमाग़ अज़्ली और अब्दी[६] बेदारी के अज़ाब से सरासीमा और परागंदा हो और उफ़ुक़ ता उफ़ुक़ सूरज की तरह आँखों को ख़ेज़ा कर देने वाले मसलों की क़तार लगी हुई हो, उस वक़्त छुपने और छुपाने का होश भी कैसे बाक़ी रह सकता है?

---

१. सर झुकाए हुए २. तितर-बितर होना ३. मन्त्र-मुग्ध ४. कंगाली ५. जो बहुत को हजम कर ले ६. सर्वकालिक

अमीक़ हनफ़ी ख़ुशनसीब हैं कि एक इज्तिराबे मुसल्सल ने उन्हें आसूदगी मिज़ाज के उस मक़ाम से हमेशा दूर रखा जो एक ही कैफ़ियत के तवातुर[१] और तजुर्बे की तकरार से रफ़्ता-रफ़्ता शेरी सलाहियत को जंग आलूद कर देता है। उनकी फ़ेल[२] और मुतहर्रिक[३] होशमंदी एक रंगा-रंग मौज़ूआती फ़िज़ा की तख़्लीक़ करती है। उनका चुभता हुआ शदीद एहसास फ़िक्र की सतह को हमेशा कुरेदता हुआ नयी ज़मीनों की जुस्तजू करता है। उनकी तबीयत की तेज़ी और रवैये की क़तीअत[४] उनके नतीजे फ़िक्रों को रौशन और मर्कूज़ मानवियत अता करती है। फ़ितरत और मशीन, क़दीम और जदीद या जज़्बाती तज़ादात का क़िस्सा, इसका दाख़िली उतार-चढ़ाव और कश्मकश का एहसास उनकी दास्तान को हरकत और हरारत से हमकिनार करता है। एक तरफ़ प्लास्टिक और काँच की तहज़ीब है, दूसरी तरफ़ खजुराहो के बुत और बाघ की गुफ़ाएँ हैं। हाल की बरहना[५] सदाक़तें हैं और माज़ी का पेचीदा तिलिस्म, शहर की पुरशोर और मसरूफ़ रातें हैं और विन्ध्याचल के दामन में बसी हुई आबादी का पुरअज़मत और दिलावेज़ सुकूत है, मग़रिब की सनाती फ़िज़ाओं से उभरने वाली अल्मनाक तख़्लीक़ी सदाएँ हैं और मशरिक़ के भेदों को खोलती हुई रागिनियाँ हैं। लम्हे-बा-लम्हे दूर होता हुआ आसमान है और रग-ओ-रेशे में पैवस्त होती हुई ज़मीन है। कैसे अजीब तज़ादात हैं।

मेरी दुश्वारी यह है कि बरसों की संगत ने अमीक़ हनफ़ी के शेरी एहसास और अमल के तमाम ज़ावियों से मुझे इतना परिचित कर दिया है कि इससे चकित होना मेरे बस में नहीं। उसके लिए अजनबीयत का जो रिश्ता ज़रूरी था, वह बाक़ी नहीं रहा। इसलिए इस लेख में मैंने तशरीह[६] का रास्ता अपनाया है। तलाश और दरियाफ़्त का अमल उनके लिए है जिन्होंने सिर्फ़ एक हैरान-ओ-सरगर्दां[७] शब गश्त करने वाले को देखा हो।

ऐ ख़ुदा! जिन्हें हम इस क़द्र अज़ीज़ रखते हैं उनसे इतने क़रीब क्यों आ जाते हैं?

---

१. सिलसिला २. ज़्यादा काम/कर्मठ ३. गतिमान ४. अलहदगी ५. नग्न ६. खोलकर बयान करना ७. घूमने-फ़िरने वाला

क़ाज़ी सलीम की शायरी
चलो, मैं भी तमाशाई हूँ ख़ुद अपने जहन्नुम का

एक आवाज़ जो अक्सर बेइरादा, बग़ैर किसी कोशिश के, यूँ ही अकेले बैठे-बैठे, अचानक मेरे कानों में गूँजने लगती है, एक मराठी जोगी की है। यह आवाज़ मैंने आज से लगभग पैंतीस बरस पहले, इन्दौर में सुनी थी। उन दिनों मैं अकेला रहता था। गर्मियों की एक सिपहर थी जब सन्नाटे में अचानक एक आवाज़ गूँजी और मैं चौंक कर उठ बैठा। मेरे मकान की छत से विन्ध्याचल की चोटियाँ दिखायी देती थीं। पास से एक पहाड़ी नदी गुज़रती थी, बहुत छिछली और पुरशोर, जिसमें यहाँ-वहाँ छोटे-बड़े बहुत से पत्थर पड़े हुए थे और ज़रा सी होशियारी के साथ उसे पैदल भी पार किया जा सकता था। उस गीत के बोल मेरी समझ में नहीं आये। फिर भी कोई बात तो थी कि जोगी की आवाज़ के साथ दिल में उतरती जाती थी।

अभी ज़रा देर पहले क़ाज़ी सलीम की नज़्म 'धरती तेरा मुझ-सा रूप' पढ़ते-पढ़ते अचानक पहला ख़याल जो ज़हन में आया उसी जोगी का है :

धरती तेरा मुझ सा रूप
चाहे छाँव हो चाहे धूप
अन्धे गहरे घट...पाताल
सीना छलनी, रूह निढाल
बाहर ठण्डक, अन्दर आग
दिल में दर्द, ज़ुबाँ पर राग
धरती, तेरा मुझ-सा रूप
तेरी सदियाँ, तेरे पल

वही क़यामत, वही अजल[1]
तेरी मिट्टी, मिरा ख़मीर
तेरा ख़ुदा और मेरा ज़मीर
धरती! तेरा मुझ-सा रूप
बीज आगे या कब्र बने
फूल खिलें या राख उड़े
मेरी तरह चुपचाप रहे
मेरी तरह हर दर्द सहे
धरती तेरा मुझ-सा रूप
चाहे छाँव हो चाहे धूप

उस जोगी के बोल चूँकि मेरी समझ में नहीं आये थे, इसलिए कह नहीं सकता कि उसके गीत में और क़ाज़ी सलीम की इस नज़्म में कोई फ़िक्री मुनासिबत[2] है कि नहीं। लेकिन मेरे लिए दोनों का असर बहुत मिलता-जुलता है। दोनों के आहंग[3] में एक जैसे मज्नूनाना[4] रक़्स[5], एक जैसे उलूही[6] नशे, एक तुंदो-तेज़ सैलाब जैसी वालिहानापन[7] की कैफ़ियत[8], एक ग़मआलूद ग़िनाइयत[9], एक रम्ज़[10] की सी फ़िज़ा मौजूद है। क़ाज़ी सलीम की शायरी हमारे एहसासों पर, सबसे पहले, अपनी आवाज़ से वारिद होती है। इस लिहाज़ से क़ाज़ी सलीम, नून मीम राशिद, फ़ैज़ और मुख़्तार सिद्दीक़ी के बाद हमारे सबसे ज़्यादा क़ाबिले ज़िक्र शायर हैं। उनकी शायरी का हर लफ़्ज़ हमारे इदराक[11] तक पहुँचने से पहले हमारी समाअत[12] से गुज़रता है। इस शायरी के मानी-ओ-मफ़्हूम[13] का नागुज़ीर[14] ताल्लुक़ इसकी आवाज़ से भी है।

यह ख़याल कि शायरी कानों के ज़रिये पढ़ी जाती है, सिर्फ़ पश्चिमी शेरियात का शोशा नहीं है। हम पुरबियों के लिए भी लफ़्ज़ हक़ीक़त में एक आवाज़ है और किसी लफ़्ज़ के भाव तक पहुँचने का रास्ता उसकी ध्वनि से होकर जाता है। क़ाज़ी सलीम की शायरी में आहंग और आवाज़ के साथ-साथ रंगों का एहसास और गिरफ़्त में आने वाली वारदात या तजुर्बे के रूप-रंग की एक कैफ़ियत, इस शायरी के एक साथ कई सतहों

---

१. मौत २. वैचारिक सम्बन्ध ३. ध्वनि ४. पागल कर देने वाला ५. नाच ६. दिव्य, ७. जोशीलापन ८. सुरूर ९. ग़म से भरा हुआ गान १०. भेद ११. बोध/अगोचर वस्तुओं का अनुभव १२. श्रवण-शक्ति १३. असली मतलब/भावार्थ १४. लाज़िमी

पर पढ़े जाने का तक़ाज़ा करती है। इससे पहले कि बात आगे बढ़ायी जाये, मैं क़ाज़ी सलीम की कुछ नज़्मों के इक़्तबासात[१] दोहराना चाहता हूँ :

ख़ला[२] दिल का ज़रा सी देर भी ख़ाली नहीं रहता
इसे जो भी मयस्सर[३] हो भर लेता है सीने में
तमन्ना फिर भी तमन्ना है
वो चाहे मौत ही की हो
वही दुखती रगों में ख़ून के तूफ़ाँ, थपेड़े
फिर वही शीशों पे बढ़ते-फैलते जाले
परों की आख़िरी बेजान सी
इक फड़फड़ाहट के सिवा क्या हैं
ये फ़रियादो फ़ुग़ाँ[४] नाले

हज़ारों क़ायनातें टूटती बनती हैं हर लहज़ा
तनावर[५] पेड़ गिरते हैं
चट्टानें रेज़ा-रेज़ा हो के नस-नस में खटकती हैं
दरीचे पै-ब-पै[६] बरसात के हमलों से
अन्धे हैं
फ़िज़ा गूँगी है, बहरी है
चलो यह ज़िन्दगी और मौत दोनों आज से मेरे नहीं हैं

चलो मैं भी तमाशाई हूँ ख़ुद अपने जहन्नुम का
मेरी दुनिया तमाशा है
मैं अपने सामने ख़ुद को तड़पता सर पटकता देख सकता हूँ

(मुक्ति)

अज़ाब[७]!
किस क़द्र अज़ाब
ऊद[८] का धुआँ बिखर गया
लोग आये और चले गये
ऊद के धुएँ की तरह पेचो ताब[९] खाते लोग
...फूटते रहेंगे कब तलक
जिस्म की सुलगती आँच से

---

१. उद्धरण २. शून्य स्थान ३. उपलब्ध ४. विलाप ५. स्थूल ६. निरन्तर ७. यातना ८. एक सुगन्धित लकड़ी ९. ग़ुस्सा

करोड़ों साल का यह सिलसिला
और इसमें एक साल, बीसवीं सदी के बीच
एक साल
...सिर्फ़ एक साल! उसको क्यूँ मिला?
क्यूँ वो आया...किसलिए
अज़ाब
किस क़द्र अज़ाब

(नौहा)

हमारे पास कुछ नहीं
जाओ, अब हमारे पास कुछ नहीं
बीते सतजुगों की सर्द राख में
इक शरार[१] भी नहीं
दाग़-दाग़ ज़िन्दगी पे सोच के लिबास का
एक तार भी नहीं
धड़क-धड़क-धड़क-धड़क
जाने थाप कब पड़े
नंगे वहशियों के गोल[२] शहर की
सड़क-सड़क पर नाच उठें

(टूरिस्ट)

इन चन्द मिसालों से भी यह बात अच्छी तरह साफ़ हो जाती है कि क़ाज़ी सलीम की शायरी में मुख़्तलिफ़ हिस्सों की सरगर्मी आपस में इस तरह उलझ जाती है कि उनकी नज़्में कई ओर से हमारे एहसासों पर एक साथ वारिद होती हैं। उनके इस रवैये का रिश्ता एक सतह पर मीराजी की रिवायत से क़ायम किया जा सकता है, इस फ़र्क़ के साथ कि मीराजी की ख़ुद से बेख़बरी आख़िरकार अपने तजुर्बे में उनकी गुमशुदगी के रूप में सामने आती है, जबकि क़ाज़ी सलीम तसव्वुराती[३] सतह पर अपनी हर नज़्म से बाहर आने की ख़ूबी भी रखते हैं। यूसुफ़ नाज़िम ने क़ाज़ी सलीम को एक सूफ़ी शायर का नाम दिया है। बेशक सिर्रियत[४] और रम्ज़ आमेज़ इदराक और इज़्हार[५] की एक लहर क़ाज़ी सलीम की शायरी में एक तरह की कुछ-कुछ सूफ़ियाना कैफ़ियत की

१. चिनगारी २. भीड़ ३. वैचारिक ४. पोशीदगी ५. संकेतों में लिप्त समझने और बताने (का तरीक़ा)

नमोद का सबब ही बनती है, लेकिन क़ाज़ी सलीम की शायरी बुनियादी तौर पर जीती-जागती सच्चाइयों और आज की दुनिया के पसे मंज़र[१] में सामने आने होने वाले इंसानी सरोकारों की शायरी है। यहाँ तक कि उन्होंने हम्दो-नात के सियाक़[२] में जो नज़्में कही हैं, उनमें भी उनके इंसानी सरोकार और अख़लाक़ी[३] तश्वीश[४] पर टिके एहसास एक साफ़ हक़ीक़त पसन्दाना जिहत[५] रखते हैं। इसीलिए, मेरा ख़याल है कि क़ाज़ी सलीम की शायरी को हम नयी शायरी की किसी वाहिदुल्मर्कज़[६] जिहत से जोड़कर नहीं देख सकते। वे रिवायती और रस्मी लिहाज़ से ना तो जदीद हैं, ना तरक़्क़ीपसन्द। वे ना तो सिर्फ़ इबहाम[७] की शरियत में यक़ीन रखने वाले शायर हैं ना सिर्फ़ हक़ीक़त पसन्दी के तर्जुमान। उनकी गिरफ़्त में आने वाले तजुर्बे की क़िस्म मज़हबी हो या सियासी या समाजी, क़ाज़ी सलीम इस पर किसी तरह का बयान नहीं देते। उनके शऊर[८] की सतह पर इस तजुर्बे का रद्दे अमल जिस तरह की अन्दरूनी सूरतेहाल को जन्म देता है, क़ाज़ी सलीम उसे अपनी नज़्म का लिबास अता करते हैं और इस सिलसिले में उनका तख़्लीक़ी शऊर, उनके एहसासों की तमाम सतहों, उनकी तमाम हिस्सों से रौशनी और ताक़त देता है। क़ाज़ी सलीम के तजुर्बों में ख़याल की जो पेचीदगी और असर का जो धुँधलापन साफ़ दिखायी देता है, उसकी असली वजह यही है कि उनकी शायरी किसी तरह के घिसे-पिटे तरीक़े की गिरफ़्त में नहीं आती। यह एक तरह की बहती हुई शायरी है जिसके आईने में इंसानी चेहरे, मज़ाहिर[९] और हक़ीक़तें क़ाज़ी सलीम के तख़्लीक़ी इदराक से मरबूत[१०] होने के बाद बिखरती तो नहीं लेकिन अपनी असल से कुछ अलग ज़रूर हो जाती है। कभी उन पर एक ख़्वाब का गुमान होता है। कभी किसी तस्वीर का, कभी एक नग़मे का, कभी किसी चीज़ का, कभी सरगोशी का, और कभी इन सबके मेल से एक ऐसी तख़्लीक़ी हैयत नमूदार होती है जिसे हम कोई साफ़ नाम नहीं दे सकते।

तारीख़ में रहते हुए भी तारीख़ के जब्र[११] से रिहाई की तख़्लीक़ी कोशिश और उसकी वजह से पैदा होने वाले रूहानी ख़ला और सूनेपन को क़ाज़ी सलीम ने जिस तरह आवाज़ और अल्फ़ाज़ का जामा पहनाया है, उनके

---

१. पृष्ठभूमि २.सन्दर्भ ३. शिष्टाचार सम्बन्धी/नैतिक ४. फ़िक्र ५. दिशा ६. इकलौता बिन्दु ७. अस्पष्टता ८. विवेक/अच्छे-बुरे की पहचान ९. प्रत्यक्ष १०. क्रमबद्ध ११. बाध्यता

बहुत से मारूफ़तर समकालीन शायर इस मामले में उनसे पीछे दिखायी देते हैं। क़ाज़ी सलीम बुनियादी तौर पर गहरे और दूर-रस वजूदी तजुर्बों के शायर हैं। लेकिन यह शायरी सिर्फ़ फ़ल्सफ़ियाना या दानिशवराना[१] शायरी नहीं है। इसीलिए, क़ाज़ी सलीम की मौज़ूआती[२] नज़्मों और सियासी वाक़ियों के हवाले से कही जाने वाली नज़्मों में भी किसी खुले-डले मौक़िफ़[३] की तर्जुमानी नहीं मिलती। क़ाज़ी सलीम की नज़्मों में इस क़िस्म का बाहरी हवाला एक दूसरी हैसियत अख़्तियार कर लेता है। कुछ मिसालें देखिये :

ऐ ख़ुदा!
हिजरतों की घड़ी है
सरज़मीं में तेरे वादे की शायद
क़रीब आ चुकी है
ये तो तेरा करम है
रीत का दूध उतरा है
बगूलों के पिस्तान[४] में
कि ना परवर हवाओं की साज़िश से वाक़िफ़ हैं...
...शायद इसी के वास्ते

आज इतना लहू जिस्म में जोड़ रखा है...
...चीरो तो इस ज़िन्दगी का
टप-टप गिरे
काटते जाओ
काँटो भरी उँगलियों से
जिस्म सालिम[५] उभर आयेंगे
जिस्म से फूटते
अनगिनत हाथे।
...हाथों में
काँटों भरी उँगलियाँ

(दूसरी कर्बला : फ़िलिस्तीनी मुजाहिदों के लिए)

रोज़ हर सुबह का अख़बार जताता है
...के इस धरती पर

---

१. बौद्धिक २. किसी विषय पर आधारित ३. स्थान ४. स्तन ५. समूचा

सारे दर बन्द हुए
हाथ आकाश के रातों को ना उतरेंगे कभी
कोई सच्चाई के दुख बाँटने वाला भी नहीं
फ़सल सतजुग की कोई काटने वाला भी नहीं

ग़ार[१] की आँख से देखो मुझको
अपने काँधे पर उठाये बेताल की लाश
लौट आया हूँ,
...सँभालो यह विरासत

(विरसा : एलोरा की एक मूर्ति से)

मामता[२] को मगर, भागती भीड़ में
हर तरफ़ भागती भीड़ में
अपने बच्चे नज़र आ रहे थे
जो अपने वतन में
हक नाने जवीं[३] से भी महरूम होकर
घर से बेघर हुए
हम बड़ी देर तक
अपनी साँसों से साँसें बदलते रहे
बेइरादा लरज़ते हुए हाथ कश्कोल[४] बनकर
आसमाँ की तरफ़ उठ गये
बेबसी
इस क़द्र बेबसी थी
दूर रेतीली चट्टान पर तेल में कितने लथुड़े मुसाफ़िर परिन्दे
बाल-ओ-पर फड़फड़ाते रहे

(मुसाफ़िर परिन्दे : ख़लीजी जंग के पसे मंज़र में)

इन नज़्मों की ख़ुसूसीयत औरं इम्तियाज़ यह है कि अपने फ़न्नी और जमालियाती[५] असर के ज़रिये यह नज़्में अपने वाक़ियाती पसे मंज़र और मौज़ूआती हवालों को पसेपुश्त[६] छोड़ देती हैं। इन्हें पढ़ते वक़्त हमारा सामना उस शायर से होता है जो तारीख़ में घिरे होने के बावजूद तारीख़ का ग़ुलाम या मुअर्रिख़[७] नहीं होता। पढ़ने वाले से उसके तारुफ़ का ज़रिया

---

१. गुफ़ा २. मातृ वृत्ति ३. जौ की रोटी ४. भिक्षापात्र ५. सौन्दर्य की दृष्टि से ६. पीठ पीछे ७. इतिहासकार

उसकी तख़्लीक़ियत बनती है।

क़ाज़ी सलीम ने निजी हालात और वारदात की बुनियाद पर भी जो नज़्में कही हैं उनकी सबसे नुमायाँ ख़ूबी यही है कि उन्हें हम किसी रस्मी हादसों के दस्तावेज़ के तौर पर नहीं पढ़ते। यह नज़्में अपने मौज़ूआती हिसार को ख़ामोशी के साथ तोड़ती हुई अपनी तय हदों को पार कर लेती हैं और हमारे अपने तजुर्बे का हिस्सा बन जाती हैं। इस प्रसंग में एक नज़्म जो बग़ैर किसी कोशिश के याद आती है, उसका यह इक़्तिबास देखिये :

वक़्त के चाक पर
लोग बनते बिगड़ते रहे
वो बना ही नहीं था
बिगड़ता भला किस तरह
जड़ा ही नहीं था
उजड़ता भला किस तरह
वो जिया भी तो शायद अकेला जिया
या तो फिर वो जिया ही नहीं
वो गया भी तो शायद अकेला गया
या वो शायद गया ही नहीं
वो था ही कहाँ
जो जाता कहीं
ज़मीं पर अगर था तो परछाइयों में
उसकी बेमौज़ बातों का
भेदों भरा सिलसिला
उस कहानी से जाकर मिला
जो कभी देवमाला में हमने पढ़ी थी

वक़्त के चाक पर
लोग बनते बिगड़ते रहे
वो अकेला मगर
चाक की कील में फँस गया
अपने ही आप में धँस गया

(मिस्फ़िट, अपने छोटे भाई की मौत पर)

क़ाज़ी सलीम की शायरी में वक़्त और मौत मुस्तक़िल किरदारों की

हैसियत रखते हैं। क़ुर्रतुलैन हैदर की तरह क़ाज़ी सलीम के यहाँ भी वक़्त, ज़िन्दगी के सन्दर्भ में सबसे अहम तराजू और पैमाने की हैसियत रखता है और ज़िन्दगी का सबसे मज़बूत और सार्थक तजुर्बा मौत, एक ऐसा आईना है जिससे ज़िन्दगी के अर्थ और मक़सद की तस्वीर प्रकट होती है। क़ाज़ी सलीम जब कभी और जहाँ कहीं किसी नज़्म में वक़्त और मौत के इस तजुर्बे से जुड़ी हुई वारदात की चर्चा करते हैं, उनके इज़हार में एक अजीब सरशारी[१] और वज़्द[२] की सी कैफ़ियत पैदा हो जाती है, जैसे वो ज़िन्दगी का नौहा[३] नहीं, रजज़[४] पढ़ रहे हों, या किसी निशात अंगेज़ तजुर्बे से पर्दा हटा रहे हों।

झन झना झन नाचती गुड़िया
ठुमकती तालियों पर तालियाँ देती बन्दरिया
गोलियाँ बढ़कर तड़ातड़ दागता अँग्रेज़
वहशी रीछ उछलते
मस्त हाथी सिर हिलाते झूमते
इक नुमाइशगाह में सब महू थे
रोज़-ओ-शब के पेच उलटे घूमते खुलते रहे

(खिलौने)

नींद से निकलो
...चलो वक़्त सहें
रात की आँखों में आँखें डालें
नींद में एक तअक़्क़ुब[५] है के जारी है सदा
आसमानों से उधर
सात समुन्दर की मुसाफ़त से परे
डोलते अब्र[६] में बहते हुए हंसों की तरह
कई हमशक्ल मुझे झाँकते-झाँकते छुप जाते हैं
जैसे आफ़ाक़[७] का यह सारा खेल
किसी क़िरतास[८] पर जारी है
...जो हर नींद में खुलता है, लिपट जाता है

(बेसमर)

नींद से दूर जाग से आगे

---

१. नशा २. हर्षावेश ३. मृतक के लिए रोना-पीटना ४. रणभूमि में अपने कुल की शूरता और श्रेष्ठता का वर्णन ५. पीछा करना ६. बादल ७. दुनिया ८. काग़ज़-पत्र

जुड़ गये क़ायनात से आगे
ज़िन्दगी मौत जैसे साथ ही साथ
एक है जिस्म और करोड़ों हाथ
मुझ पे यलग़ार[1] करने वाले हैं
आस्माँ से उतरने वाले हैं

(अजनबी)

उम्र एक चीज़ की मिआद है
तुम ही चीख़ो
उतनी शिद्दत से के इक मुद्दत तक
वक़्त को याद रहे
जंगलों और पहाड़ों में यह फ़रियाद रहे

(वक़्त)

अख़्तरुल ईमान और मजीद अमजद की तरह क़ाज़ी सलीम की शायरी से एक सोचते हुए, ताक़तवर ज़हन की तस्वीर उभरती है। इस लिहाज़ से वह अज़ीज़ कैसी और वहीद अख़्तर की तरह दायम-ओ-क़ायम रूहानी मसलों के शायर हैं। क़ाज़ी सलीम की शायरी, अपने अहद के जागते-जीते सवालों को घेरने के बावजूद तजद्दुदपसन्दी[2] के ग़ालिब रंगों की सतह से अलग, क़द्रे मुख़्तलिफ़ सतह पर, जो मुकालमा[3] क़ायम करती है तो इसीलिए कि इसमें पस्पाई[4] और इंफ़िआलियत[5] का उंसुर ना होने के बराबर है। अख़्तरुल ईमान ने क़ाज़ी सलीम की शायरी को एक 'शाख़ निहाले-ग़म' का नाम दिया है। मगर ग़म के पौधे की यह टहनी झुलसते और जलते हुए तजुर्बों के घेरे में भी हमेशा हरी रहती है। जदीदियत के रस्मी तर्ज़े एहसास और मारूफ़ और मक़्बूल तरीक़ों से एक अलग पहचान बनाती है। इस सिलसिले में क़ाज़ी सलीम का मौक़िफ़ क्या है? इसका खुलासा वे ख़ुद इस तरह करते हैं :

> जब कोई तहरीक या रुझान अपने नुक़्ता-ए-उरूज को पहुँच जाता है तो राइजुलवक़्त[6] सिक्क़ा बनकर मुकर्ररा[7] और मुतअय्यना बातों का मुताल्बा[8] करने लगता है और इस तरह...ज़बान चिकनी और सपाट हो जाती है। सच्चा शायर अपनी बात मुरवज्जा[9] अन्दाज़ में करना चाहे तो सैकड़ों लाहिक़े[10] आगे-पीछे लग जाते हैं। मक़्बूले आम अन्दाज़े बयान,

---

१. आक्रमण २. आधुनिकता ३. संवाद ४. पराजय ५. शर्म ६. समय के चलन के अनुसार, ७. निश्चित ८. माँगना ९. प्रचलित १०. मिलने वाला

तकनीक और ज़बान को तर्क करके तजुर्बाती फैलाव पैदा करना बहुत ज़रूरी है। मैं इसे उफ़ुकी फैलाव कहता हूँ।

नयी नज़्मों में कामयाब *इमेज* सेह सिम्ती[१] होती है। यह बएक वक़्त[२] में हमारी बसारत, आसाब और समाअत पर असर अन्दाज़ होती है। जाफ़री और दूसरे शायरों के यहाँ *इमेज* को आराइश के तौर पर इस्तेमाल किया जाता रहा है जबकि नये ज़हन की तह दर तह पेचीदगी के लिए वो अहम ज़रूरत है... *सर्रियलिज़्म, सिम्बोलिज़्म* या *इमेजिज़्म* बिज़्ज़ात ख़ुद मंज़िल नहीं, उन्हें मंज़िल तक पहुँचने के वसाइल के तौर पर इस्तेमाल किया जाना चाहिए...

(निदा फ़ाज़ली : क़ाज़ी सलीम से एक मुकालमा)

आप अपने सहर से निकलकर दुनिया को देखने और सोचने के साथ-साथ, नयी हिस्सियत और आगही[३] के देसी-विदेशी हवालों से बाख़बरी ने क़ाज़ी सलीम की शायरी को एक वसीउल्जिहात[४] वजूदी तजुर्बे, एक क़ायनाती इदराक और गहरी संजीदा सोच की दस्तावेज़ बना दिया है। उनकी शायरी में जो तख़लीक़ी ज़ब्त और इज़हार का जो रख-रखाव मिलता है उससे हमारे ज़्यादातर नये शायर महरूम हैं। क़ाज़ी सलीम के जज़्बाती ज़ब्त का बन्धन टूटा भी है तो उन नज़्मों से जो उन्होंने क्लासिकी दर-ओ-बस्त[५] के साथ कही हैं, एक थोड़े हज्विया[६] और तंज़ो तमस्ख़ुर[७] के अन्दाज़ में अपनी मस्नवी 'बाग़बान-ओ-गुल फ़रोश' के आग़ाज़ में अर्ज़े हाल के तहत क़ाज़ी सलीम ने लिखा था :

बाद हम्द-ओ-सनाए अहसन-उल-ख़ालिक़ीन, बा तौफ़ीक़-ए-ज़बान-ए-हिन्दवी, बताइद-ए- सिआद्दीक़ान-ए-अहल-ए-क़लम, बा हिम्मत कातिब-ए-ज़र्रीं रकम, मुसमी, अब्दुल रज़्ज़ाक़ तूल-उम्रह-उरूह मस्नवी बाग़बान-ओ-गुल फ़रोश का यह नुस्ख़ए-मुस्तनिदा बगर्ज़े-ए-इबताल-ए-अदम आगही रवायत-ए-पारीना बिला तौज़ीह आसमाए करम फ़र्मायान-ए-मन बग़ैर इंसिलाक-ए-हाशिया ज़ात दर ज़िक्रे अशगाल-ओ-अहमाल-ओ-अफ़ाल नक़्क़ादान-ए-नाम निहादा ज़राक फ़िरोशाँ दर बाज़ार-ए-अदब जदीदा बिहम्दल्लाह बतारीख़ १४ जिल्हिज १४०७ हिजरी मत्बूआ व मुश्तहिर हुआ और क़ीमत इस गंजीनाए मानी की

---

१. त्रिआयामी २. एक वक़्त में ३. जानकारी ४. जिसकी दिशाएँ बहुत विस्तृत हों ५. बन्दिश ६. ऐसी कविता जिसमें किसी की निन्दा की जाये ७. भद्द उड़ाना

पाँच रुपये सिक्का राइजुल्वक़्त क़रार पायी...[१]

मस्नवी के कुछ शे'र इस तरह हैं :

अब मुनासिब है गुरेज़[२], है क़लम ख़ुद रुस्त ख़ेज़[३]
इसका क्या आली[४] गुहर[५], है इधर या फिर उधर
ढब चले बेढब चले, दनदनाता जब चले
आप बनकर दादगर, आ गये ख़ुद बाम[६] पर
वर्ना यह उजड़ी ज़मीं, होती बंजर बिलयक़ी
धूल उड़ती हर तरफ़, सब ही बन जाते हदब[७]
फूल मुरझाते कई, लोग मर जाते कई
शायरी तो शायरी, हर अदब होता तही
हर बड़ा नौविल निगार, आप से है शर्मसार
भूत बँगला भूत बाग़, या करमचन्दी सुराग़
हाथ में जब से अनाँ[८] आपके हैं मेहरबाँ
अशहबे[९] शेर-ओ-अदब, छोड़ कर राहे तलब
आ गया है राह पर, आप से है बहरावर[१०]
पूँछ का हर ज़ाविया[११], आपने बतला दिया
ढाई घर की चाल से, तय हुए सब मरहले[१२]

अल्गरज़ अल्मुख़्तसर, राह भटकों के ख़िज़्र[१३]
अब जलाल-ओ-जाह से, अपनी ही दरगाह से
ख़ुद चढ़ावे लीजिये, ख़ुद बधावे लीजिये
जिनको बनना है अदीब, जिनके फूटेंगे नसीब

---

१. पैदा करने वालों में सर्वोत्तम (ईश्वर) की सराहना और प्रशंसा के बाद हिन्दवी भाषा में अपनी सूझ-बूझ के साथ, अपने लेखक दोस्तों की हिमायत के बाद अपनी सुनहरी (अति सुन्दर) लिखाई वाले क़ातिब जिसका नाम अब्दुर्रज़्ज़ाक़ है (भगवान उसे लम्बी उम्र दे) यह मस्नवी जिसका शीर्षक 'बाग़-ए-गुलफ़रोश' है, इस उद्देश्य के साथ कि पुरानी परम्पराओं के प्रति जो अज्ञान फैला हुआ है उसे ख़त्म किया जाये और मुझ पर मेहरबानी करने वालों का नाम लिये बिना और किसी तरह की टिप्पणी लगाये बिना जिसमें तथाकथित आलोचकों के काम और मशग़लों का वर्णन किये बग़ैर, आधुनिक साहित्य के बाज़ार में, ईश्वर का शुक्र है कि आज दिनांक १४ ज़िल्हिज १४०७ हिज़री को प्रकाशित और प्रसिद्ध हुई और दाम इस मानी के ख़ज़ाने की ५ रुपये मौजूदा दौर में प्रचलित सिक्के के हिसाब से तय की गयी।

२. उपेक्षा ३. क़यामत ४. बुलन्द ५. मोती ६. छत ७. कुबड़ा ८. तकलीफ़ ९. हर काली चीज़ जिसमें सफ़ेदी ज़्यादा हो १०. ख़ुशनसीब ११. कोना १२. मंज़िल १३. एक अमर पैग़म्बर जिनके अधिकार में वन हैं और जो भूले-भटकों को रास्ता दिखाते हैं

जिनको लेना है अवार्ड, जिनको करना है फ्रौड
आये मन्नत माँगने, अपनी अर्ज़ी टाँगने

साहबे कशफ़-ओ-कमाल, जानते हैं सबका हाल
जाफ़रानी तश्तरी, राख या मिसरी हुई
नक़्श दें तावीज़ दें, फूँक मारें दम पढ़ें
आयेंगे हर हाल में, आप ही के जाल में

ए अदीबों के अदीब, ए ख़त्बियों के ख़तीब
क़ाबिले ताज़ीम[१] आप
अहसने तक़्वीम[२] आप

इस ज़हरखंद[३] के साथ क़ाज़ी सलीम ने अपने ज़माने से जोंक की तरह चिमटे हुए ज़हनी इफ़्लास[४] और अख़्लाक़ी इन्हितात[५] को निशाना बनाया है। ज़ाहिर है कि यह क़ाज़ी सलीम की शायरी की जानी-पहचानी आवाज़ और इस शायरी की शिनाख़्त क़ायम करने वाला उस्लूब नहीं है। लेकिन इससे क़ाज़ी सलीम की फ़िक्र और उनके तख़्लीक़ी मिज़ाज को समझने में मदद ज़रूर मिलती है। वे किसी भी तरह की बदहैयती को, चाहे वह इनके ज़माने और ज़िन्दगी की तक़दीर का लिखा ही क्यूँ ना हो, चुपचाप क़ुबूल करने के क़ायल नहीं हैं। यह शायरी सामूहिक पतन की भीड़ में एक शख़्स की अपने आप को महफ़ूज़ रखने की कोशिश और गिर्दो पेश से बग़ैर समझौते की शायरी है। क़ाज़ी सलीम चारों तरफ़ गरजती, गूँजती बेज़मीरी के तमाशे से बेज़ार होने के बावजूद, सिर्फ़ दूर से इस तमाम मंज़र को देखने के रवादार नहीं होते। उनकी शायरी अंजामकार अपने आप से ही मुख़ातिब होती है। इस सिलसिले में यह हक़ीक़त भी अहम है कि क़ाज़ी सलीम ने अपनी दुनिया और धरती के किसी रंग, किसी मज़हर[६] से चश्मपोशी[७] रवा नहीं रखी। असातीरी[८] किरदारों के अलावा इंसानों की तरह नदी, परबत, पखेरू, पेड़, परिन्दे, हैवान सबके सब इनका हवाला बनते हैं। वे इन सबकी दीद के बाद अपने आप को भी सदा देते हैं और कहते हैं :

---

१. सम्मान २. मानव शरीर जो ईश्वर की कारीगरी का बेहतरीन नमूना है ३. खिसियानी हँसी ४. कंगाली ५. पतझड़ ६. प्रत्यक्ष ७. नज़रअन्दाज़ करना ८. पौराणिक/देवमालाई

ज़मीं घूमी
हवा बदली
चलो मौसम बदलता है
सलीम अब तुम पहाड़ों से उतर आओ
सलीम अब तुम पहाड़ों से उतर आओ
तुम्हारे राज़ तुम्हीं जानते हो,
...ये सब कुछ झूठ है, इक ढोंग है
...हम में कोई
...हम में कोई अयूब है, बुद्ध है
...हुसैन इब्ने अली है और ना ईसा है
बस इतना है ज़मीर अपना कभी का बिक चुका है

(बेज़मीरी)

पेचीदा मतलबों से मामूर[१], एक ग़ैर-रस्मी हिस्सियत के साथ-साथ घने गम्भीर ड्रामाई लहजे में इस शायरी को जिस अनोखे तख़्लीक़ी मज़हर की हैसियत दी है, उसे नये-पुराने शायरों की भीड़ में हम सबसे अलग और अकेला देख सकते हैं। इस तन्हा रवी ने क़ाज़ी सलीम को जो भी नुक़्सान पहुँचाया हो, उनकी शायरी बहरहाल फ़ायदे में रही है।

साक़िया[२] नाक़िद[३] ना बन यह नहीं अपना चलन
शायरी कर जानेमन हम से है ज़िन्दा यह फ़न

नोशा क़ाज़ी सलीम १९८७

१. आदेशित २. ए साक़ी ३. आलोचक

किश्वर नाहीद
एक लब गोया की रूदादे सफ़र

किश्वर नाहीद!
तुम्हें ख़ामोश देखने की चाहत
क़ब्रों से भी उमड़ी आ रही है
मगर तुम बोलो!
के यहाँ सुनना मना है...
नज़्म किश्वर नाहीद

(गलियाँ, धूप, दरवाज़े)

कुछ लफ़्ज़ लिखने वाले के शऊर[१] किलीद[२] बन जाते हैं। किश्वर नाहीद के यहाँ गोयाई[३] को इस लिहाज़ से एक मर्कज़ी हैसियत हासिल है। उनका तख़्लीक़ी सफ़र 'लबे गोया' के साथ शुरू हुआ था। यह यात्रा अब तक उनके आख़िरी संग्रह 'मैं पिछले जनम में रात थी' तक पहुँची है और अभी ख़त्म नहीं हुई। 'लबे गोया', 'नज़्में', 'गलियाँ, धूप, दरवाज़े', 'मलामतों के दरमियान', 'सियाह हाशिये में गुलाबी रंग', 'ख़याली शख़्स से मुक़ाबला' और उनके साथ-साथ किश्वर नाहीद की नस्री किताबों, तर्जुमों, लेखों, साक्षात्कारों और उनकी आप-बीती (बुरी औरत की कथा) को भी सामने रखा जाये तो एक पेचदार, परेशान 'अंदोह परवर और इज़्तिराब आसा' हिस्सियत का ख़ाका मुरत्तब होता है। हद तो यह है कि उनके शेरों की पहली किताब 'लबे गोया' भी, जिसमें रूमानियत की धुन्ध देखने में मौजूद है, नर्म और नाज़ुक एहसासों से ज़्यादा एक कमसिन लड़की की ज़िन्दगी में सरगर्म तुंदो-तेज़ जज़्बों, हक़ीक़ी तजुर्बों की सतह में पैवस्त ख़्वाबों और कड़वी सच्चाइयों का बयान मालूम होती है। लबे गोया की

१. विवेक २. कुंजी ३. वाचन-शक्ति

ग़ज़लों और दोहों में "सद मौसमे गुल गर्चे तहे बाल ही गुज़रते" की जैसी एक कैफ़ियत अपनी जगह, मगर इनमें भी उड़ान की हसरत का इज़हार और तमाशा साफ़ दिखायी देता है। किश्वर नाहीद की हिस्सियत तजुर्बे के किसी भी मरहले में सुकूत और बेज़बानी का तरीक़ा अख़्तियार नहीं करती। यह हिस्सियत ज़माने से उलझने से पहले ख़ूब उलझती है और एक मुस्तक़िल आवेज़िश, अन्दर ही अन्दर जारी रहने वाली एक दरिश्त और गम्भीर कशमकश की ख़बर देती है। ग़ज़लों के यह चन्द शे'र :

फिर दिल को हो गयी है वही रह गुज़र अज़ीज़
फिर आ गये फ़रेब में हम मुद्दतों के बाद
दिल में रखें के सर से लगायें के चूम लें
देखा एक नक़्शे क़दम मुद्दतों के बाद

ढूँढ़ा उसे बहुत कि बुलाया था जिसने पास
जलवा मगर कहीं भी सदा के सिवा ना था
कुछ यूँ भी ज़र्द ज़र्द सी नाहीद आज थी
कुछ ओढ़नी का रंग भी खिलता हुआ ना था

दिल में है मुलाक़ात की, ख़्वाहिश की दबी आग
मेहदी लगे हाथों को छुपाकर कहाँ रखूँ

दिल बहुत ढूँढ़ता है तन्हाई
हम बहुत उनके पास रहते हैं

अश्कों को मज़े से पी लो जी, ग़म और ख़ुशी से खाओ जी
गर तेशा-ए-इश्क़[१] सलामत है, कुछ और लगेंगे घाव जी
हम फिर से मुहब्बत कर लेंगे, तुम सामने फिर से आओ जी
हम जान के धोखा खा लेंगे, तुम दामे वफ़ा फैलाओ जी

हमारी उमर तो है बेल-ए-इश्क़ पेचाँ की
ढलक पड़ेगी अगर कोई आसरा ना मिला
तमाम रात रहा आँधियों का शोर मगर
किसी मकान की खिड़की का दर खुला ना मिला

---

१. इश्क़ की कुदाल

इनमें अपने आप को 'मन की मौज़' के हवाले कर देने-खो जाने और मुहब्बत में मिट जाने के बजाय अपने आप को पाने, समझने और पहचानने की तलब शदीद है। इनमें हक़ीक़तपसन्दी का रुझान एक साफ़, शख़्सी हवाले का पाबन्द है और किसी वसीतर तनाज़ुर[१] के फेर से आज़ाद दिखायी देता है। यह शे'र दुनिया के बारे में कुछ कहने से ज़्यादा ख़ुद अपने बारे में कुछ कहना चाहते हैं और एक फ़र्द के तौर पर अपने आप को मुतारिफ़ कराते हैं। इस वुजूदी फ़िक्र की एक इस्तिलाह[२] के मुताबिक़ अपने *औथेंटिक सेल्फ़* की शिनाख़्त और ताबीर[३] का अमल कहा जा सकता है। दूसरे लफ़्ज़ों में माद्दी[४] और हिस्सी सतह पर मौजूद होना ही काफ़ी नहीं। हमें अपनी मौजूदगी का शऊर भी होना चाहिए। इसी शऊर के वास्ते से हम अपनी दुनिया के शऊर तक पहुँचते हैं। बक़ौल एम. पोंटी 'जब हम दूसरों के साथ रहते हैं तो उन पर हमारे किसी भी फ़ैसले का नफ़ाज़[५] मुम्किन नहीं जो हम को उनसे अलग और आज़ाद कर दे'।

'लबे गोया' से आगे बढ़कर देखा जाये तो किश्वर नाहीद की मज्मूई हिस्सियत हमें एक ऐसे मंज़रनामे तक ले जाती है जिसकी बनावट में अपने दिल के साथ-साथ अपनी दुनिया का अमल दख़ल भी नुमायाँ है। 'बेनाम मसाफ़त' और उससे ज़्यादा शेरी तर्जुमों पर मुश्तमिल किताब 'नज़्में' से एक नया दरवाज़ा ख़ुलता है, ज़िन्दगी की तरफ़ एक नये रवैये की निशानदेही होती है और इन नज़्मों के पढ़ने वाले को यह समझने में देर नहीं लगती कि 'लबे गोया' के बाद किश्वर नाहीद के सरोकार रवैये और तरीक़ों में अब हमारे अहद कि बहुत सी ज़ोरदार आवाज़ों का अक्स भी शामिल हो गया है। तर्जुमों की किताब 'नज़्में' का आग़ाज़ पाब्लो नेरूदा से होता है। इसके दायरे में आन्द्रई वज़्नी सेंस्की, लेओपोल्ड, फ़रोग़ फ़र्रुख़ज़ाद और बरागोडियोप के साथ-साथ रूमनिया, बुल्गारिया और चीन के बहुत से शायरों का काम शामिल है। उर्दू की आम रिवायत के मुक़ाबले, यह तमाम शायर ख़याल और एहसास के एक नये, मुख़्तलिफ़ मौसम में साँस लेते हैं, दर्द, हौल और दहशत से भरा हुआ एक नया माहौल जिसमें नये इंसान की रूहानी जुस्तजू और जद्दोजहद एक अलग सतह पर ख़ुद को मुंकशिफ़ करती है। मेरा ख़याल है कि किसी भी ज़िम्मेदार शायर के यहाँ इस ज़माने के दूसरे शायरों की सोच और इज़हार

---

१. परिपेक्ष २. परिभाषा ३. व्याख्या ४. भौतिक ५. जारी होना

और बयान से फ़ायदे के बग़ैर, शऊर में फैलाव मुश्किल से ही पैदा होता है। सिर्फ़ अपने आप में गुम रहना अपने आप को महदूद कर लेना है। तकरार और ख़ुद को दोहराने की कैफ़ियत का सबब अक्सर यही होता है कि हम अपनी हिस्सियत पर क़ानअ[१] और एक तरह की पुरफ़रेब ज़हनी सहलपसन्दी के आदी हो जाते हैं। हमारे ज़्यादतर नये शायरों को सबसे ज़्यादा ख़ुद उनकी अपनी सोहबत में नुक़्सान पहुँचा है। एहसासों के एक छोटे से दायरे को अपनी दुनिया समझ लेना, ना ज़िन्दगी को रास आता है, ना शायरी को। और जब शायरी, ज़िन्दगी का उस्लूब ही नहीं, उसका मुतबादिल[२] और उसकी पहचान बन जाये तो यह मामला और भी गम्भीर हो जाता है। 'लबे गोया' के बाद की शायरी में, किश्वर का तर्ज़े एहसास और उनके ज़हनी व जज़्बाती सरोकार साफ़ तौर पर तब्दील हुए हैं। इनमें पहले से कहीं ज़्यादा तेज़ी और सख़्ती एक तरह की जज़्बाती संगीनी और वुसअत पैदा होती है। इस वाक़िये की वज़ाहत के लिए यह कुछ मिसालें :

अपना नाम भी अब तो भूल गयी नाहीद
कोई पुकारे तो हैरत से तकती हूँ

ज़बाँ पे लफ़्ज़ की आहट से होंठ जागे हैं
यही तो एक निशानी है ख़ून की हिद्दत[३] की

मेरी ज़रूरत है तो, तेरी ज़रूरत हूँ मैं
कूचा-ए-पिंदार में हर्फ़े मलामत हूँ मैं

जाऊँ कहाँ ढूँढ़ने तेरी सदा का बदन
तेरी गवाही हूँ मैं तेरी सदाक़त हूँ मैं

रोज़न हैं इस क़दर कि तवज्जे महाल है
सहरा में तिश्नगी[४] का हवाला भी है अजब

हर्फ़े विसाल, हर्फ़े गुमाँ तक ना बन सका
तहज़ीबे जाँ में ग़म का मदावा भी है अजब

----

१. आश्वस्त २. अदल-बदल होनेवाला ३. तीव्रता/उग्रता/उष्णता ४. प्यास/तृष्णा

देखा तो ज़मीं खिसक रही थी
बैठे थे बना के घर ज़मीं पर

अब सिर्फ़ लिबास रह गया है
वो ले गय कल बदन चुराकर

उमर में उससे बड़ी थी लेकिन पहले टूट के बिखरी मैं
साहिल साहिल जज़्बे थे और दरिया दरिया पहुँची मैं
उसके आँगन में ख़ुलता था शहर-ए-मुराद का दरवाज़ा
कुएँ के पास से ख़ाली गागर हाथ में लेकर पलटी मैं
मैंने जो सोचा था यूँ तो उसने भी वही सोचा था
दिन निकला तो वो भी नहीं था और मौजूद नहीं थी मैं

ये तो ख़ैर ग़ज़ल के शे'र थे जिसके मख़्सूस लफ़्ज़ियात का बोझ नये और मुख़्तलिफ़ तजुर्बों के बयान में भी एक तरह की रस्मियत का असर क़ायम रखता है, चुनाँचे 'गलियाँ धूप दरवाज़े' और 'मलामतों के दरमियान' की नज़्मों पर नज़र डाली जाये तो यह बात ज़्यादा खुलकर सामने आती है। 'लबे गोया' के बाद की शायरी में किश्वर नाहीद के यहाँ एक नया तख़्लीक़ी[१] एतिमाद और उसके नतीजे में ज़बान और बयान के परखे हुए ज़रियों से आगे एक नया लहजा रूनुमा हुआ है। उनकी शायरी अब शायरी की रस्मे आराइश, चमक-दमक के साधनों से शऊरी तौर पर गुरेज़ करती है। उनका मौक़िफ़[२] अब पहले से ज़्यादा साफ़ है और वे नज़्मो-नस्त्र की रिवायती हदबन्दी से अलग और एक नया शेरी मुहावरा दरियाफ़्त करना चाहती हैं। लगता है जैसे धुआँधार बारिश के बाद आसमान खुल गया और तमाम चीज़ें और मज़ाहिर अपने हक़ीक़ी रंगों और ज़ायकों और शबीहों के साथ हमारे सामने हों। 'गलियाँ धूप दरवाज़े' के साथ किश्वर की ज़हनी तल्लीनता और सरगर्मी में भी तेज़ी आयी है। अब उनकी नज़्में, ग़ज़लें, लेख, औरत की समाजी हैसियत और मुआशर्ती हुदूद, औरत और मर्द के रिश्ते पर किताबें और तर्जुमे, शेरो अदब से क़ता नज़र, गिर्द-ओ-पेश के मसलों पर अपना बयान दर्ज कराने की अमली कोशिशें, अपने

---

१. सृजनात्मक २. खड़े होने का स्थान

तसल्सुल[1] और तवातुर[2] के लिहाज़ से एक ख़ास अहमियत रखते हैं : 'लबे गोया' के बाद की नज़्मों से कुछ मिसालें नीचे दी गयी हैं :

मैं शायरी करती हूँ
क्योंकि मैंने ख़ुदकुशी नहीं की
मैं आगे ही आगे चलती रहना चाहती हूँ
क्योंकि पीछे मुड़कर वीरानिये नक़्शे पा देखने की हिम्मत नहीं है

बियाबाँ माथे
ख़िज़ा ख़ुर्दा आँखें
और सोख़्ता जाँ शौक़
कैसे-कैसे ख़ज़ीने हैं कि लब खुलते ही नहीं
हवा का ढोल गले में डालो
और दस्तकों से पूछो
तुम पलटकर तो नहीं आओगी?
...मक़ाफ़ात

(गलियाँ, धूप, दरवाज़े)

मेरी आवाज़, मेरे शे'र की आवाज़ है
मेरी आवाज़, मेरी नस्ल की आवाज़ है
मेरी आवाज़ की बाज़गश्त नस्ल-दर-नस्ल चलेगी
क्या समझ के तुम मेरी आवाज़ को शोर का नाम दे रहे हो
किस बरते पर तुम मेरे अन्दाज़े तख़ातुब को मज्नूँनाना कह रहे हो
किस ज़ौम पर तुम बढ़ते हुए तूफ़ानों को नज़र का धोखा समझ रहे हो
मैं पेयम्बर नहीं हूँ
मैं तो बस आज को आँखें खोल कर देख रही हूँ
तक़रीर नम्बर २७

(गलियाँ, धूप, दरवाज़े)

ऐ लहू
मैं तिरे कौन से अन्दाज़ को झुठलाऊँगी
मैंने देखा है कि काँटे की चुभन से भी तिरा
दरवाज़ा ए लब खुलता है
मैंने देखा है कि अफ़्ज़ाइशे इंसाँ से तिरा

---

१. निरन्तरता २. अनवरतता।

रंग फ़ज़ूँ होता है
मैंने देखा है तेरे रंग के गुलज़ारों को
ज़िबहा के मौसम-ए-बर्फ़ाब में
ततहीर के सैलाब में
ख़ामोश रवाँ!
आमने-सामने

(गलियाँ, धूप, दरवाज़े)

मोज़े बेचती जूते बेचती औरत मेरा नाम नहीं
मैं तो वही हूँ जिसको तुम दीवार में चुनके
मिस्ले सबा बेख़ौफ़ हुए
ये नहीं जाना
पत्थर से आवाज़ कभी दब नहीं सकती
मैं तो वही हूँ रस्मो रिवाज़ के बोझ तले
जिसे तुमने छुपाया
ये नहीं जाना
रौशनी घोर अँधेरों से कभी डर नहीं सकती...
...मैं कौन हूँ

'दश्त-ए-क़ैस में लैला' के नाम से किश्वर नाहीद का जो कुल्लियात (शायरी का सिलसिला ज़ारी हो तो कुल्लियात के क्या मानी?) सामने आया है, इसमें अब तक के छपे हुए संग्रहों की पहली इशाअत का कहीं ज़िक्र नहीं। इससे पहले 'फ़ितना सामनिए दिल' के तौर पर चार किताबों की जो एक किताब सामने आयी थी, इसमें पता नहीं क्यों किसी संग्रह की पहली छपाई की निशानदेही नहीं की गयी। चुनाँचे 'लबे गोया' से 'मैं पिछले जनम में रात थी' तक सिवाये इसके कि किश्वर नाहीद के पूरे सफ़र को एक सिलसिले के तौर पर देखा जाये और कोई चारा नहीं। तो भी, इतना तो कहा ही जा सकता है, कि इनके शेरों की पाँचवीं किताब 'मलामतों के दरमियान' के साथ हिस्सियत में किसी साफ़ तब्दीली बग़ैर भी क़द्रे नयेपन का एहसास होता है। 'मलामतों के दरमियान' की और उसके बाद की नज़्मों में ज़हनी और जज़्बाती खुलेपन, इज़हार में पहले से ज़्यादा सादगी और बेतक़ल्लुफ़ी, इदराक में पहले से ज़्यादा तेज़ी और नुकीलेपन का एहसास होता है। 'उसे बिरियाँ दे लो को', 'समन्दर तो एक आँसू है', 'आख़िरी फ़ैसला', 'आग और बर्फ़ के दरमियान', 'आँखें',

'बोलना हमारी ज़रूरत है', 'नाइटमेर', 'ज़मीन मेरी हमउम्र', 'एक नज़्म इजाज़तों के लिए', 'परसूना ११', 'पोर्ट्रेट १९८०' यह सबकी सब नज़्में इसी किताब में शामिल हैं। इनमें से सिर्फ़ चार मिसालें यहाँ पेश की जाती हैं :

बोलना हमारी ज़रूरत है
चाहे ज़मीन में मुँह देकर ही क्यों ना बोलना पड़े
मेरी बेगुनाही ज़मीन में मुँह देकर
अपनी सफ़ाई पेश कर रही है
के ज़िन्दगी के सारे रास्तों पर
ख़ौफ़ बिछाया जा चुका है
बोलने वाले हमारे शहर में कितने रह गये हैं
उनके सर काट कर वाक़ई सजा लेने चाहिए
के फिर देखने को भी ऐसे लोग नहीं मिलेंगे...
...बोलना हमारी ज़रूरत है

(मलामतों के दरमियान)

बकरी ज़िबह होने का इन्तिज़ार करती है
और मैं सुबह होने का
के मैं रोज़ दफ़्तर की मेज़ पर ज़िबह होती हूँ
झूठ बोलने के लिए
यही मेरी क़ीमत है

मैं और मेरा वतन एक साथ पैदा हुए थे
मगर दोनों की बसारत बचपन में ही मारी गयी
मैंने रोटी की शकल देखी नहीं
अपने तसव्वुर में उसकी शकल बनाती और खाती हूँ
मेरे बहुत से हमउम्र रोटी सिर्फ़ ख़्वाब में देखते हैं
...नाइटमेर

(मलामतों के दरमियान)

तुम मुझे पहन सकते हो
के मैंने अपने आप को
धुले हुए कपड़ों की तरह
कई दफ़ा निचोड़ा है
कई दफ़ा सुखाया है

तुम मुझे चबा सकते हो
के मैं चूसने वाली गोली की तरह
अपनी मिठास की तह घुला चुकी हूँ
तुम मुझे रुला सकते हो
के मैंने अपने आप को क़त्ल करके
अपनी आँखों को पानी पानी करके
आँखों में झील बना ली है
...एक नज़्म इजाज़तों के लिए

(मलामतों के दरमियान)

मौसम बदलने की रुत मेरे अन्दर नहीं आती
मैं तो समन्दर की मौज़ों के
पुरसुकून हो जाने के वक़्त
साहिल की सिम्त जाती हूँ
शायद इसलिए आग मेरी ज़बान की साथी है
और मैं दोस्तों की रुख़्सती का नौहा
...पोर्ट्रेट (१९८१)

(मलामतों के दरमियान)

इनमें शायरी का उंसुर देखने में ग़ायब है। देखने में यह खुले-डले बयानात हैं या 'हालाते हाज़िरा' पर तब्सिरे। लेकिन इन पर बहरहाल 'लबे गोया' की शायरा के दस्तख़त सबत हैं। 'मलामतों के दरमियान' के बाद किश्वर नाहीद के जो संग्रह सामने आये, 'स्याह हाशिये में गुलाबी रंग', 'मैं पिछले जनम में रात थी' और 'ख़याली शख़्स से मुक़ाबला'...इनकी ज़्यादातर नज़्में एक नये जमालियाती ज़ायक़े की निशानदेही करती हैं और उनका बुनियादी तक़ाज़ा पढ़ने वाले से यही होता है कि रिवायती और रस्मी जदीद शायरी के असर से आज़ाद होकर उन्हें पढ़ा जाये। इन नज़्मों का मज्मूई लहजा तक़रीरी, ख़तीबाना[1] और पुरशोर है। उनका उस्लूब अक्सर भेद से खाली और ज़बान सीधी-सादी रोज़मर्रा बातचीत की है। यह नज़्में उस तग़य्युर पज़ीर[2] ज़हनी और जज़्बाती मौसम की ख़बर देती हैं जिसकी गिरफ़्त किसी एक इलाक़े, क़ौम और माहौल तक सीमित नहीं। ताहम, इन नज़्मों की नींव मक़ामी और मख़्सूस तबीई और मुआशरती हवालों पर क़ायम है। यह एक सफ़र है मक़ामियत से बेनलअक़्वामियत की तरफ़

१. ख़तीबों जैसा २. परिवर्तन क़ुबूल करने वाला

जहाँ 'अनागुज़ीदगी[१]' के रंग धुँधले पड़ गये हैं और एक फ़र्द[२] की आवाज़ एक अहद की आवाज़ बन गयी है, एक तरह का 'वार टाइम' या हंगामी हालात की तह से नमूदार होने वाला अदब, ऐसी शायरी जो *आर्ट* और *जर्नलिज़्म* की हदों को गड्ड-मड्ड कर देती है। एहतिजाज, बरहमी, टकराव और तसादुम[३], एक शदीद ज़हनी और जज़्बाती मुज़ाहमत और इंकार की लहर इन तमाम नज़्मों में मुर्तइश[४] दिखायी देती है। हमारे ज़माने के बहुत से शायरों ने, और यह बात दुनिया भर की मुआसिर शायरी को ज़हन में रखकर कही जा सकती है कि बयान का यह सीधा-सीधा तरीक़ा, यह खुरदरी ज़बान, यह दुरुस्त लहजा एक बदलती हुई फ़िज़ा में एक नयी जज़्बाती और तख़्लीक़ी ज़रूरत के तौर पर अख़्तियार किया है। किश्वर नाहीद से नज़र हटाकर, उनकी हमअस्त्र शायरों में फ़हमीदा रियाज़, शाइस्ता हबीब, नसरीन अंज़ुम भट्टी और अज़रा अब्बास के यहाँ भी एहतिजाज़[५] की यह लय बहुत तेज़ है। एहतिजाज और मुज़ाहमत का यह रवैया शायरी के मुआसिर मंज़रनामे में बहुत आम दिखायी देता है हिन्दुस्तान से बहुत ज़्यादा पाकिस्तान में। ज़ाहिर है कि इसके असबाब का तज्ज़िया भी पाकिस्तान की मख़्सूस और मुआशर्ती सूरतेहाल के सियाक़ में किया जाना चाहिए। इसी के साथ-सांथ यह हक़ीक़त भी पेशे नज़र रहनी चाहिए कि मशरिक़ और मग़रिब के बहुत से मुल्कों के अदब में एक नयी फ़िक्री जद्दोजहद, एक एहतिजाजी रवैये और बाग़ियाना शऊर ने जो सर उठाया है, उसके लिए बैनलअक़्वामी[६] सियासत और साम्राज्य की नयी शक्लों ने हस्सास[७] लिखने वालों के लिए नये मसले भी पैदा किये हैं। एक बहुत ताज़ाकार और बासलाहियत नये और पाकिस्तानी शायर, इबरार अहमद ने मज़ामती अदब की उमूमी रिवायत और पाकिस्तानी मुआशरे में उसकी बुनियादों का जायज़ा लेते हुए लिखा था :

> कलामे पाकिस्तान के इब्तिदाई बरसों में फ़सादात और हिजरत के मौज़ूआत हमारे अदब पर ग़ालिब दिखायी देते हैं। वो ज़माना बाहैसियत क़ौम, हमारी शिनाख़्त की तलाश का ज़माना था और एक नयी क़ौम अपने ख़दो-ख़ाल वाज़ेह करने की कोशिश में मसरूफ़ थी। लेकिन हमारा सियासी निज़ाम बदक़िस्मती से इब्तिदा ही से अपने क़दमों पर खड़ा ना हो सका...रूह अस्त्र को समझे और उसके साथ चले बग़ैर कोई अदब

---

१. ख़ुद को काटना २. व्यक्ति ३. संघर्ष ४. कम्पन ५. विरोध ६. अन्तरराष्ट्रीय ७. संवेदनशीलग

> सच्चा अदब नहीं कहलाता। मौजूद इंकार बजाते ख़ुद एक ऐसा जुर्म है जो बाशऊर, बाज़मीर और ज़िम्मेदार अदीब से सरज़द नहीं हो सकता...
>
> *(मज़ाहमती अदब, अकादमी अदमबियात, पाकिस्तान इशाअत १९९५)*

पाकिस्तान के मुआसिर अदब ने मुज़ाहमती रवैये के निशान बहुत नुमायाँ हैं और बहुत आम। इस रवैये ने जहाँ ख़ालिस सहाफ़ियाना अन्दाज़ के और बहुत मामूली सतह रखने वाले फ़िक्शन और शायरी को राह दी है, वहीं इस वाक़िये का एतराफ़ भी किया जाना चाहिए कि अदब में कमिटमेंट के तसव्वुर, अदीब की समाजी ज़िम्मेदारी के तसव्वुर और अदब में इंसानी सरोकारों की अहमियत के तसव्वुर को पाकिस्तान के नये लिखने वालों के ज़रिये एक नया वक़ार और एतिबार भी मिला है। इस पसे मंज़र में किश्वर नाहीद का किरदार सरगर्म भी रहा है और ख़ास भी। अपने इसी लेख में इबरार अहमद ने लिखा था :

> किश्वर नाहीद की शायरी एक ऐसे फ़र्द की मौजूदगी का पता देती है, जो आलमी शहरी है, जिसकी नज़र दुनिया भर में होने वाले वाक़ियात को देख़ती और महसूस करती है। वो फ़र्द जिसे अपने वतन, अपनी ज़मीन के दुखों के साथ-साथ दूसरे ख़ित्तों में होने वाले मज़ालिम भी बुरी तरह महसूस होते हैं। फिर मुलूकियत का वो दौर तो अपने ही वतन में दुश्मनी और ख़ौफ़ का दौर था जब रातों को देर गये लौटने वालों को अपने ही घर के रास्ते पर तलाशी और पूछ-गछ की अज़ीयत और ज़िल्लत से गुज़रना पड़ता था।

पाकिस्तान की मख़्सूस तारीख़ और पाकिस्तानी मुआशरे पर तानाशाही और जुलमतपरस्ती के जब्र ने जो ज़हनी और जज़्बाती माहौल पैदा किया है उसे वहाँ की मुआसिर शायरी के एक मुस्तक़िल हवाले का नाम दिया जा सकता है। १९४७ के बाद से आज तक की नयी शायरी के जायज़े में सबसे क़ाबिले तवज्जो क़िस्सा इस पूरे दौर के मज़ाहमती अदब का है। इस मामले में क्या तरक़्क़ीपसन्द और क्या नौक्लासिकी, दोनों हल्क़ों के मारूफ़ लिखने वाले नये शायरों और अदीबों के साथ दिखायी देते हैं।

फ़ैज़ अहमद फ़ैज़, अहमद नदीम क़ासमी, ज़हीर काश्मीरी, ज़ेहरा निगाह, हबीब जालिब और नासिर काज़मी से लेकर अब्बास अथर, ज़ाहिद डार, अख़्तर हुसैन जाफ़री, मुहम्मद सलीमुर्रहमान, साक़ी फ़ारूक़ी, जावेद शाहीन,

तबस्सुम काश्मीरी, अहमद फ़राज़ और उनके हमअस्रों तक, सियासी सूरतेहाल और वारदात को अपने तख़्लीक़ी तजुर्बे की बुनियाद बनाने वालों की एक लम्बी क़तार दिखायी देती है। १९६० के बाद नये शायरों के तवस्सुत[1] से तरक़्क़ीपसन्दी और नयी क्लासिकियत के बजाय एक बैनलअक़्वामी तनाजुर और अदब में एक आलमगीर वाबस्तगी के रुझान का साया बहुत गहरा था। पाकिस्तान की नयी नज़्म, नयी ग़ज़ल, नये अफ़साने बल्कि यह कहना चाहिए कि नस्र और नज़्म के तक़रीबन तमाम तख़्लीक़ी सिंफ़ो में एक नये शऊर की सरगोशी सुनायी देती है। नस्री नज़्म के फ़रोग़ में और बैनलअक़्वामी अदब के तर्जुमों की रिवायत ने इस रुझान को मज़ीद तरक़्क़ी दी। शोहरत बुख़ारी, ज़फ़र इक़बाल, इख़्तिख़ार आरिफ़ की कुछ रिवायती और नयी क्लासिकी ग़ज़ल में भी इस रुझान के वास्ते से एक नयी जिहत का इज़ाफ़ा हुआ, यहाँ तक कि अदा जाफ़री, अहमद हमदानी, ज़हूर नज़र, सलीम शाहिद, सज्ज़ाद बाक़र रिज़वी, सलीम अहमद और मुनीर नियाज़ी जैसे पुख़्ताकारों के यहाँ भी गिर्दो-पेश की इज्तिमाई और आम इंसानी सूरतेहाल का हक़ीक़त पसन्दाना इदराक एक तरह के धुँधले, दबे-दबे से सियासी रंग की शुमूलियत का सबब बना है। इस इदराक को किश्वर नाहीद, शाइस्ता हबीब, फ़हमीदा रियाज़, सारा शगुफ़्ता, नसरीन अंजुम भट्टी से आगे अज़रा अब्बास, अफ़्ज़ाल अहमद सैयद, ज़ीशान साहिल, सईदुद्दीन, तनवीर अंजुम, परवीन शाकिर, इरफ़ाना अज़ीज़, अहमद फ़ुवाद, फ़ातिमा हसन, हसन अब्बास रज़ा, हसन आबिद, हसन आब्दी, हारिस ख़लीक़, अरबाब मुस्तफ़ा, ख़ालिद इक़बाल यासिर, इबरार अहमद, असग़र नदीम सैयद, इक़बाल साजिद, सरमद सहबाई और इस दौर के दूसरे कई नये लिखने वालों के यहाँ क़ुबूलियत मिली है। पाकिस्तान की मुआसिर सहाफ़त और नस्रो-नज़्म में इज्तिमा और आज़ादी-ए-इज़हार के रुझान ने उस जदीदतर आवाँ-गार्द रवैये को एक मख़्सूस और मक़ामी नींव फ़राहम की है जिसके बग़ैर नयी हिस्सियत का क़िस्सा मुकम्मल नहीं होता, बदक़िस्मती से हमारे नये अदीबों और नक़्क़ादों के एक ख़ासे बड़े हल्क़े ने कुछ तो अपनी बेख़बरी की वजह से, और कुछ तरक़्क़ीपसन्दी के अड़ियल तसव्वुर की जिद में, इस रवैये से गुरेज़ को मज़हबी ज़ाब्ते की हैसियत दे दी। कोल्हू के बैल की तरह उर्दू की नयी

१. बीच की राह पकड़ना

जदीदियत के वज़ीफ़े ने ज़ोर बाँधा तो हरकसो नाकिस हत्ता के एहसास भी जिन्होंने एक उम्र अदीब की इंफ़िरादी आज़ादी और नावाबस्तगी का राग अलापते हुए गुज़ारी थी, एहतिजाज, इंकार, अदीब के समाजी रोल का परचम उठाये फिरते हैं। हमारे यहाँ ज़माना साज़ी की यह रविश कुछ ऐसी चीज़ भी नहीं। एक वक़्त ऐसा भी आया था जब उर्दू अदीबों का एक सरगर्म गिरोह 'नेशनल राइटर्ज़ फ़ोरम' के नाम से रिवायती तरक़्क़ीपसन्दों को मुँह चिढ़ाता था। और इमरजेंसी के दौरान काँग्रेस की बीस नुक़ाती *प्रोग्राम* की इशाअत में जुटा हुआ था। ख़ैर, यह तो एक प्रासंगिक बात थी। ग़र्ज़ सिर्फ़ यह करना है कि बोलने की आज़ादी, सोचने की आज़ादी, फ़िक्र की आज़ादी, बरहमी और एतजाज़ की रिवायत शुरू से ही हमारी अदबी तारीख़ का हिस्सा रही है। और इसी रिवायत ने मुस्तक़्बिलियत के एक जारिहाना[१], पुरअज़्म[२] और ग़ैर इस्तिलाही मानों में सियासी तसव्वुर को उर्दू की नयी शायरी के साथ परवान चढ़ाया है। पाकिस्तान में जिस अन्दाज़े नज़र को ज़्यादा क़ुबूलियत मिली तो इसलिए कि वहाँ के इज्तिमाई माहौल में उसके लिए गुंजाइश ज़्यादा निकलती थी और अदब में एहतिजाज या मुज़ाहमत के तसव्वुर की तश्कील के असबाब भी मौजूद थे। रशीद अमजद ने अपने लेख 'उर्दू में मुज़ाहमती अदब की रिवायत' (मश्मुला मुज़ाहमती अदब, अकादमी अदबियात, पाकिस्तान १९९५) में एक वसीअ तारीख़ी पसे मंज़र का इहाता करते हुए लिखा था कि :

> १८५७ की इब्तिदा के बाद जो जब्रो तशद्दुद और सियासी ख़ौफ़ की फ़िज़ा हमारी शायरी के पसे मंज़र में मुसल्सल मौजूद रही है, उसका तसल्सुल बीसवीं सदी में भी जारी रहा, बस उसकी सूरतें बदलती रहीं। इसलिए रद्दे अमल, एहतिजाज और मज़ामत की रिवायत हमारी शायरी ख़ुसूसन ग़ज़ल की एक रवाँ रिवायत में आज़ादी के बाद भी जारी रही। वजह यह है कि आज़ादी के बाद भी ख़्वाबों और आदर्शों को ताबीर ना मिली। समाजी बेइंसाफ़ी और तबक़ाती जब्र का दौर ना सिर्फ़ जारी रहा, बल्कि क़यामे पाकिस्तान के बाद इसमें मुसल्सल इज़ाफ़ा ही होता गया...पाकिस्तान की सियासी तारीख़ में जुम्हूरियत और मार्शल लॉ के अरसे का तअय्युन और जुम्हूरी इदारों का ज़वाल अलग मुताले का मुतक़ाज़ी है। तशद्दुद की फ़िज़ा, माशी अदमे मसावात और सियासी

---

१. उग्र २. हौसले से भरी हुई

जब्रियत हमारे अदीब को विरसे में मिली हैं। क़यामे पाकिस्तान के बाद उभरने वाली नस्ल के यहाँ बेइत्मिनानी और ख़्वाबों की शिकस्त व रेख़्त का मंज़रनामा इसी गिरावट से वाबस्ता है। इस तरह पाकिस्तान की नयी शायरी का *कल्चर स्पेसिफ़िक* हवाला और इस हवाले के सियाक़ में किश्वर नाहीद और उनके मुआसरीन की शायरी का एक साफ़ रुझान अपनी ख़ास मानवीयत रखता है।

बक़ौल जावेद शाहीन :

मौज़े बला ठहर गयी, एक अज़ाब[१] रह गया
उम्र गुज़ारने को अब शहर ख़राब रह गया

इस सूरतेहाल ने बहुत पुरशोर क़िस्म की बराहे रास्त शायरी के साथ-साथ ईमाई[२] और इस्तिआराती पैराया-ए-इज़हार, दोनों के लिए रास्ता हमवार किया है। एक शहर ख़राब की सूरतेहाल के मलबे से कुछ बहुत ख़ूबसूरत कहानियाँ इन्तिज़ार हुसैन, रामल्ला, हसन मंज़र, मसूद अशअर, असद मुहम्मद ख़ान, मुहम्मद सलीमुर्रहमान, रशीद अमजद, मुहम्मद मंशायाद, मजहरुल इस्लाम, फ़हमीदा रियाज़, ज़ाहिदा हिना, आसिफ़ फ़र्रूख़ी और नज़्में बल्कि नज़्मों की किताबें (कराची की नज़्में, ज़ीशान साहिल) बरामद हुई हैं। इन सबका इहाता एक तफ़्सीली जायज़े का तालिब है, इसलिए अब फिर किश्वर नाहीद की नज़्मों से कुछ मिसालें और इक़्तिबासात :

हमारी क़ौम, हर बात और हर शख़्स को क़ुबूल कर लेती है
इस क़ौम ने आमरों को क़ुबूल किया
मुजावरों को क़ुबूल किया, नक़्क़ालों को क़ुबूल किया
मगर क़ुबूल नहीं किया
तो मौलवियों को क़ुबूल नहीं किया
चमगादड़ों और भेड़ियों को क़ुबूल नहीं किया
वादों और फ़तवों को क़ुबूल नहीं किया
...ऐ मेरी क़ौम! मेरी बीती सुन!

(ख़याले शख़्स से मुक़ाबला)

वो जो बच्चियों से भी डर गये
वो जो इल्म से भी गुरेज़पा

---

१. यातना २. सांकेतिक

करें ज़िक्र रब्बे करीम का
वो जो हुक्म देता है इल्म का
के मैं उसके हुक्म से माविरा
ये मनादियाँ
ना किताब हो किसी हाथ में
ना ही उँगलियों में क़लम रहे
कोई नाम लिखने की जा ना हो
ना हो रस्मे इस्मे ज़नाँ कोई

वो जो बच्चियों से भी डर गये
वो यहीं कहीं हैं क़रीब में
उन्हें देख लो, उन्हें जान लो
नहीं उनसे कुछ भी बईद
शहरे ज़वाल में
...तालिबान से क़िब्ला रू गुफ़्तगू

(मैं पिछले जनम में रात थी)

मैं परिन्दों की नस्ल से हूँ
और उड़ना मेरी विरासत है
मगर यह दीवार गिरते गिरते मुझसे कहती है
मेरे नाम पे किये गये वादों का ज़ायका
जब तक तुम्हारी ज़बान पर रहेगा
तुम बेसतर नहीं हो सकतीं
अँधेरे में चिराग़ लेकर चलने वालों के नाम नहीं होते हैं
मगर लोग उनको कभी नहीं भूलते हैं
...गिरती हुई दीवारे बर्लिन, गुंटर ग्रास और मैं

(ख़याली शख़्स से मुक़ाबला)

मेरा मुल्क गर्म है
मेरी हाथों की तपिश का सबब यही है
मेरा मुल्क गर्म है
मेरे पैरों के जलने का सबब शायद यही है
मेरा मुल्क गर्म है
मेरे बदन पे आबलों का सबब शायद यही है
मेरा मुल्क गर्म है

मेरे घर की छत पिघल कर गिर जाने का सबब शायद यही है

मुझे लम्बे होते सायों की छाँव नहीं चाहिए
मुझे तो निकलते सूरज की शुआओं[1] की हिमायत हासिल है
सूरज अपनी तवानाई मेरे मुल्क में अरज़ाँ करता है
सूरज और मैं
सूरज और तुम
साथ-साथ नहीं चल सकते
सूरज़ तो मेरा हमसफ़र है
...सर्द मुल्कों के आक़ाओं के नाम

(स्याह हाशिये में गुलाबी रंग)

बेशक यह नज़्में एक इंफ़िरादी तजुर्बे की निशानदेही भी करती हैं कि उनके तरीक़े, लहजे, लफ़्ज़ियात[2], मज्मूई आवाज़ पर एक शख़्स के दस्तख़त नुमायाँ हैं, लेकिन इसी के साथ-साथ इन मिसालों के ज़रिये हम एक ख़ास इलाक़े की सूरते हाल, एक ख़ास दौर की फ़िज़ा और हमारी इज्तिमाई ज़िन्दगी से गिर्दो-पेश की दुनिया के रिश्तों की एक ख़ास रूदाद तक भी पहुँचते हैं। चुनाँचे यह शायरी एक शख़्स की शायरी है, एक अहद की शायरी है, और एक ख़ास इलाक़े की शायरी है जिसका उमूमी मिज़ाज एक तरह की इज्तिमाई, वुजूदी इंसान दोस्ती के अनासिर का पाबन्द है। इस लिहाज़ से यह शायरी रिवायती तरक़्क़ीपसन्दी से अलग, एक नयी बूतियक़ा[3], एक नये इंसानी सरोकार की पहचान का ज़रिया बनती है। मेरा ख़याल है कि इस सरोकार ने अदब में वाबस्तगी के तसव्वुर को एक नय मफ़्हूम का रास्ता दिखाया है और हमारे ज़माने की शायरी को नये मानी पहनाये हैं। यह शायरी मक़ामी भी है और बैनलअक़्वामी भी। तख़्लीक़ी जद्दोजहद का एक हिस्सा भी है जिसने एशिया, अफ़्रीक़ा और लातिनी अमरीका के अदब को एक अलग पहचान दी है। ज़ाहिर है कि इस अदब की जड़ें इंसानी साये कि और सूरतेहाल की ज़मीन में दूर तक पैवस्त हैं और इससे वाबस्ता मसले सिर्फ़ ज़बान व बयान और इज़हार व उस्लूब के मसले नहीं हैं। ख़ातिमा-ए-क़लाम के तौर पर किश्वर नाहीद की एक और नज़्म 'जलते दमिश्क व बसरा की बुझती आवाज़ें' के चन्द मिसरे

१. किरण २. शब्दावली ३. अरस्तू की किताब 'द पोएटिक्स' का अरबी अनुवाद।

देखिये और सोचिये कि हमारे अहद की ज़िन्दगी और शायरी कहाँ-कहाँ फिरती-भटकती, आज इंसानी मसले के किस आशोब में घिरी खड़ी है और इदराक व एहसास और इज़हार व बयान के किस मरहले में दाख़िल हो चुकी है...

उठो अम्माँ!
लाशों के ढेरों से उठो
अपनी गोद के पालों को दफ़नाने उठो
ख़ून में डूबा बसरा बसरा क्या लगता है
ये तो बताओ!
उठो अम्माँ यह तो बताओ!
तुमको यह क्यों यक़ीन नहीं था
सामराज को जुल्म की प्यास बहुत लगती है
अपनी प्यास बुझा लेने को
सेहरा क्या और समन्दर कैसा
हर चप्पे पर इसके पीले दाँत गड़े हैं
सामराज की आँखें नहीं हैं
आग के दो गोले हैं जिनमें
हवस का ईंधन भरा हुआ है
उठो अमाँ!
मेरे बुझते होंठ, अटकते साँस की
इस दहलीज़ पे ठहरो और देखो तो
सारी दुश्मन दुनिया
मेरे नंगे बदन को तस्वीरों में ढाल रही है
तुम शर्मिन्दा मत हो अम्माँ
उठो अम्माँ!
उठो अम्माँ!

(ख़याली शख़्स से मुक़ाबला)

यह कल का क़िस्सा भी है, आज का भी। यह एक रज़्मिया भी, और एक नौहा भी, कर्ब-ओ-बला की अज़ली-ओ-अबदी मिथ और इस्तिआरे के पसे मंज़र में।

कुमार पाशी

एक नामुराद नस्ल का नौहागर[१]

'नामुराद नस्ल का नौहा' कुमार पाशी की एक बहुत पुरानी नज़्म है, उनकी शायरी के शुरुआती दौर की यादगार। इस नज़्म के कुछ मिसरे कुछ इस तरह हैं कि :

> ना रास्तों का तअय्युन[२], ना मंज़िलों का पता
> फ़लक-फ़लक है स्याही, ज़मीं-ज़मीं कोहरा
> ना रंग-रंग मनाज़िर, ना मौसमों की ख़बर
> ख़ला[३] में गूँज रहा है, हवाओं का नौहा
>
> ना इन्तिज़ार किसी का, ना एतिबार अपना
> निगल गया है सभी कुछ, स्याहियों का भँवर
> के खा गया सभी को श्राप रूहों का

इस नज़्म के छपने का ज़माना और पाशी से मेरे सीधे तौर पर परिचय और मुलाक़ातों का दौर क़रीब-क़रीब एक है। आज से कोई पैंतीस बरस पहले जब पाशी का नाम 'पुराने मौसमों की आवाज़' के साथ उर्दू की नयी शायरी के क्षितिज पर अच्छी तरह रौशन हो चुका था, उस वक़्त भी पाशी की आवाज़ अपने तमाम समकालीन शायरों से अलग और अपनी तरफ़ खींचने वाली थी। वे शे'र इस तरह कहते थे जैसे रात गये कोई क़िस्सा सुना रहे हों। असरार[४] और इबहाम[५] की एक मुस्तक़िल[६] कैफ़ियत[७] उस आवाज़ की हमरकाब[८] थी। पाशी नये ज़माने और नये इंसान की बात करते थे, मगर एक पुराने, आज़माये हुए लहजे में। ऐसा लगता था कि

---

१. मृतक पर विलाप करने वाला २. तय / निश्चय करना ३. शून्यता ४. रहस्य ५. अस्पष्टता ६. अटल ७. सुरूर ८. साथ चलने वाली

अनगिनत युगों पर फैली देवमालाओं ने उन पर अपने तमाम राज़ खोल दिये हैं। तक़रीबन उन्हीं दिनों (१९६७-६८) मैंने पाशी की शायरी पर एक लेख लिखा था जो 'औराक़' लाहौर में छपा। इसकी समाप्ति ऐसी थी :

> मुझे पाशी की शायरी बेहद अज़ीज़ है और इसे पढ़ते या सुनते वक़्त मैंने इससे बहुत गहरी रिफ़ाक़त[१] और जज़्बाती हमआहंगी[२] का एहसास अपने अन्दर पाया है। ख़लाई अहद की बातें करते वक़्त भी वो मुझे अपनी ज़मीन से दूर नहीं ले जाता और अपने तहज़ीबी व फ़िक्री विरसे की क़द्रो-क़ीमत का नया शऊर[३] और उसके लिए गहरे प्यार का एहसास जगाता है। मुझे और मेरे अहद को पाशी की यह देन आने वाले हर ज़माने में क़द्र की निगाहों से देखी जायेगी।

पाशी की ज़िन्दगी एक शोला-ए-मुस्ताजिल[४] साबित हुई। अपने मुम्ताज़[५] हमअस्रों में उन्होंने शायद सबसे कम उम्र पायी, लेकिन उनकी शायरी अपनी भेदों भरी आवाज़, बुलन्दी और तेज़ की कैफ़ियत से भरे हुए लहजे, अपनी फ़िक्री जिहतों[६], अपने गहरे गम्भीर तजुर्बों और अपने घने असर के एतिबार से आज भी बेमिसाल कही जा सकती है। नयी हिस्सियत[७] की नुमाइन्दगी करने वाले शायरों की दूसरी क़तार (पहली में ख़लीलुर्रहमान आज़मी, मुनीबुर्रहमान, अमीक़ हनफ़ी, क़ाज़ी सलीम, बाक़र मेहदी, मुहम्मद अलवी, बलराज कोमल शामिल थे) में अपने इमकानात[८] के लिहाज़ से पाशी की शायरी नुमायाँ तरीन[९] हैसियत रखती थी। उनकी हिस्सियत में जो ग़ैर मामूली वुफ़ूर[१०], जो शिद्दत, जो हैरान कर देने वाला फैलाव और दीवानगी की हदों को छूती हुई जो गुमशुदगी दिखायी देती है, उस हिसाब से पाशी की तख़्लीक़ियत[११] को शायद उसी तरह तेज़ी से जल-बुझना चाहिए था। गहरे तजुर्बों, कैफ़ियतों और एहसासों का बोझ उठाने वाले कई अदीब और फ़नकार इसी तरह की बेतरतीब ज़िन्दगी और ऐसी ही अचानक मौत से दो-चार हुए हैं।

पाशी की शायरी की एक ख़ूबी जो अपने पढ़ने वाले को सबसे पहले अपनी ओर खींचती है, इसका शख़्सी उंसुर[१२] और निजी आहंग[१३] है। इनकी नज़्मों में आम तौर पर और ग़ज़लों में कहीं-कहीं ऐसी मिसालें

---

१. संगत २. एक-सी आवाज़ वाले ३. विवेक ४. बहुत जल्दी जल जाने वाला शोला, ५. ख़ास ६. वैचारिक दिशाएँ ७. संवेदनशीलता ८. सभावनाएँ ९. ज़ाहिर/स्पष्ट १०. आधिक्य ११. सृजनात्मकता १२. तत्त्व १३. ध्वनि

मिल जाती हैं जिन पर इसके ज़ाती लहजे, इदराक[१] और तजुर्बे की छाप बहुत गहरी है। हर अहद की रस्मी शायरी की तरह, नयी हिस्सियत की नुमाइन्दगी करने वाले ज़्यादातर शायरों के यहाँ भी मुस्तआर[२] तजुर्बों, पामाल[३] और रस्मी मज़ामीन[४], आज़्मूदा[५] इस्तलाहों[६] और इज़हार के पेश पा उफ़्तादा[७] साँचों का चलन आम है। बुद्ध ने कहा था कि सिर्फ़ दूसरों की कही हुई (या लिखी) हुई बातों को दोहराना ऐसा ही है जैसे कोई गड़रिया दूसरों के मवेशी चरा रहा हो। पाशी की शायरी में भी समकालीन अहद की ज़िन्दगी और शायरी से ताल्लुक़ रखने वाले मज़ामीन और वारदात का बयान बेशक मिल जाता है। मगर पाशी की ख़ूबी यह है कि रस्मी और आम तजुर्बों पर भी वे एक मुंफ़रिद[८] निजी गहरा रंग चढ़ा देते हैं। लिहाज़ा इनके इज़हार और बयान का हिस्सा बनने वाला हर ख़याल, हर तजुर्बा इनका अपना ख़याल और तजुर्बा बन जाता है। 'ख़्वाब तमाशा' की एक नज़्म 'तिलिस्मे आब' में इन्होंने कहा था :

अज़ाब[९] मर्ग[१०] मैं ना था, किसी सराब[११] में ना था
लिखा गया था मैं, मगर किसी भी बाब में ना था
पढ़ा गया था मैं, मगर किसी किताब में ना था
जो आग गर्दिशों में थी, जो ज़िन्दगी तहों में थी
जो तीरगी[१२] सफ़ों में थी
वो मेरे दायरों में थी
वो मुझमें थी!

यूँ भी पाशी के बुनियादी रवैये पर एक तरह के ज़ाती और वजूदी गिरफ़्त का पहलू बहुत नुमायाँ है। वे अपने हवाले से दुनिया को देखते हैं और दुनिया के हवाले से अपने आप को। मानो एहसास और जज़्बे का सफ़र चाहे जहाँ से शुरू हो, यह सारा सिलसिला बहरहाल एक शख़्सी सियाक[१३] का पाबन्द होता है। 'एलेनापा का ज़वाल' पाशी के यहाँ सिर्फ़ आस-पास के इंसानी मुआशरे[१४] का पतन नहीं है, उसमें ख़ुद अपनी बर्बादी और गिरावट का क़िस्सा भी छुपा हुआ है :

ज़वाले शब का हर मंज़र है मुझमें

---

१. बोध/अगोचर वस्तुओं का अनुभव २. माँगी हुई/उधार ली हुई ३. रौंदे हुए ४. विषय ५. परखा हुआ ६. परिभाषा ७. घिसे-पिटे ८. अकेला ९. यातना १०. मौत ११. मृग-तृष्णा १२. अन्धकार १३. सन्दर्भ १४. तहज़ीब

मैं सूरज से भी पहले जागता हूँ
तमाम उम्र रहा हूँ मैं जिस्म में महसूर[1]
तमाम उम्र कटी है मेरी सज़ा की तरह

इसी सूरतेहाल में पाशी की शायरी में उदासी के मुस्तक़िल एहसास से बोझिल, एक घने और गम्भीर लहजे को राह दी है। यह लहज़ा इनकी नज़्मों में ज़्यादा खुलकर सामने आया है, लेकिन इसका असर उनकी ग़ज़ल के शेरों में भी देखा जा सकता है :

क्यूँ नहीं चलते के जाना है बहुत दूर अभी
क्यूँ यहाँ रुक गये बेकार तमाशा बन कर

जो कुछ नज़र पड़ा मिरा देखा हुआ लगा
ये जिस्म का लिबास भी पहना हुआ लगा

छुपता-फिरता हूँ अपने आप से मैं
कोई पूछे तो कुछ बता ना सकूँ

आया बसन्त फूल भी शोलों में ढल गये
मैंने इन्हें छुआ तो मेरे हाथ जल गये

इस शायरी का रुख़ ज़मीन से आसमान की तरफ़ है, मज़ाहिर[2] की दुनिया से ख़ला की तरफ़। इसलिए पाशी की शायरी में एक साफ़ असातीरी[3] माहौल मिलता है। इन्होंने एक नयी देवमाला लिखने की कोशिश की है, उस इंसान की देवमाला जो पुराने आदर्शों और अक़ीदों से महरूम है, बेबस है, निहत्था और कमज़ोर है :

जो कुछ भी था
वो सब कालक में डूब गया
जो कुछ भी है
वो रफ़्ता-रफ़्ता रंग बदलता जाता है

ख़्वाब तमाशा

ये चाँद, यह सूरज सय्यारे[4]
ये मंज़र-मंज़र नज़ारे

---

१. घिरा हुआ २. प्रत्यक्ष ३. पौराणिक/देवमालाई ४. ग्रह

एक ख़्वाब है सोये आदमी का
जो सोया है
शायद तन्वीम के ज़ेरे असर[१]
जाने कितने अन्धे, काले
अनजान बरस

ख़्वाब तमाशा

ये कुछ गुण ऐसे हैं जो पाशी को अपने हमअस्त्रों से ही नहीं, नयी शायरी की पूरी रिवायत के पसे मंज़र में भी एक अलग हैसियत देते हैं। इनकी शायरी नयेपन की अमूमी पहचान या नयापन पैदा करने की शऊरी कोशिश करने वालों से उन्हें चुपचाप अलग कर देती है। नये और पुराने के रस्मी फ़र्क़ के बजाय इस शायरी के वास्ते से, हम एक साथ कई ज़मानों को अपनी गिरफ़्त में लेते हुए हिस्सियत के मसलों तक पहुँचते हैं। पाशी जब इस तरह की बातें करते हैं कि :

ये किसका ख़्वाब तमाशा है
मैं जिसमें ज़िन्दा शामिल हूँ
जो सच पूछा तो मेरा दुख तन्हाई नहीं
कुछ और ही बात है जिससे दिल घबराया है

या फिर :

तमाम उम्र रहा हूँ मैं जिस्म में महसूर
तमाम उम्र कटी है मेरी सज़ा की तरह

जो कुछ नज़र पड़ा मिरा देखा हुआ लगा
ये जिस्म का लिबास भी पहना हुआ लगा

क्यूँ नहीं चलते के जाना है बहुत दूर अभी
क्यूँ यहाँ रुक गये बेकार तमाशा बन कर

तो ऐसा लगता है कि पाशी सिर्फ़ अपने आप को या सिर्फ़ अपने ज़माने को नहीं बल्कि इंसान के वजूद से सम्बन्धित समूचे इतिहास, तहज़ीब के पूरे सफ़र पर सवालिया निशान लगा रहे हैं और ऐसी उलझनों में गिरफ़्तार

---

१. लोरी के असर में

हैं जो हर अहद की ज़िन्दगी के सामने है। यह एक अनोखी विलास यात्रा का बयान है, एक अजीबो-ग़रीब 'ऑडिसी' जिसके केन्द्र में हमारी हस्ती के बुनियादी सवालों का नक़्शा जमा हुआ है। पाशी ने अपनी दुनिया को एक नये वेदान्ती की निगाह से देखा। इसीलिए इनके मज्मूई[१] तर्ज़े एहसास पर हमें कभी-कभी एक नयी 'वचनमाला' का गुमान होता है। अफ़सोस कि इस माला के मनके इतनी जल्दी बिखर गये।

---

१. सामूहिक

बलराज कोमल

सवालों का सिलसिला

असरार[1] में लिपटे हुए चेहरों की तरह, हवास पर देरपा[2] और दूर-रस असर क़ायम करने वाली हक़ीक़त भी वही है जिसकी हदें तअय्युन[3] से परे हों और जिसके गिर्द रहस्य का एक हाला फैला हुआ हो। हो सकता है कि दो और दो-चार के कारोबारी मुआशरे[4] में देखने का यह तरीक़ा नामत्बूअ[5] क़रार पाये या ग़ैरहक़ीक़त पसन्दाना समझा जाये। बलराज कोमल की लगभग अट्ठाइस बरस पुरानी नज़्म 'अकेली' जो उनसे मेरा पहला परिचय था, और उनके ताज़ातरीन संग्रह नज़ाद संग (इशआत[6] १९७६) की एक नज़्म 'अहमदाबाद' तक, तार्रुफ़[7] और तज्ज़िये[8] के एक लम्बे सफ़र में रहस्यों की यह मायावी धुन्ध इनकी अक्सर नज़्मों पर छायी हुई दिखती है। यह बारीक़ी इस एतिबार से ग़ौरतलब है कि इन दिनों नज़्मों का ताल्लुक़ ऐसे इज्तिमाई अल्मियों से है जिनकी शोलगी[9] में अच्छे-बुरे बहुत-से शायरों की फ़नकाराना हिस को जिला डाला और उर्दू में ऐसी सैकड़ों नज़्मों का अम्बार लग गया जिनसे शायर के गुदाज़े क़ल्ब[10] का इज़हार तो होता है मगर वह उलझा हुआ, हर पल रंग बदलता हुआ धागा इन नज़्मों में नापैद है जिसे फ़नकार की तीसरी आँख दरयाफ़्त करती है।

कोमल के सिलसिले में यह बात इसीलिए भी अहम है कि उनका शेरी सफ़र रूमान के बजाय हक़ीक़त की धूप में नहाई हुई ज़मीन पर हुआ है। मुल्क की तक़्सीम और फ़िरका वाराना फ़सादात का आसाब शिकन माहौल कोमल के लिए ज़िन्दगी से फ़नकाराना रिश्ते का पहला मोड़ था। यह फ़िज़ा उस जमालियाती ज़ायक़े से महरूम थी जिससे कोमल के

---

१. रहस्य २. टिकी हुई ३. निश्चित ४. तहज़ीब ५. नापसन्दगी ६. प्रकाशन ७. परिचय ८. अलग-अलग करना ९. ज्वालामय १०. दिल का पिघलना

क़रीबी पेशरौ[१] दो-चार हुए थे। ख़्वाबों के बाद शिकस्ते ख़्वाब की यह उदास घड़ी और उसकी हर लम्हा लम्बी होती हुई परछाईं कोमल के शेरी इदराक[२] की पहली हमसफ़र थी। जब यह आग बाहर की दुनिया में ठण्डी पड़ी तो दिलों में दूसरे अलाव रौशन हो गये कि तक़्सीम के बाद का मुल्की माहौल एक शदीद ज़हनी और जज़्बाती बहरान[३] की ज़द पर था। यही सूरतेहाल इस वसीअतर फ़िक्री और हिस्सी तनाज़ुर[४] की थी जिसने रफ़्ता-रफ़्ता दूसरी तरक़्क़ीपिज़ीर[५] ज़बानों की तरह उर्दू शेरो अदब की बिसात पर भी अपने क़दम जमा लिये और आलमगीर तख़्लीक़ी पसे मंज़र की हैसियत अख़्तियार कर ली। अब इस लिहाज़ से देखा जाये तो कोमल और उनके ज़्यादातर समकालीन एक ही दर्द के आज़ार[६] में फँसे हुए दिखायी देते हैं। पहली नज़र में, ऐसा लगता है कि किसी अलमअंगेज़ नग़्मे की ताल पर एक सहरज़दा[७] सामूहिक नृत्य का मंज़र सामने है। तन्हाई, बेबसी, खौफ़, दहशत, नारसी[८], यक्सानियत[९] और अफ़्सुर्दगी[१०] का मिला-जुला ज़हर हर ज़बान का ज़ायक़ा और एक कड़वी सच्चाई सबका तजुर्बा बन गयी। नतीजतन अच्छे-बुरे का भेद ख़त्म हो गया और तल्ख़कामी[११] का रस्मी इज़हार धीरे-धीरे उन तमाम शायरों की आदत का हिस्सा बनता गया जो शे'र से कैमरे का काम लेना चाहते थे कि अपनी दुनिया की तर्जुमानी में वे अगर सबसे आगे नहीं तो किसी से पीछे भी नहीं हैं। सीनों पर शे'र का उतरना बन्द हुआ तो अख़बार, रेडियो, टेलीविज़न और रसायल-ओ-कुतुब से माख़ूज़[१२] इत्तलाअत के साथ लोग ख़ुद शेरों पर नाज़िल होने लगे। ज़ाहिर है कि यह रवैया उतना ही ग़ैर तख़्लीक़ी है जितना पेशरौओं का था जो ख़बरनामों की सुर्ख़ियाँ देखकर शे'र कहते थे और मुफ़ीद मतलब मज़ामीन की हवा बाँधते थे। ऐसी सूरत में जल्द ही थककर बैठ जाना या शोरे बेअमाँ से सुनने वालों का उकता जाना फ़ितरी था। उस फ़िज़ा में जहाँ हर शायर अपने हद के 'मुतालिबात की तक्मील' में सरगर्म हो, शे'र का किसी ग़ैर मुतवक़्क़ो अनोखी और ताज़ाकार हक़ीक़त की तस्वीर में मुंतक़िल होना कुछ आसान नहीं।

मेरा मसला यह है कि मैं नज़्म की कोई किताब पढ़ते वक़्त हैरतज़दगी के रहस्यमय ज़ायक़े का एहसास जल्दी ही खो बैठता हूँ। ज़्यादातर सूरतों में

१. रहनुमा, २. अगोचर वस्तुओं का बोध ३. संकट ४. परिपेक्ष ५. उन्नत ६. मुसीबत ७. जिस पर जादू किया हो ८. दुर्लभ ९. बराबरी १०. उदासी ११. मनोरथ तक ना पहुँच पाने की असफलता १२. गिरफ़्तार

सब कुछ इतना साफ़, इतना क़तई[1] और इतना तयशुदा होता है कि शे'र मंज़ूम[2] बयान की पस्ती से उठता और उभरता ही नहीं। ख़याल की एक रौ, बयान की एक सतह और तजुर्बे की एक ही परत दो-चार लम्हों में मुँह का मज़ा बिगाड़ देती है और ख़याल आता है कि अगर शे'र पढ़ने से मक़्सूद महज़ चन्द घिसे-पिटे हक़ायक की बाज़ियाफ़्त या वाक़िआत तक पहुँच है तो इंफ़रादी शेरी तजुर्बे और आम तजुर्बे के बीच ख़ते इम्तियाज़ क्यूँकर खींचा जाये? क्या शे'र से पढ़ने वाले के मुतालिबात की क़िस्म कोई जज़्बाती और जमालियाती दूरी नहीं रखती और क्या शायर का तरीक़कार से और उसका सीग़ा-ए-इज़हार[3] उनुलूम के सीग़ा-ए-इज़हार से कुल्ली मुतबिक़त का हामिल हो सकता है? अगर नहीं, और ज़ाहिर है कि इन तमाम सवालों का जवाब नफ़ी में है तो फिर हमारे ज़्यादातर शायर किसी ऐसे मंसब की अदायगी का एहसास क्यूँ नहीं दिलाते जो समाजी इतिहासकारों और विचारकों की एक कमतर और बिगड़ी हुई शक्ल से मुख़्तलिफ़ दिखायी दे।

सूरते हाल की इस ख़राबी का सबब यह है कि अक्सर लोग शेरी एहसास और नस्री एहसास में फ़र्क़ करने की क़ुव्वत से महरूम हैं और यह नहीं जानते कि हमारे तजुर्बों की क़िस्म के साथ-साथ असालीबे[4] इज़हार की क़िस्म, हैयत और हक़ीक़त में चन्द लाज़िमी, बुनियादी और महसूस तब्दीलियों का दर्राना यक़ीनी है। इनके बग़ैर फ़न और ग़ैर फ़न में इम्तियाज़ महाल है। इन तब्दीलियों के एहसास से बेनियाज़ी और इनके अमल से बेख़बरी नज़्में शायरी की रिवायत में इस अल्मिये पर मुंतज हुई है कि ज़्यादातर शायर नज़्म के नाम पर मन्ज़ूम ख़ाके या लेख लिखने की आदत के शिकार हो गये हैं। तम्हीद[5], नफ़्से मज़्मून और इख़्ततामिया[6]...नज़्म इस तरह एक के बाद एक, अपनी तीसरी सीढ़ी पर पहुँचकर ख़त्म हो जाती है। आम पढ़ने वाला जब पहले और दूसरे हिस्से से होता हुआ तीसरे और आख़िरी हिस्से तक पहुँचता है तो उसकी पहली मुट्ठी एक बेरूह सरगर्मी के मुतवक़्क़े नतीजे से भर जाती है और शायर ही की तरह वह यह सोचकर मुत्मईन हो जाता है कि तवक़्क़ो[7] को आईन मुताबिक़ उसकी मेहनत राएगाँ[8] नहीं गयी और दुरे मक़्सूद[9] हाथ आ गया।

---

१. मज़बूत २. पद्यात्मक ३. इज़हार/अभिव्यक्ति का तरीक़ा ४. शैली ५. उठान ६. समाप्ति ७. उम्मीद ८. निष्फल ९. जिसे हासिल करना चाहते थे

अमल की इस सूफ़ियत के मज़ाहिर से उन शायरों की नज़्में अक्सर निढाल दिखायी देती हैं जो नफ़्सियात, इमरानियत[१], इल्मुलिंसान[२], फ़ल्सफ़े और तारीख़ की किताबों से महसूल मालूमात या मास मीडिया की बख़्शी हुई इत्तलाआत को इस तौर पर तरतीब देने में मुनहमिक रहते हैं कि अल्फ़ाज़ का एक नज़्मनुमा मुरक़्क़ब[३] तैयार हो जाये। यह तरीक़कार सिर्फ़ उसी सूरत में नतीजख़ेज़ हो सकता है जब इत्तलाआत और मालूमात में छिपी हुई दानिश की किरण शायरी की जमालियाती बसीरत के अहाते में आ सके और उनसे इस्तफ़ादे की तहरीक़ कोई अन्दरूनी जिहत रखती हो। ज़ाहिर है कि महज़ मंसूबा बन्दी इस क़िस्म की तहरीक का नैमुलबदल[४] नहीं हो सकती। नस्री हुस्न और शेरी हुस्न का फ़र्क़ देखने में जितना धुँधला है उतना ही पेचीदा और दुश्वार गुज़र भी है।

कोमल ने इस फ़र्क़ पर काबू पाने की कोशिश कई सिम्तों से की है। यही वजह है कि उनके शेरी अमल और इम्तियाज़ की तफ़्हीम से पहले से मसला एक नागुज़ीर सवाल बन जाता है जिस पर तवज्जो के बग़ैर इनका तज्ज़िया शायद मुनासिब ना होता। हाल के बहुत से शायरों की तरह कोमल भी इस पतन के नौहागर[५] हैं जिसके सिलसिले घर और घर से बाहर की दुनिया में दूर-दूर तक फैले हुए हैं। यह गिरावट एक सामूहिक घटना है, फिर इससे सफ़र मुम्किन नहीं। और इसके इरफ़ान[६] के बग़ैर इस ज़िन्दगी से शायर के ताल्लुक़ को समझना दुश्वार है जो उसे गुज़ार रही है या जिसकी आज्माइशों से वह दो-चार है। इस पूरे तजुर्बे में एक ज़ाती दूरी की शमूलियत कोमल ने इस तरह की है कि ज़वाल के इज्तिमाई साँचे को ज़ातीय रिश्तों के इन्हिदाम की जज़्बाती हक़ीक़त में मुन्तक़िल कर दिया है। यह एक मंतिक़ी[७] और मारूज़ी[८] सच्चाई को एक ज़ाती और तख़य्युली सच्चाई में ढालने की जानिब में कोमल का पहला क़दम है। घर, बच्चे, दोस्त और अज़ीज़ इन मुनहदिम होते हुए रिश्ते के सबसे जाने-पहचाने इस्तआरे हैं। कोमल के नक़्क़ादों[९] से अक्सर ग़लती हुई है कि उन्होंने कोमल की शायरी में ज़ाती रिश्तों के इज़्दिहाम[१०] की इस हक़ीक़त को महज़ एक महदूद निजी इंसिलाक़[११] और ठिठुरी हुई फ़िज़ा के तनाज़ुर में देखा है और इस बारीक़ी से बेनियाज़ गुज़र गये हैं कि कोमल का

---

१. सामाजिक २. भाषा विज्ञान ३. समग्र ४. विकल्प ५. विलाप करने वाला ६. विवेक/ज्ञान ७. तर्कसंगत ८. कथित ९. आलोचक १०. भीड़/जमाव ११. घुसना

बुनियादी शेरी तजुर्बा घर की मुहब्बत के एहसास से जन्म लेता है, लेकिन यही घर उनकी अपनी शख़्सियत का तकमिला[१] भी है कि रिश्तों की इस पहचान के वस्लिए से वो अपनी पहचान भी कराते हैं और उस दुनिया की भी जिसमें वो साँस ले रहे हैं।

(अजनबी अपने क़दमों को रोका ज़रा)

जानती हूँ तुम्हारे लिए ग़ैर हूँ
फिर भी ठहरो ज़रा
मेरी अम्मी बनो / मेरे अब्बा बनो / मेरी आपा बनो
मेरे नन्हे से मासूम भैया बनो
मेरे कुछ तो बनो / मेरे कुछ तो बनो / मेरे कुछ तो बनो

अकेली : १९४८ (मेरी नज़्में)

एक माँ सीना कोबी से थक कर गिरी
एक बहन अपनी आँखों में आँसू लिये / राह तकती रही
एक नन्हा खिलौने की उम्मीद में / सर को दहलीज़ पर रख के सोता रहा
एक मासूम सूरत दरीचे से सर को लगाये हुए / ख़्वाब बुनती रही

जंग : १९४९ (मेरी नज़्में)

जाने-पहचाने लोग बैठे हैं
फिर भी हमसायगी की लज़्ज़त से
ऐसे ग़ाफ़िल हैं जैसे इन सबने
नोच डाला है अपनी फ़ितरत को

हमसायगी : १९५२ (मेरी नज़्में)

हमारे मुन्ने को चाह थी, रेडियो ख़रीदें
के अब हमारे यहाँ फ़रागत की रौशनी थी
मैं अपने दीराना तंगदस्ती की दास्ताँ उसको क्या सुनाता

रेडियो : १९५८ (रिश्ता-ए-दिल)

रात को सोने से पहले
मुझसे मुन्ना कह रहा था, चाँद लाखों मील क्यूँ दूर है
क्यूँ चमकते हैं सितारे?...दो गुब्बारे...काली बिल्ली क्या हुई?
मेरे हाथी को पिलाओ गरम पानी...वो कहानी...मुझको नींद आने लगी

काग़ज़ की नाव : १९५९ (रिश्ता-ए-दिल)

---

१. सम्पूर्णता

इस बरस रंगों की रुत आयी तो मेरे दोनों बच्चे देर से बीमार थे
सब्ज़ा-ओ-गुल का हुजूम
चमचमाती धूप में उड़ते हुए भँवरों के साथ
मेरे आँगन में बहुत दिन मुन्तज़िर उनका रहा

अगले बरस की बात : १९६१ (रिश्ता-ए-दिल)

मैं उन जुग्नुओं की याद में
नन्हे की पेशानी पे अपने होंठ रख दूँगा
बलायें लूँगा उस महताब की
जो रेज़ा-रेज़ा हो गया मेरे ही आँगन में
कहूँगा मैं किसी आशुफ़्ता सर
मुझमें पल भर को समा जाओ
जामिस्ता में तमाज़त के जज़ीरे मैं बनाऊँगा

जज़ीरे : १९६७ (सफ़र-मदाम-सफ़र)

ये बुरीदा जिस्म जो ज़ंजीर मौज़े ख़ून है
कल तलक आबाद थे
खेतों, घरौंदों, साहिलों की रीत पर
ये बुरीदा जिस्म / मेरे दस्त-ओ-पा / मेरे अज़ीज़
मेरे बच्चे मेरे भाई
मेरे जलते आँगनों के ज़र्द फ़ूल
ये बरहना जिस्म रुस्वाई के पैराहन से भी आज़ाद हैं

लम्हा मौजूद : (नशाद संग)

दिल को बेश-ओ-कम का अन्दाज़ा नहीं
मुनहदिम होते हुए रिश्तों के साहिल पर खड़ा
सोचता है
वक़्त शायद दायरा है
कोई पुरअसरार सा फ़ितरी अमल
एक सफ़र के बाद फ़ौरन दूसरे पर गामजन
दोस्तों, अपनों, अज़ीज़ों, हमदमों की सूरतें
हो गयी थीं ख़ाक़-ओ-ख़ूँ में जो निहाँ
ऐन मुम्किन है वो जिस्म-ओ-जाँ की लज़्ज़त की अमी
लाला-ओ-गुल में नुमायाँ हो गयी होंगी कहीं

दिल सादा : नशाद संग

तुम हवा से पूछते हो, कौन-सी गलियों से होकर आयी है?

कौन-से आँगन में रौशन थे गुलाब?
कौन-सी खिड़की में आवीज़ाँ थी चश्मे आफ़्ताब?
कौन-सी आवाज़ में ख़ामोशी इसरार थी?
कौन सा आँचल चमक्ते नीलगूँ आकाश का हमराज़ था?

एक नज़्म : नशाद संग

वो नन्हा गाँव जलता रहा
वो मेरे सब्ज़ हँसते-गुनगुनाते पेड़ जलते हैं
वो मेरे लोग जलते हैं
मेरी आवाज़ जलती है
मेरा हर गीत जलता है
ये मंज़र क्यूँ बिखर जाता है चेहरे पर
तमाशाई नहीं हूँ मैं तो मंज़र हूँ

तसल्सुल : नशाद संग

इस क़िस्म की मशालें कोमल की नज़्मों में बहुत ज़्यादा दिखायी देती हैं। इनमें वह अल्मिया जो एक तहज़ीबी सच्चाई है, शख़्सी अल्मिये की हैसियत अख़्तियार कर लेता है और अगर तामीम[1] से काम लिया जाये तो कहा जा सकता है कि इनका सामूहिक असर एक ज़ाती नौहे का है। लेकिन यहाँ भी कोमल ने अपनी एहसासे क़लम को लजलजी रूमानियत या रहम तलब या रक्कतख़ेज़ी के नुक़्ते से दूर रखने की जुस्तजू की है। तसल्सुल कि यह दो मिसरे :

ये मंज़र क्यूँ बिखर जाता है चेहरे पर
तमाशाई नहीं हूँ मैं तो मंज़र हूँ

ज़ात और ग़ैर ज़ात के दरमियान इस फ़ासले या संवियत[2] को ख़त्म करने का पता देते हैं जिसके बग़ैर बाहरी दुनिया के तजुर्बे ज़ाती तजुर्बों की सतह तक नहीं आते। इसके बावजूद यहाँ 'मैं' (कि एक मंज़र है) एक किरदार बन जाता है, शायर के अपने जज़्बाती वजूद से अलग और परे, जो किसी जज़्बाती रद्दे अमल का इज़हार करने के बजाय आप अपने अमल का मज़हर नज़र आता है और इस मंज़र के तमाशाई (पढ़ने या सुनने वाले) को यह आज़ादी देता है कि वह शायर की निगाह से इस मंज़र को देखने के बजाय अपने तौर पर उससे गुज़रे। यह मंज़र शायद दर्दे दिल भी है और

---

१. किसी बात को आम कर देना २. द्वैतवाद

उसके ज़ख़्मों का महज़रनामा भी। सुनने और देखने वाला अपने तौर पर इससे एक असर अख़्ज करता है और इस मामले में किसी ग़ैर ज़ाती जब्र या हिदायत का पाबन्द नहीं होता। कोमल के शेरी तरीक़कार में इज़हार का यह ढंग एक बुनियादी भेद का हामिल है कि इस तरह वे जाती तजुर्बों के बयान में भी अपने शायराना वजूद और तजुर्बे के दरमियान एक मारूज़ी फ़ासला पैदा कर देते हैं। यह रवैया फ़ी नफ़सिही[१] तरक़्क़ीपसन्द शायरों के अमूमी तर्ज़े इज़हार से मुख़्तलिफ़ है। तरक़्क़ीपसन्द शायरों और उनके सहर में गिरफ़्तार नये शायरों के यहाँ इज़हार का यह नुक़्स बहुत नुमायाँ है कि वे अपने पढ़ने या सुनने वाले को हमेशा उस हक़ीक़त तक पहुँचाने की कोशिश करते हैं जिसे वे ख़ुद दरियाफ़्त करते हैं या जिसकी गिरफ़्त से ख़ुद को आज़ाद नहीं कर पाते। सुनो, देखो, आओ, यारो, लोगो, या हम और हम लोग जैसे अल्फ़ाज़ तरक़्क़ीपसन्द शायरी के अलावा नयी शायरी के कुछ मानने वालों के कलाम में भी एक बाज़ारी आहंग की नमूद का सबब बने हैं। ऐसे तमाम शायरों के यहाँ एक क़िस्म की सतही नुमाइशपसन्दी के साथ-साथ रहनुमाई या तल्क़ीन[२] का छिछलापन भी दर आता है, जैसे वे अपनी क़ियादत[३] में एक पूरे गिरोह को एक ऐसे तजुर्बे तक ले जाने की जद्दोजहद करते हैं जिसका मर्कज़ो महवर[४] उनकी आगही होती है। यह आगही उनके नज़दीक एक ऐसा हर्फ़े हक़ होती है जिसे क़ुबूल करना सब पर फ़र्ज़ है। शायर ख़ुद को दीदा-ए-बीना-ए-क़ौम करता है और यह समझता है कि एक अन्धी भीड़ को सच्चाई के रास्ते पर लगाने का फ़र्ज़ सिर्फ़ उस पर आयद किया गया है। इस तरह बिलवासिता[५] तौर पर एक कम अयार और ख़ुदबीनी[६] और ख़ुदतज़ईनी[७] की तलब इज़हार के तरीक़े में ख़ुद-ब-ख़ुद पैदा हो जाती है और अल्फ़ाज़ के ताने-बाने से एक ऐसी तस्वीर उभरती है जो मजरूह[८] है, अपनी जराहतों[९] का बाज़ार सजाती है और हर आने-जाने वाले से कहती है कि एक आलम दर पए आज़ार[१०] है और एक दुनिया मुजरिम और गुनाहगार है। इसके बरक्स कोमल ख़ुद को भी जुर्म और गुनाह के इस दस्तावेज़ में शरीक और शामिल दिखाते हैं।

आप अपना हदफ़[११] बनते हैं, अपने आप से पशेमान[१२] होते हैं और एक

---

१. वो ख़ुद २. हिदायत देना ३. रहनुमाई ४. केन्द्र और परिधि ५. परोक्ष ६. अपने आप को देखने की आदत ७. आत्म-स्तुति ८. घायल ९. घावों १०. तकलीफ़ ११. निशाना १२. पछतावा

दुनिया की तरह ख़ुद को भी जवाबदेह समझते हैं :

आसमान तक सुलगते हुए जुर्म के शहर में
चाटता हूँ लहू, ज़ायक़े से मगर मैं परेशाँ नहीं
चाटते हो लहू, ज़ायक़े से मगर तुम परेशान नहीं
मैं जो ज़िन्दा हूँ, मैं कौन हूँ
तुम जो ज़िन्दा हो, तुम कौन हो

अहमदाबाद (नशाद संग)

जुर्म के इस शहर के सभी निवासी एक-दूसरे के हमसफ़र थे, ख़ौफ़ की आग के बन्धन में एक-दूसरे से जुड़े हुए। शहर का शहर इस आग में जल गया। यहाँ तक तो हक़ीक़त अपनी सरगुज़श्त सुनाती है, सवाल का लम्हा उस वक़्त सामने आता है जब इस शहर के रहने वालों में एक नन्हे बच्चे की तस्वीर उभरती है :

वो नन्हा था, मासूम था
उसको सूरज का या चाँद का अक्स सबने कहा
वो भी जलने लगा, वो भी बहते लहू में पिघलने लगा
वो तो नन्हा था, मासूम था
वो मसीहा था, वो आख़िरी नौहा था, उसकी तक़्दीर में
मर्गे बेकार क्यूँ आज लिखी गयी

यह बच्चा इंसानी रिश्तों का सबसे मज़बूत इस्तआरा है कि इसके ज़रिये हाल अपने मुस्तक़्बिल का सुराग़ लगाता है और जुर्म का यह शहर इन रिश्तों के इन्हिदाम[१] का मर्कज़ है। कोमल के निज़ामे एहसास की सबसे नुमायाँ और निगाह बख़्श हक़ीक़त जिसमें वे तमाम हक़ीक़तें जिनका ताल्लुक़ शायर की रिवायत, तारीख़, तहज़ीब और मुआशरे से है, ख़ामोशी से समा जाती है और इस हक़ीक़त को एक हमाजिहती हक़ीक़त में मुन्तक़िल कर देती है। नुक़्तों से दायरों का काम लेने का यह हुनर कोमल की शायरी में एक इम्तियाज़ी दूरी का इज़ाफ़ा कर देता है।

इस प्रसंग में एक और मानीख़ेज़[२] वाक़िआ यह है कि कोमल की पिछले दस बरसों की शायरी में घर के जाने-पहचाने इस्तआरे ब तदरीज़[३] होते हुए नज़र आते हैं। नज़ाद संग की नज़्मों में लहजा सीधा-सीधा कम है।

---

१. तोड़-फ़ोड़ २. अर्थपूर्ण ३. धीरे-धीरे

इस अरसे में कोमल की ज़्यादातर कामयाब नज़्में मुनज़बित, मानूस और माद्दी इस्तआरों की तय हदों से निकलती हुई ऐसी नीमरौशन फ़िज़ाओं की मुतलाशी दिखायी देती हैं, जिनके अनासिर की क़तअ और दो-टूक तौज़ीय-ओ-तारीफ़ मुम्किन नहीं। इनमें रंग आपस में गिटमिट और लकीरें एक-दूसरे से उलझती हुई महसूस होती हैं, एक नीम तजरीदी मानी आफ़रीनी के साथ :

(अभी ग़ैर दिलचस्प हो जायेंगे हम)

अभी तुम ज़बाँ पर
सुलगती हुई रेत का ज़ायक़ा चन्द लम्हों में महसूस करने लगोगे
अभी मैं ज़बाँ पर
कोई ख़ूबसूरत फ़रिश्ता सिफ़्तनाम तन्हाइयों में नहीं ला सकूँगा
अभी ज़हन बीमार हो जायेंगे सब
अभी ख़्वाब लाचार हो जायेंगे सब
फ़लक तक पहुँचते हुए हाथ बेकार हो जायेंगे सब

(एक नज़्म : १९६५ सफ़र-मदाम-सफ़र)

मैं चोर, इक अज़ीम घाव था
वो मुझको दस्ते मेहरबाँ में सौंप कर
चली गयी तो मैं ग़ुनूदगी की बेकराँ मुहीब धुन्ध में भटक गया
हरेक रहगुज़र पे गाड़ियों, बसों का कारवाँ उमड़ पड़ा
अजीब इंक़लाब था, मेरी नज़र के सामने
वो एक पल में सब सपीद हो गयीं
सपीद सब सपीद, उनके पहलुओं, ज़बीन और पश्त पर
सलीब के निशान दफ़आता उभर के आ गये

एम्बुलेंस १९६६ (सफ़र-मदाम-सफ़र)

दर्द रिश्तों से जब मावरा हो गया
उसके चेहरे के सारे हसीं ज़ाविये
अजनबी हो गये, धुन्ध में खो गये
हर मुलाक़ात जिसकी ख़लिश दास्ताँ थी, हिमाकत हुई
मैं कहाँ से चला था, कहाँ आ गया
दिल के आफ़ाक़ पर
बेकराँ फ़ासलों का उमड़ता हुआ अब क्यूँ छा गया

दर्द का लम्हा-ए-जावदाँ १९६८ (सफ़र-मदाम-सफ़र)

मैं सैद-ए-आईना हूँ
जिसको अपना अक्स कहता हूँ, वो मेरा दुश्मन परकार
मेरे क़त्ल की ख़्वाहिश से
चश्म आईना में मज़तरब रहता है रोज़-ओ-शब
वो नूर-ओ-तीरगी से मावरा है / और मेरी आँख उसके मर्कज़ी ख़ंजर पर रहती है
मैं हर पहलू में उसके रू-ब-रू हूँ
उसके ख़ातिर ज़िन्दगी के एक लम्हे को मुसल्सल दूसरे से मुंसलिक करता हूँ
शायद सिलसिला बहता अमल है, ख़्वाब मंज़र में बदलता है

आईना (नशाद संग)

मंज़र में बदलते हुए ख़्वाब, फ़लक तक पहुँचते हुए हाथ, फ़ासलों का उमड़ता हुआ अब्र[१], ग़ुनूदगी की बेकाराँ मुहीब धुन्ध, यह तमाम तस्वीरें हरकत पज़ीर और सैयाल हैं। इस क़िस्म की तस्वीरों को अगर 'बच्चों का जुलूस', 'टीन के तोते', 'सर्कस का घोड़ा', 'ख़रगोश का ग़म', 'नारियल के पेड़', 'काग़ज़ की नाव' और 'अगले बरस की बात' जैसी नज़्मों के तनाज़ुर में देखा जाये तो कोमल के शऊरी सफ़र की एक नयी सूरतेहाल उभरती है। मैं इस सूरतेहाल को कोमल के तख़्लीक़ी इर्तिक़ा की एक नौयाफ़्ता मंज़िल से ताबीर करता हूँ। इस मोड़ पर कोमल की शायरी एक नये ज़ायक़े का और उनके मानूस, क़द्रे तकरार आमेज़ तजुर्बे की एक नयी जिहत का एहसास दिलाती है। अब हक़ीक़तें अशिया और असमा के घेरे से निकलकर एक पेचदार और बेनाम फ़िज़ा में मुन्तक़िल होती हुई और एक नये तख़्लीक़ी ख़ाके को तरतीब देती हुईं सामने आती हैं। इस ख़ाके के बेश्तर नक़ूश अभी तर्बियत-ओ-तामीर के मराहले से गुज़र रहे हैं और तक़्मील के नुक़्ते तक नहीं पहुँचे। दूसरे लफ़्ज़ों में उन्हें एक ऐसे अमल का अक्स कहा जा सकता है जो जारी है। नज़ाद संग की कई नज़्मों मसलन 'मौत से मावरा', 'सिर्फ़ इंसान है', 'रोज़न', 'पहला मुसाफ़िर', 'आख़िरी मुसाफ़िर', 'हल्का-ए-आज़ार', 'असीर ख़ाक़' और 'गरीजां सितारा' में तजुर्बे और इज़हार की इसी क़िस्म के निशान मिलते हैं। मेरा ख़याल है कि हर सच्चे शायर की तरह अब कोमल की शायरी हिस भी तर्फ़अ की उस सतह तक पहुँच चुकी है जो मुअय्यना

१. बादल

जवाहिर की पहुँच में नहीं आती और अपनी उड़ान के लिए उन आज़ाद और बेकराँ फ़िज़ाओं की जानिब सरगर्म सफ़र है जहाँ अल्फ़ाज़ और इस्तिआरे या इज़हार के तमाम जाफ़्ताबन्द, महदूद और मताइन साँचे पिघलते हुए दिखायी देते हैं। जहाँ तख़य्युल ऐसे रंगों में रब्त का सिरा ढूँढ़ निकालती है जो देखने में एक-दूसरे से मुतसादिम नज़र आते हैं और जहाँ मफ़्हूम तक पहुँचने के लिए क़ारी को लफ़्ज़ की उन देखी सतहों तक और तलाज़मत की एक अजनबी, अनोखी दुनिया तक जाना होता है। 'अकेली' से 'अहमदाबाद' तक कहीं भी कोमल ने इज़हार का वह सीधा और सहलुल-उसूल तरीक़ा नहीं अपनाया है जो लफ़्ज़ और तजुर्बे दोनों की सख़्त और खुरदरी जिल्द के आर-पार देखने के बजाय महज़ उनकी ऊपरी सतह का पाबन्द होकर रह जाता है, जबकि इसके क़बील की मौज़ूआती शायरी अमल की उस महदूदियत का बजाय ख़ुद जवाज़ बन सकती थी। नज़ाद संग की शायरी मज्मूई तौर पर एक ऐसे दाख़िली मंज़रनामे का अक्स है जिसका मफ़्हूम-ओ-मक्सद अपनी तरसील के लिए क़ारी से भी उस आँख के खुलने का तक़ाज़ा करता है जो देखने के साथ-साथ सोच भी सके और मज़ाहिर को नयी शक्लों और ज़ावियों में जोड़ने में क़ादिर[१] भी हो। जानी-पहचानी ज़मीनों से इर्तफ़ाअ की कोशिश का नुक़्ता-ए-उरूज नज़ाद संग की एक नज़्म 'परिन्दा' है जो महज़ अपने बाल-ओ-परिया आँख के ज़रिये अपने पूरे पैकर का इज़हार बन जाता है और इस तरह अपने हक़ीक़ी वजूद को एक तहय्युर आमेज़[२] और हरकत पज़ीर इस्ताअरे में ढाल देता है, जो ऊँचाइयों से उस दुनिया का नज़ारा करता है जहाँ :

हुजूमे संग-ओ-आहन में
कोई आवाज़ देता है, कोई आवाज़ सुनता है
मगर आवाज़ से आवाज़ का रिश्ता नहीं होता
मगर आवाज़ से आवाज़ का हर सिलसिला बेकार होता है

और शायर ख़ुद अपने आप से अपनी रूह के ख़ला में भटकते हुए परिन्दे को देखकर पूछता है कि :

ये मंज़र तैरता है आबजो में हाय! लेकिन अजनबी क्यों है
मैं मंज़र हूँ, तसल्सुल हूँ

---

१. समर्थ २. आश्चर्य पैदा करे

मगर मैं अजनबी क्यों हूँ
ये फ़र्श-ए-आब-ओ-गुल मेरे लिए एक सिलसिला क्यों है?
परिन्दा आसमाँ की नीलगूँ मेहराब के उस पार जाता है
परिन्दा फ़ासला क्यूँ है?
परिन्दा मावरा क्यूँ है?

यह उलझन, तजस्सुस[१] और सवालों का तवीलतर होता हुआ सिलसिला कोमल की शायराना शख़्सियत को उस इज़्मेहलाल[२] से हमकिनार करता है जो उसके हवास की सरगर्मी और फ़ेलीयत[३] का सबब है। मनाज़िर और मज़ाहिर चाहे ख़ारिज की सतह पर उभरें, शायर के मन की बिसात पर अपनी पेचीदगी और तहर्रक[४] की वजह से इतने धुँधले और भेद भरे दिखायी देते हैं कि कोमल की शायरी में एक अजली मुआम्मे की मिसाल बन गयी हैं। कोमल की बसीरत उनके आपसी रिश्तों की मतलाशी है और उस बनते और बिगड़ते हुए, बिखरते और फैलते हुए मंज़रनामे की हदें ढूँढ़ रही हैं। यह तलाश उस अपनी ज़मीन और ज़माँ के मताईन दायरों से निकालकर इस गहरे और मुहीब ख़ला[५] की तरफ़ भी ले जाती है जिसमें हक़ीक़तों के सैकड़ों दायरे खोये गये हैं। इस तरह आसमाँ की नीलगूँ[६] मेहराब के उस पार भी उस फ़र्श-ए-आब-ओ-गुल के सिलसिले फैले हुए हैं और रूह का दायमुल मुसतरिब[७] परिन्दा जिस्म-ओ-जाँ की हदें छोड़कर इस सिलसिले के साथ-साथ अपने सवालों में गुम है। कोमल का अन्दोख़्ता[८] यही सवाल हैं कि वे शायर हैं। रहे जवाब तो उनका सिरा दानिशे हाज़िर से तलब कीजिये।

---

१. जिज्ञासा २. खिन्नता ३. कर्मठता ४. हिलना-डुलना ५. शून्य ६. नीले रंग का ७. हर वक़्त परेशान रहने वाला ८. सम्पत्ति

मनमोहन तल्ख़

जाना कहीं हो और पहुँचते कहीं हैं हम

जब मैं १९५४ में लखनऊ गया था तो एक दिन मिर्ज़ा (यगाना) के साथ (तब वे शाहगंज वाले मकान में रहते थे) गोमती के किनारे बैठे-बैठे जब मिर्ज़ा मुझे ग़ज़ल, लहजे, फ़िक्र और शेरी महासिनों[१] के बारे में काफ़ी कुछ बता चुके तो मैंने कहा...''मिर्ज़ा, मैं अपना पहला मज्मूआ-ए-कलाम[२]...''

> अभी नहीं। अपनी आवाज़ पहचानो। आवाज़ पहचाने बग़ैर शे'र कहा तो क्या कहा? अभी आवाज़ में वो बात आ लेने दो कि मैं तुम्हारा मज्मूआ सामने लाते वक़्त फ़ख़्र महसूस करूँ...

मैं मिर्ज़ा की बात सुनकर कुछ देर तक ज़मीन पर पड़ी अपनी बयाज़[३] को देखता रहा। फिर मैंने बयाज उठाई और घुमाकर गोमती में फेंक दी।

''ये क्या?'' मिर्ज़ा ने कहा।

''आज से सब कुछ बिल्कुल नये सिरे से कहूँगा...''

सवानें मज़ामीन का सिलसिला
रोज़नामा, क़ौमी आवाज़ देहली

९ जुलाई, २००० ई.

१९५४ को गुज़रे ज़माना हुआ, तक़रीबन निस्फ़[४] सदी पर फैला हुआ। इस अरसे में शायरी ने कई रंग अख़्तियार किये। ग़ज़ल की जैसी सिंफ़[५] जो कट्टर और सख़्तगीर समझी जाती है, कई बार तब्दीलियों की ज़द पर आयी। तरक़्क़ीपसन्द ग़ज़ल का तजुर्बाती दौर तो ख़ैर पहले ही तमाम हो

१. सौन्दर्य २. कलाम का संग्रह ३. हाथ से लिखी हुई कविता की कॉपी ४. आधी ५. क़िस्म

चुका था, लेकिन बाद के ज़माने में भी, नयी ग़ज़ल के इर्तिक़ा[1] के साथ कई तमाशे उभरे और डूबे। फ़िराक़ की गड़बड़ ग़ज़ल, ज़फ़र इक़बाल की 'गुलाफ़्ताब' के वास्ते से 'एंटी ग़ज़ल', अख़्तर अहसन की 'ज़ेन ग़ज़ल' फिर नयी रुझानों की पैरोडी के तौर पर कही जाने वाली 'टैडी ग़ज़ल, बेन-बेन ग़ज़ल' और इस सिलसिले का सबसे मुज़हिक[2] और देखने में बड़ी पुरअसरार[3] मतानत[4] के साथ किया जाने वाली तजुर्बा (आज़ाद ग़ज़ल) का। उर्दू की इस सबसे मक़्बूल, इसी के साथ-साथ मज़्मूम[5] और मक़्हूर[6] सिंफ़ ने आते-जाते, मौसमों की सख़्तियाँ बहुत सहीं। अज़मतुल्लाह ख़ाँ, कलीमुद्दीन अहमद और जोश के नाम तो ग़ज़ल के मोतरिज़ीन[7] में नुमायाँ हैं। मगर इनसे कुछ कम ज़्यादती इस सिंफ़ के साथ अख़्तरुल ईमान, उनके तरक़्क़ीपसन्द पेशरौओं[8], और उनके बाद आने वालों में ज़ोए अंसारी जैसे लोगों की नज़र ने नहीं की। इनके एतिराज़ों का जवाब ज़माना दे चुका कि इस सिंफ़ की हरदिल अज़ीज़ी ज्यों की त्यों बर्क़रार है। मगर ग़ज़ल के साथ ख़ुद नये ग़ज़लगोयों का सुलूक मेरे ख़याल में ख़ासा परेशान करने वाला रहा है। नयी ग़ज़ल के ज़्यादातर हिस्से पर यकसानियत[9], तक़रार, बेक़ैफ़ी और आमियानापन[10] का ग़ल्बा[11] है। पाकिस्तान और हिन्दुस्तान के शायरों में मारूफ़ ग़ज़लगोयों की तादाद ख़ास है, मगर उनमें इंफ़िरादियत[12] की ख़ूबी से मुज़य्यन[13] और मुत्तसिफ़[14] होने वाले गिनती के हैं। इसी छोटी सी क़तार में मनमोहन तल्ख़ का नाम भी शामिल है।

तल्ख़ से मेरी पहली मुलाक़ात उनके दूसरे मज्मूआ-ए-कलाम 'जज़्बा-व-आवाज़' के छपने (१९६९) के बाद हुई थी। उन दिनों रिवायती ग़ज़ल में मुकालिमा जारी था और ख़ुद नये ग़ज़लगोयों में नये क्लासिकी और नये रूमानी अन्दाज़ का शे'र कहने वाले इज़्ज़त की नज़र से देखे जाते थे। इब्ने इंशा, नासिर क़ाज़मी, रज़ी अख़्तर शौक़, ख़लीलुर्रहमान आज़मी, अथर नफ़ीस, सज्जाद बाक़र रिज़्वी, सलीम अहमद, जॉन एलिआ, ज़हीर काश्मीरी, महबूब ख़िज़ाँ, अहमद हम्दानी, मुश्फ़िक़ ख़्वाजा और जमीलुद्दीन आली जैसे शायरों का अन्दाज़े-सुख़न एक-दूसरे से अलग और मुख़्तलिफ़

---

१. प्रगति २. हास्यास्पद ३. रहस्यमय ४. गम्भीरता ५. ख़राब ६. कोपग्रस्त ७. एतिराज़ करने वाले, ८. रहनुमा ९. बराबरी १०. अशिष्ट ११. बहुतायत १२. अकेलापन १३. सुसज्जित १४. अफ़सोस करने वाला

मक़ातिबे फ़िक्र से वाबस्तगी के बावजूद इन मानों में साझा था कि इन सबकी हिस्सियत, रिवायत के साये-साये आगे बढ़ती थी। ज़फ़र इक़बाल और अहमद मुश्ताक़ की क़द्रो-क़ीमत का एहसास कुछ दिनों बाद आम हुआ।

मनमोहन तल्ख़ की आवाज़, लहजा एक हद तक उनकी शेरी क़वायद और लफ़्ज़ियात[१] भी अपनी अलग पहचान रखती थी। लेकिन फ़िराक़ और यगाना की तरह उनके तरीक़े के खुरदरेपन, आवाज़ की नाहमवारी[२] और तजुर्बों की देखने में क़द्रे ग़ैर शायराना कैफ़ियत ने उन्हें अपने हमअस्रों के लिए भी अजनबी बनाये रखा। फ़िराक़ और यगाना की तरह तल्ख़ की शायरी से मानूस[३] होने में भी वक़्त लगता है। उर्दू मुआशरा, रिवायती तौर पर शायरी के इस रंग का आशिक़ रहा है जिसकी तश्कील[४] जाने-पहचाने अनासिर[५] करते हैं। कुछ बँधी-बँधी सी कैफ़ियतें, धुँधले-धुँधले से तजुर्बे, सिमटी हुई पुरतक़ल्लुफ़ ज़बान। अपने तजुर्बों और तर्ज़े एहसास पर हावी होने वाली शख़्सियत इन हदों में रहते हुए भी ज़ेर नहीं हुई। लेकिन ज़्यादातर शायर जिन्हें रिवायतों का पास रहता है, अपने शेरों में ख़ुलकर साँस नहीं लेते। यही वजह है कि रिवायत के मर्कज़ी धारे से वाबस्ता शायर आम तौर पर एक ही मंज़िल के मुसाफ़िर दिखायी देते हैं। रास्ते से ना तो भटकते हैं, ना किसी नये सफ़र का हौसला जुटाते हैं। मिसाल के तौर पर ख़ुद यगाना और फ़िराक़ भी, अपने छोटे-बड़े हमअस्रों से या फ़ानी, हसरत, असग़र और जिगर की क़ायम की हुई रिवायत से जो कटे हुए दिखायी देते हैं तो इसीलिए कि उन्हें अपनी रिवायत से आगे किसी और रास्ते की खोज भी है, ज़ाहिर है यह रास्ता ना तो महफ़ूज़ होगा, ना हमवार, और इस रास्ते में इनका भटक जाना, ठोकरें खाना, और कभी-कभी उलझना और नाकाम हो जाना भी स्वाभाविक है। चुनाँचे यगाना और फ़िराक़ की शायरी में कहीं-कहीं तवाज़ुन[६] और तनासुब का एहसास खोती हुई शेरियत और तगज़्ज़ल[७] की मुबहम[८] और नाक़ाबिले फ़हम-ओ-बयान कैफ़ियत से जो महरूमी नज़र आती है, उसका सबब उनके अपने मिज़ाज की ख़ुदसरी[९] और तन्हा रवी[१०] है। यह मीर साहब का दिखाया हुआ रास्ता है जिसकी दाद तो हर ज़माने के शायरों ने दी। लेकिन

---

१. शब्दावली २. ऊबड़-खाबड़पन ३. परिचित ४. शक्ल देना, बनाना ५. तत्त्व ६. सन्तुलन ७. ग़ज़ल का रंग ८. अस्पष्ट ९. बग़ावत १०. चलन।

जिसे अख़्तियार करने का और बरतने का हौसला आम नहीं हो सका। तजुर्बों के बयान और इन्तिख़ाब में एक हमदर्दी, इज़हार में बेबाक़ी, रोज़मर्रा के इंसानी ग़म और ख़ुशी और पसे मंज़र मुहैया करने वाली ऊबड़-खाबड़ ज़मीन पर गिरते-पड़ते, ठोकरें खाते हुए आगे बढ़ने की रविश को अपनी एक अलग तख़्लीक़ी ग्रामर और उसी के साथ-साथ जाने-पहचाने व मक़्बूल और रस्म-ओ-राह-ए-आम से कुछ मुख़्तलिफ़ मज़ा देने वाली ज़बान दरअस्ल मीर साहब की विरासत है। जैसा कि हम पहले ही अर्ज़ कर चुके हैं, यह उर्दू ग़ज़ल की (मुख्य धारा) से अलग, मर्कज़ से अलग होता हुआ रास्ता है। मीर साहब की शायरी अपनी रिवायत के मर्कज़ से ताल्लुक़ तोड़ती नहीं। अलबत्ता इससे दूर होती दिखायी देती है।

नयी ग़ज़ल के शायरों में एक नुमाइन्दा क़तार ऐसे ग़ज़लगोयों की थी जो मर्कज़ी रिवायत के बजाय मुतज़क्किरा[१] इन्हिराफ़[२] की सूरतों में अपनी हिस्सियत से मुताबिक़त महसूस करते थे। मीर की तरफ़ वापिसी का रवैया, या फ़ानी, अजग़र और हसरत या जिगर से ज़्यादा कशिश यगाना और फ़िराक़ के कलाम में पाना, उनकी तबीयत के इसी रुझान का पता देती है। यगाना की ख़ुदसरी और अक्खड़पन, फ़िराक़ के तर्ज़े एहसास में उर्दू और फ़ारसी ग़ज़ल के अलावा कुछ ऐसी रिवायतों की भी शमूलियत जिनके अनासिर एक मुख़्तलिफ़ ज़मीनी और सक़ाफ़ती पसे मंज़र रखते थे, नये ग़ज़लगोयों की इस क़तार के लिए एक ख़ास अपील रखते थे। इनका एहसासे तन्हाई, इनकी बरहमी और बर्श्तगी का मिज़ाज, इनकी बेसम्ती और बेचैनी का मफ़्हूम[३] एक मुख़्तलिफ़ ज़हनी और जज़्बाती माहौल का परवर्दा[४] था। यह एक शोरीदासर[५] बड़ी हद तक ग़ैर महफ़ूज़ और अपनी रिवायत के बजाय अपने आप से वाबस्तगी में निजात का रास्ता ढूँढ़ने वाली नस्ल थी। इसीलिए इन शायरों के यहाँ पहले से बनाए हुए और बताये हुए रास्तों को चुपचाप अख़्तियार कर लेने में कोई बड़ी बात नहीं थी। यह अपना रास्ता ख़ुद बनाना चाहते थे और अपना आदर्श ऐसी शख़्सियतों में देखते थे जो इन्हीं की तरह कुछ उखड़े हुए, उलझे हुए, अपने माज़ी से कुछ ग़ैर मुतमईन और अपने हाल से नाराज़ नज़र आते हों। तल्ख़ के कुछ शे'र देखिये :

---

१. चर्चित २. अवहेलना ३. अर्थ ४. पाला हुआ ५. घबराया हुआ

दीवाना वार हँस भी दिये अपने हाल पर
फिर चुप भी हो गये के कोई देखता ना हो

इतना भी क्या मज़ाक़ कि आँसू निकल पड़ें
ले ज़िन्दगी के रो दिये आख़िर तेरे मलंग
सब जानते समझते हुए चुप हुआ हूँ तल्ख़
कहने को जिस तरह मेरे कुछ भी रहा ना हो

सुकूते बाद-ए-सुख़न हूँ कुछ और देर का मैं
हरेक फ़ैसला होता दिखायी देता है

अजीब दुख है यह दिल अपने अन्दर अन्दर ही
जैसे कोई सदफ़[१] पी गया समन्दर ही

बात ना करने का भी दुख
कुछ अजब सा निहाए जज़्बा व अवाज़ रहा

हम वो हँसता हुआ बाहर हैं कि घर तक जिसकी
कभी अवाज़ भी आये तो ज़रा सी आये

जब तक दिखायी दूँ तो अधूरा कहो मुझे
हो जाऊँ गुम तो समझो मुकम्मल हुआ हूँ मैं
अब गर्द हैं उड़ते हुए पहुँचेंगे कहीं तो
हम पहले इधर से कभी गुज़रें हों, नहीं तो

एक लापता से शहर का जैसे हों दर्द हम
कुछ रंग ही अजीब हमारी सदा का है

कोई भी एक-दूसरे से बोलता नहीं
चारों तरफ़ यह शोर मगर किस बला का है

ये चारों तरफ़ बैठती जाती है ज़मीन क्यूँ
ये क्या हुआ धरती को यहाँ तक मुझे लाकर

---

१. सीपी

मैं इन्तिशार[१] ही में रह सका मुकम्मल तल्ख़
वो सिलसिला हूँ जो जुड़ने में टूट जाता हूँ

अब राह में गुमसुम से खड़े हैं कि किधर जायें
घर से तो चले आये बहुत शोर मचाकर
हमने ठोकर भी अगर खायी तो घर आकर ही
अपनी दहलीज़ ही से जाके लगा सर अपना

हाथ लपके तो बहुत, पहुँचे ना गर्दन तक भी
ना मगर अहले नज़र थे ना झुका सर अपना

सुनता हूँ सदा कुछ भी नहीं कुछ भी नहीं की
आवाज़ यह कैसी है अगर कुछ भी नहीं तो

झाँक लेती है ज़रा देर को दीवार से धूप
अब खुली छत नहीं आँगन की फ़क़त याद सी है

मनमोहन तल्ख़ की ग़ज़ल का अन्दाज़ उनके तमाम अस्त्रों से अलग है। इसमें 'कहे जाने' का आहंग[२] नुमायाँ है। ग़ैर ज़रूरी आराइश[३] से, बनाओ से, तकल्लुफ़ के एहतिमाम[४] से वे अपने आप को हमेशा बचाये रखते हैं। ऐसा महसूस होता है कि जैसे ही कोई ख़याल उनके शऊर में अपने आप को पैवस्त करता है और उसके तलाज़िमात[५] उनकी गिरफ़्त में आते हैं, वे उसे अदा कर देते हैं। ज़बान में खुरदरापन और लहजे में उमूमियत[६] की हदों को छूती हुई सादगी हो तो हो, तल्ख़ इससे घबराते नहीं। एक रची हुई कलन्दराना ख़ुद एतिमादी[७] उन्हें हर तरह के तसन्नो[८] से दूर रखती है। इसलिए उनका शे'र पढ़ते वक़्त कभी-कभी यह एहसास होता है कि हम अपने अहद की आवाज़ में पिछली सदियों की गूँज भी सुन रहे हैं। तल्ख़ ने मीर से लेकर यगाना तक कई परिचित लहजों की आमेज़िश में अपना लहजा दरियाफ़्त किया है। दबी-दबी सी बेचैनी और दिल गिरफ़्तगी की एक कैफ़ियत उनकी लगभग तमाम ग़ज़लों में देखी जा सकती है। इस बेचैनी और उदासी का पसे मंज़र इंसानी तजुर्बों के एक लम्बे सिलसिले

---

१. अस्त-व्यस्तता २. ध्वनि ३. सजावट ४. निगरानी ५. संगी ६. साधारणता ७. आत्मविश्वास ८. बनावट

पर फैला हुआ है। तल्ख़ की शायरी में फ़ौरी क़िस्म के क़ाबिले शिनाख़्त इज्तिमाई हवालों के मुक़ाबले, एक गहरी शख़्सी वारदात का जो एहसास होता है तो इसीलिए कि वे ज़माने के राग में राग मिलाने से बचते हैं, जिस तरह सोचते हैं, उससे अपनी सीधी-सादी, बेपेच ज़बान और बनावट से महरूम लहजे में बयान कर देते हैं। यह एक लम्बी तख़्लीक़ी जद्दोजहद और सब्र आज़्मा[१] रियाजत का हासिल है :

इश्क़ बिन यह अदब नहीं आता। तल्ख़ के यह अशआर देखिये :

जानना चाहता हूँ मैं, आब-ए-हयात हूँ के ज़हर
तू मेरा एक काम कर, मुझको मुझी में घोल दे

किसलिए सबको अजब बोझ लगा सर अपना
लेके पहुँचा जो मैं हाथों में कटा सर अपना

और इस बीच की दीवार को ऊँचा कर ले
घर तेरा इसके उधर और इधर है मेरा
किससे तय हो नहीं हो पाता मेरे घर का ज़ीना
किसके आने की यह हर लम्हा सदा सी आये

अपनी सदा के दर्द किसी के समझ लिये
जो भूल तल्ख़ हमसे हुई ऐसी कम ने की

यूँ अधूरा किया हरेक ने हर दूसरे को
अब कोई भी किसी सूरत नामुकम्मल होगा

लगायें कहकहा और बस पता चले कि गये
हमारे साथ कुछ ऐसा ही बस अचानक हो

हैरान से क्या मिरा खण्डहर देख रहे हो
जिसका भी जो पत्थर है वो ले जाये उठाकर

मैं अपने ध्यान से ख़ुद ही उतर गया हर बार
सब ही ग़लत हैं किसी ने नहीं सुना मुझको

---

१. वह काम जो धीरज की परीक्षा ले

ये सबने कहा बिन बुलाया हूँ मैं
सो ख़ुद को कहीं छोड़ आया हूँ मैं

खड़े देखते रह गये सब मुझे
मैं कन्धों पे ख़ुद को उठा ले गया

मुम्किन है के हल्का भी हो जी कहके किसी से
मुश्किल तो मगर यह है कहें क्या, ना कहें क्या

तुम दख़ल ना दो, तल्ख़ जो होता है कहें कुछ
काहे को यह सुनना है किसी से के तुम्हें क्या

रिवायती ग़ज़लों का मज़ाक़ रखने वालों और ग़ज़ल में रस्मी मज़ामीन के आशिक़ों को यह शे'र उखड़े-उखड़े और ख़ुरदुरे महसूस होंगे। तल्ख़ के तमाम संग्रहों, ख़ासकर 'वसीला' की कई ग़ज़लों में नस्रीयत[१] का रंग बहुत नुमायाँ है। ग़ज़ल की रिवायती शायरी में और पाबन्दे राहदर रस्मे पारीना क़िस्म के शायरों के यहाँ एक छिछली रूमानियत, मानी के घनेपन को ख़त्म करने वाली जो रस्मी आराइश या आहंग में खरेपन और सच्चाई की जगह, वह जो एक बेमग़ज़ सा रसीलापन हावी होता है, तल्ख़ की ग़ज़लों में उसका गुज़र नहीं। उनमें ना तो लफ़्ज़ों की सजावट मिलती है, ना एहसास और तजुर्बे की। उनमें ग़िनाइयत[२] के बहुत मुख़्तलिफ़ आदाब अख़्तियार किये गये हैं, जैसे कोई धीमे सुरों में दूसरों के बजाय अपने आप को एक बेतक़ल्लुफ़, अरज़ी, बिना तराशा हुआ गीत सुना रहा हो। बोलचाल के लहजे की तमाम कैफ़ियतें, उदासी की, बरहमी की, हैरानी की, दर्द और दहशत की इन अशआर में देखी जा सकती हैं। कहीं-कहीं तो ऐसा लगता है कि शायर ने मिसरा मौज़ू करने की जगह सीधे-सादे बनावट से महरूम ढंग में नस्र का जुमला खपा दिया है। अल्फ़ाज़ एक-दूसरे को कोहनी मारते हुए, एक-दूसरे से टकराते हुए, ऊबड़-खाबड़ ज़मीन पर रुक-रुक कर चलते नज़र आते हैं। यह कैफ़ियत हमें मीर की याद दिलाती है, या फिर बीसवीं सदी के मारूफ़ ग़ज़लगोयों में यगाना और फ़िराक़ की।

तल्ख़ जिन तक के पहुँच सहल भी है और मुश्किल भी
हम को यह लहजा कुछ ऐसे ही वसीलों से मिला

---

१. गद्य २. संगीत।

ज़ाहिर है कि यह वसीले हमारी सबसे दाख़िली और सबसे ज़्यादा ग़िनाई सिंफ़ शेर, ग़ज़ल की तरक़ीब के आम अनासिर और उसके मानूस ज़रियों से अलग हैं। कम से कम फ़िक्री और मानवी सतह पर। तश्बियों, इस्तिआरों, महाकात[१] और तख़य्युल के बख़्शे हुए रेशों से तल्ख़ ने काम तो लिया है, मगर अपने इंफ़िरादी[२] ज़ौक़ और ज़रूरतों के हिसाब से। उनमें गुनगुनाती हुई तरक़ीबों, ज़हन को जाने-पहचाने वाले एहसासों की तरफ़ ले जाने वाली तश्बीहों और इस्तिआरों, धुँधली और मुबहम तिम्सालों[३] से हैरतअंगेज़ तग़ाफ़ुल[४] मिलता है।

सब जानते समझते हुए चुप हुआ हूँ तल्ख़
कहने को जिस तरह मेरे कुछ भी रहा ना हो
मैंने चुप होके सुना सब को यह कहते हुए तल्ख़
क्या वो आवाज़ हुई जिसके हमआवाज़ थे हम
कोई भी एक-दूसरे से बोलता नहीं
चारों तरफ़ यह शोर मगर किस बला का है
ये चारों तरफ़ बैठती जाती है ज़मीन क्यूँ
फिर आके पलटी हुई अंजान सी वो चाह
अपनापन भी है वो ही और वो ही खोयापन
कोई भी अब खुले बाहर में नहीं क्यूँ सोता
पड़ाव रौशनी का आख़िरी भी सूना है
एक अजब टूटता बनता हुआ शक है मुझमें

यह उखड़ा-उखड़ा सा अन्दाज़, हरूफ़ और अल्फ़ाज़ एक-दूसरे का पहलू दबाते हुए, जैसे हवा रुक-रुक के चल रही हो या बहते पानी के रास्ते में जा-ब-जा रुकावटें खड़ी कर दी गयी हों। मगर उसी के साथ-साथ यह एहसास भी होता है कि कहने वाले की आवाज़ उसकी अपनी है या फिर उसने फ़ैज़ उठाया भी है। तो इन्हीं आवाज़ों से जो मक़्बूल-ए-आम असालीब और लहजों की भीड़ में अलग से पहचानी जाती थी। इस सिलसिले में, तल्ख़ के ज़ख़ीरा-ए-अल्फ़ाज़ की क़िस्म पर भी ध्यान देना ज़रूरी है। शायरी की ज़बान उनके यहाँ ज़िन्दगी की ज़बान है। शेरी लुग़त[५] के बाहर के हिन्दी अल्फ़ाज़, क़स्बाती या ठेठ देहाती मुहावरे और रोज़मर्रा का यह बेतक़ल्लुफ़ाना इस्तेमाल, सिंफ़े-ग़ज़ल की जमालियाती मंतिक़

---

१. अनुकरण २. निजी ३. आकृति ४. विलम्ब ५. शब्दकोश

और फ़न्नी कल्चर की तरफ़ किसी क़द्र लापरवाही का रवैया अख़्तियार किये बग़ैर मुम्किन नहीं। यह रवैया ज़ब्त व एहतिहात से ज़्यादा गहरा रिश्ता अपने मन की मौज़ या अपनी तख़्लीक़ी तरंग से रखता है। शेरगोई के फ़न्नी तक़ाज़े एहसास और इज़हार पर किसी तरह का ग़ल्बा नहीं पाते, उनके ग़ुलाम रहते हैं। कमोबेश ऐसी ही सूरतेहाल तल्ख़ के हाथ आये बयान में आने वाले तजुर्बों, जज़्बों, तसव्वुरात और एहसासों के वास्ते से भी सामने आती है। अपने ग़म के साथ-साथ देश-विदेश के ग़मों, दुनिया-जहाँ के क़िस्सों और तरह-तरह के शख़्सी और इज्तिमाई वस्वसों[१], उलझनों और चिन्ताओं की एक लम्बी फ़ेहरिस्त तल्ख़ के शे'रों की मदद से तैयार की जा सकती है। इस एतिबार से यह एक ज़िम्मेदार फ़र्द, आम इंसानों का दुख-दर्द जानने-समझने वाले एक हस्सास इंसान की शायरी है। हमारे चारों तरफ़ का आशोब[२], हमारे अहद की तमाम कमनसीबों और बदबख़्तों, हमारे अन्दर और बाहर की ज़िन्दगी के तमाम तज़ादात[३] इस शायरी को एक ठोस बुनियाद और पसे मंज़र मुहय्या करते हैं। ख़ास तौर से ज़िन्दगी पर लम्हा-ब-लम्हा अपनी जकड़ मज़्बूत करती हुई मोहमलियत[४], इस पूरे निज़ाम की लुग़वियत और बेमानवियत का एहसास, और इंसानी रिश्तों की बर्बादी और ज़वाल का एहसास तल्ख़ की शायरी के मर्कज़ी मौज़ूआत कहे जा सकते हैं। साफ़ ज़ाहिर होता है कि यह शायर अपने ना होने या एक संगदिल मुआशरे में मादूम होती हुई ज़िन्दगी के वुजूद मसले और अपने होने की आम इंसानी अज़ीयत, दोनों से एक साथ दो-चार है। इस लिहाज़ से यह शायरी अपने हाज़िर या मौजूद की शायरी है। और अपने अहद तक रसाई का तख़्लीक़ी हवाला कही जा सकती है। यहाँ क़ाबिले-ज़िक्र बात यह है कि तल्ख़ के अहदे गुज़ीदा शे'रों में भी इस अहद की मरव्वज अलामतों और बेतहाशा दोहराए जाने के सबब अपना मफ़्हूम खोये हुए लफ़्ज़ों का अमल दख़ल ना होने के बराबर है। इस नुक़्ते की वज़ाहत के लिए तल्ख़ की नयी ग़ज़लों के यह चन्द शे'र काफ़ी होंगे :

हमने यूँ बात निभाई अपनी
बात कहनी भी ना चाही अपनी
जा के एक एक से पूछ आये हैं हम

---

१. बुरा ख़याल २. उथल-पुथल ३. विरोधाभास ४. निरर्थकता

कहीं पहुँची ना सदा ही अपनी
इधर किनारे पे भी तल्ख़ नहीं था कल शाम
बस अपने ख़ौफ़ ने मिलने नहीं दिया मुझको
घर में भी अब किससे कहते और क्या
थक गये थे रहते रहते और क्या
किस तरह दरिया में डूबीं बस्तियाँ
रुक गया था बहते बहते और क्या
सुकूत व इज़हार दो ही मस्कन
यहाँ नहीं तो वहाँ रहा हूँ
हम इसलिए भी घर से निकलते हैं कम ज़रा
जाना कहीं हो और, पहुँचते कहीं हैं हम
हूँ अपने दाये-बायें भी मैं ही यह सोच लो
तुम हो तो मेरी ताक़ में, तन्हा नहीं हूँ मैं
हैरतकदा हों वो कि जिसे लामकाँ कहें
तुम क्या समझ रहे हो मुझे कि क्या नहीं हूँ मैं
घर में जब पूछे कोई तुम आ गये
जी में आता है कि मैं कह दूँ नहीं
किसी के साथ ना होने के दुख भी झेले हैं
किसी के साथ मगर और भी अकेले हैं

शायरी के रस्मी वसाइल और उसकी आरास्तगी[१] के मक़्बूल-ए-आम[२] तरीक़ों से बेनियाज़ी सच्चे और खरे तख़्लीक़ी एहतिमात के बग़ैर पैदा नहीं होती। तल्ख़ की शायरी और मिज़ाज का ग़ालिब उंसुर उसका खरापन है। शख़्सियत तो ख़ैर बहुत भारी-भरकम लफ़्ज़ है। और हमारे ज़माने के अदीबों में इस लफ़्ज़ के वकार और एतिबार को सहारा देने वाले भला कितने होंगे, मुझे तो तल्ख़ की जैसी मस्लहतों से आरी तख़्लीक़ी सरिश्त रखने वाली और शेर-ओ-अदब को इश्क़ का सौदा समझने वाली तबीयतें कहीं-कहीं ही दिखायी देती हैं। इन्हें यगाना जैसा उस्ताद मिला। यह महज़ इत्तेफ़ाक तो नहीं कि यही होना चाहिए था। यगाना को उनके अपने मुआस्रीन में जिस चीज़ ने मुंफ़रिद[३] ठहराया वह मिज़ाज और शेरी रवैये की यही टेढ़ थी। तल्ख़ की शायरी का रंग भी इसीलिए अपने तमाम हमअस्त्र, ग़ज़ल गोयों से मुख़्तलिफ़ है कि वे ना तो रविशे-आम पर चलने

---

१. सजावट/तर्तीब २. प्रचलित ३. अनूठा

को तैयार हुए ना ज़माने से किसी तरह की मस्लहत की। चुनाँचे फिर वही बात कि :

हम इसलिए भी घर से निकलते हैं कम ज़रा
जाना कहीं हो और, पहुँचते कहीं हैं हम

यहाँ दोनों मिसरों के 'हम' में जो शहाना ठाठ मौजूद हैं उस पर उस शख़्स की नज़र ठहरेगी जो तल्ख़ को और उनकी शायरी को जानता है। यूँ भी शायरी बँधे-टिके रास्तों से गुज़रकर बँधी-टिकी मंज़िल तक पहुँचने का नाम नहीं है।

महमूद अयाज़ की शायरी

महमूद अयाज़ लफ़्ज़ों की ताक़त के साथ-साथ ख़ामोशी का ज्ञान भी रखते थे। मैंने अपने हमअस्त्रों में सच्ची तख़्लीक़ी सलाहियत और पायदार हैसियत के हामिल अदब को पहचानने और समझने की ऐसी ग़ैरमामूली क़ुव्वत कम लोगों में देखी है। महमूद अयाज़ रस्मी नक़्क़ादों[१] से ज़्यादा गहरी तनक़ीदी नज़र रखते थे। मगर आम नक़्क़ादों के सामने, उन्हें तनक़ीद की हदों और तख़्लीक़[२] की बेक़रानी[३] का एहसास भी था। अपने आप को उन्होंने अदब के एक पुरशौक़ और बाख़बर क़ारी[४] से ज़्यादा कुछ और नहीं समझा। इसी तरह महमूद अयाज़ बहुत से मारूफ़ और मक़्बूल शायरों से कई गुना बेहतर शे'र कहते थे, मगर अपनी शायरी की तरफ़ से अक्सर बेनियाज़ रहे। लेकिन हमारे ज़माने की अदबी सहाफ़त[५] की गिरावट और मसलहतकोशियों[६] की परख और पहचान के मामले में उन्हें अपनी ज़िम्मेदारियों का गम्भीर एहसास था और इस मैदान में वे बेजा रवादारी, तक़ल्लुफ़ और लिहाज़ के ज़रा भी क़ायल नहीं थे। इसीलिए 'सौग़ात' ने अपने तीनों दौरों में अपने मंसब की आगही[७] और अपने अदबी और तहज़ीबी तशख़्ख़ुस[८] को हमेशा ध्यान में रखा। 'सौग़ात' और महमूद अयाज़ दोनों, अदब की बसीरत और अदब व तहज़ीब की तरफ़ एक ज़िम्मेदाराना, दियानतदाराना ज़ाती मसलहतों से एकदम महरूम रवैये के एक जैसे तर्जुमान, कहे जा सकते हैं।

महमूद अयाज़ की शख़्सियत की सबसे बड़ा ख़ूबी उसका खरापन था। उस शख़्सियत की तहज़ीब उन्होंने बड़ी दिलजमी[९] के साथ की थी। चुनाँचे ज़ाती गुफ़्तगू में भी वह ज़ब्त[१०] और मतानत[११] की एक सतह हमेशा

---

१. आलोचक २. सृजन ३. असीमितता ४. पाठक ५. पत्रकारिता ६. अपने भले-बुरे की सोचकर कोई काम करना ७. जानकारी ८. निश्चितता ९. संलग्नता १०. सहनशीलता ११. गम्भीरता

बरक़रार रखते थे। एहतियात का यही ढंग उन्होंने अपने शेरी इज़हार में भी क़ायम रखा। उनकी शायरी, कुल मिलाकर रूह में बसे हुए अलमनाक[१] तजुर्बों की शायरी है। इस शायरी का मिज़ाज देखने में रूमानी है। यह तजुर्बे महमूद अयाज़ के हवास पर बयान और ज़बान के जिन पैरायों के साथ वारिद होते हैं, उन पर फ़ैज़ का रंग साथ झलकता है। लेकिन उनकी बसीरत रूमानी इंक़लाबियत के असर से आज़ाद, एक अख़्लाक़ी फ़र्ज़ के तौर पर अदा किये जाने वाले मुस्बत[२], तामीरी और सेहतमंत जज़्बों के बोझ से जो बची रही, तो इसलिए कि महमूद अयाज़ की वाबस्तगी किसी बाहरी तसव्वुर या मक़्सद के बजाय दरअस्ल अपनी ज़ात से थी। और उनकी शख़्सियत में किसी तरह की खोट नहीं थी। फ़िक्र, महसूसात की शक्ल में और ज़िन्दगी के तजुर्बे एहसासों के तौर पर उन पर जिस तरह उतरते थे, महमूद अयाज़ किसी बाहरी उंसुर की आमेज़िश[३] के बग़ैर उन्हें अपने शे'र में मुन्तक़िल कर देना चाहते थे।

शायद इसीलिए, उनकी शायरी को एक साथ ऐसे अलग-अलग मिज़ाज वाले हल्क़ों की तरफ़ से भी दाद मिली जिनका इख़्तिलाफ़[४] उसूली था। उनकी ग़ज़लों, नज़्मों को सराहने वालों में सैयद एहतेशाम हुसैन (मर्हूम) भी थे और आले अहमद सऊर भी। तरक़्क़ीपसन्द उन्हें अपना मुख़ालिफ़ नहीं समझते थे और तरक़्क़ीपसन्दी से फ़िक्री दूरी रखने वाले उन्हें अपने आप से क़रीब समझते थे। 'सौग़ात' के वास्ते से भी महमूद अयाज़ ने एक तरफ़ तो समाजी हक़ीक़त निगारी के मोतरिज़ीन[५] की इन्तिहापसन्दी[६] को ग़लत ठहराया। दूसरी तरफ़ ऐसे शायरों और अदीबों की पज़ीराई[७] की जो अपने सिक्केबन्द तनक़ीदी तसव्वुरों की वजह से आम तरक़्क़ीपसन्दों की नज़र में मश्कूक[८] थे। इस सिलसिले में सबसे नुमायाँ मिसाल अख़्तरुल ईमान की है जिनके तख़्लीक़ी जौहर को पहचानने वालों में महमूद अयाज़ को अव्वलियत हासिल थी। महमूद अयाज़ अख़्तरुल ईमान को नयी शायरी के क़ाफ़िले का (मीराजी, राशिद और फ़ैज़ के बाद) आख़िरी सालार समझते थे।

एक लम्बी तख़्लीक़ी उमर पाने और बहुत सरगर्म तख़्लीक़ी ज़िन्दगी गुज़ारने के बावजूद महमूद अयाज़ का शेरी सरमाया ख़ासा मुख़्तसर है।

---

१. कष्टप्रद २. प्रमाणित/पोज़िटिव ३. मिलावट ४. मतभेद ५. एतिराज़ करने वाले, ६. क्रान्ति से देश में इंक़लाब लाने का सिद्धान्त मानना ७. मंज़ूरी ८. सन्दिग्ध

यह सरमाया मुख़्तसर ही नहीं, ख़ुद महमूद अयाज़ की अपनी तवज्जो से महरूम भी रहा। भूले-भटके कभी कोई नज़्म या ग़ज़ल छपवा दी तो छपवा दी। लेकिन वे हमारे ज़माने के सबसे बाख़बर अदबी पढ़ने वालों में थे। अच्छी तहरीरें, उनका ताल्लुक़ मशरिक़ से हो या मग़रिब से, महमूद अयाज़ की नज़र से ग़ायब नहीं रहती थीं। वे बदलते हुए तख़्लीक़ी रुझानों, उसूलों और मेयारों से ना सिर्फ़ वाक़िफ़ थे, उन्हें क़ुबूल करने या रद्द करने के मामले में भी जल्दबाज़ी से काम लेने के आदी नहीं थे। महमूद अयाज़ को वहशत होती थी तो उन लोगों से जो इल्मनुमाई के फेर में, अदबी ज़ौक़ और बसीरत के मुतालिबात से ग़ाफ़िल हो जाते थे, या फिर दूर देश से आने वाले उन तसव्वुरों पर भी नदीदों[१] की तरह टूट पड़ते थे जो हमारी अपनी रिवायत से मुनासिबत नहीं रखते और जिनका जमालियाती, मुआशरती, ज़मानी और मकानी हवाला महदूद[२] है। शायद इसी वजह से 'सौग़ात' के तीसरे दौर में महमूद अयाज़ ने नये अदबी तसव्वुर और तजुर्बे के नाम पर रूनुमा होने वाली फ़िज़ूल बातों को छापने के बजाय अपनी रिवायत के गुमशुदा औराक़, फ़रामोशकारी[३] की धुन्ध में लिखी हुई पुरानी तहरीरें और एक बंजर, बेजान होते हुए, तख़्लीक़ी, मुआशरे को अपने भूले हुए सबक याद दिलाने का एक नया सिलसिला शुरू किया। यह एक बिलवासिता[४] कोशिश थी, अदब को एक पायदार तसल्सुल[५] का हिस्सा समझकर, और गिरोही, वक़्ती तनाज़ों[६] को बाला-ए-ताक़[७] रखकर पढ़ने की। महमूद अयाज़ ने वाक़ियातन जदीद क़दीम की बहस को एक दलील-ए-कम नज़री जाना और एक मुदीर[८] या अदब के क़ारी की हैसियत से अपना अस्ल सरोकार सिर्फ़ अच्छी अदबी तहरीरों तक महदूद रखा।

तरक़्क़ीपसन्द नज़रिया-ए-अदब और जमालियत के कुछ बुनियादी पहलुओं से मुनासिबत और उनके लिए क़ुबूलियत का रवैया रखने के बावजूद, महमूद अयाज़ की बसीरत, ख़ास तौर पर उनका शेरी विज्दान[९], तरक़्क़ीपसन्दी के मआइब[१०] से महफ़ूज़ जो रहा तो इसीलिए कि महमूद अयाज़ तख़्लीक़ी तजुर्बे के अख़्तियारात में किसी तरह की कमी बर्दाश्त नहीं कर सकते थे। उनके यहाँ जदीद (और तरक़्क़ीपसन्दी से मुग़ाइरत[११] का क़ता देने वाले)

---

१. अत्यन्त लोभी २. सीमित ३. बहुत भूलना ४. परोक्ष ५. निरन्तरता ६. कशमकश ७. जिससे कोई सम्बन्ध ना हो ८. सम्पादक ९. काव्य रसज्ञता १०. दोष-समूह ११. बेगानापन

तसव्वुरात के सिलसिले में भी यही अन्दाज़ नुमायाँ रहा। बेशक, वे अदब में नये तजुर्बों के मुख़ालिफ़ नहीं थे और अदबी मुआशरे में आलमगीर[१] सतह पर रूनुमा होने वाली तब्दीलियों से वे आगाह भी थे, फिर भी उन्हें नये लिखने वालों की फ़ैशनज़दगी और जल्दबाज़ी भी इतनी ही नापसन्द थी जितनी कि तरक़्क़ीपसन्दों का अड़ियलपन, उनके लिए ना तो किसी तहरीक से महज़ वाबस्तगी काफ़ी थी, ना ही महज़ तख़्लीक़ी आज़ादी के नाम पर किसी नज़रिये से दूरी। किसी अदब पारे[२] की क़द्र-ओ-क़ीमत का तय होना महमूद अयाज़ के ख़याल में उसके तख़्लीक़ी मवाद[३] का ग़ुलाम होता था। तख़्लीक़ियत की ताक़त किसी फ़न पारे को अन्दर से मुनव्वर रखती थी। चुनाँचे सच्ची तख़्लीक़ियत किसी बाहरी सहारे की मोहताज नहीं होती और जल्द या बदेर अपना असर क़ायम कर लेती थी। रिवायती तरक़्क़ीपसन्दों और रिवायती जदीदियों में ऐसे शायर और अफ़साना निग़ार जिनका तख़्लीक़ी शरारा[४] बुझ चुका था और तख़य्युल[५] तजुर्बे की किसी नौदरियाफ़्त सतह तक पहुँच से महरूम, उन्हें महमूद अयाज़ 'थके हुए घोड़ों' से ताबीर[६] करते थे या 'छूटे हुए पटाखों' से। ऐसे बहुत से शायर और अफ़साना निगार हैं जिनके नामों का डंका कभी बजता था, मगर अब तख़्लीक़ी सतह पर वो एक सरगोशी के मुतहम्मिल भी दिखायी नहीं देते और सिर्फ़ अपने अव्वलीन दौर की कमाई और चन्द पुरानी तख़्लीक़ात की शोहरतें बटोरे बैठे हैं। उनसे अब कोई बातचीत हो तो किसलिए हो? महमूद अयाज़ शेर-ओ-अदब के मामले में इस तरह की ज़ख़ीराअंदोजी[७] और फ़राग़त[८] के क़ायल नहीं थे। इसीलिए उन्हें ऐसे लिखने वाले कभी नहीं भाते थे जो सिर्फ़ अपनी गुमशुदा कामरानियों के सहारे 'ख़बर' में रहना चाहते हैं। तख़्लीक़ी मशक़्क़त से घबराते हैं और अपनी मानवीयत[९] का भ्रम बनाये रखने के लिए हक़ीक़ी इस्तेदाद के बजाय ताल्लुक़ात-ए-आम्मा[१०] के फ़ेर में पड़े रहते हैं।

बा हैसियत मुदीर और बा हैसियत अदीब, दोनों ही सतहों पर महमूद अयाज़ के हालातों के दस्तावेज़ों में ग़ैर संजीदगी या ग़ैर ज़िम्मेदारी का धुँधला सा निशान भी नज़र नहीं आता। उनकी जानलेवा बीमारी की

---

१. विश्वव्यापी २. साहित्यिक मिसाल/नमूना ३. मसाला ४. चिनगारी ५. कल्पना ६. व्याख्या ७. अनाज आदि को इस आशय से जमा करना कि जब महँगी होगी तब बेचेंगे ८. छुटकारा ९. प्रासंगिकता १०. जन सम्पर्क

अचानक तश्ख़ीस, फिर अचानक मौत ने एक ज़रख़ेज़[१] और मालदार तख़्लीक़ी वुजूद का क़िस्सा वक़्त से पहले ही ख़त्म कर दिया। मौत से चन्द रोज़ पहले तक, उनकी मिज़ाजपुर्सी के लिए एक रात मैंने फ़ोन किया तो उनकी आवाज़ में कमज़ोरी, मायूसी, नामुरादी की झलक तक नहीं थी। ज़मीरुद्दीन अहमद के आख़िरी दौर के ख़त जो उनके गुज़र जाने के बाद 'सौग़ात' में छपे या महमूद अयाज़ के बिस्तर-ए-अलालत[२] से लिखे जाने वाले ख़तों में अपनी तरफ़ से लापरवाही, अपने मुतवक़्क़े[३] अंजाम के तेज़ी से गहराते साये को झटकते रहने की जो अदा मिलती है, उससे मौत की तरफ़ (और ज़िन्दगी की तरफ़) एक बेख़ौफ़, दियानतदार और मुहज़्ज़ब[४] अदीब के किरदार की मज़बूती का अन्दाज़ा लगाया जा सकता है।

मौत महमूद अयाज़ के शऊर का जुनून तो कभी नहीं बनी मगर ज़िन्दगी के मानी और मक्सद पर सोच-विचार के लिए एक तनाज़ुर[५], एक सियाक़[६] उन्हें इसी मर्मूज़[७] और मुहैयुरुल्हवास[८] तजुर्बे ने मुहैया किया। उनकी शायरी में तवातुर[९] के साथ, लफ़्ज़ और बयान का भेस बदल-बदल के रूनुमा होने वाला एहसास मौत के तजुर्बे से ही जुड़ा हुआ है। यही पैमाना ज़िन्दगी की हक़ीक़त तक पहुँचने का ज़रिया बनता है। महमूद अयाज़ की पूरी शायरी में मलाल आमेज़ मतानत की एक फ़िज़ा मौत के तजुर्बे से उनकी इसी वाबस्तगी ने मुरत्तब की है। वे शायरी में खुलकर रोने के रवादार कभी नहीं होते, खुलकर हँसना तो ख़ैर दूर की बात है। ग़ैर रस्मी मानों में इस सुथरी और शाइस्ता कैफ़ियत को हम महमूद अयाज़ के मिज़ाज की शराफ़त भी कह सकते हैं।

सच पूछिये तो इसी कैफ़ियत ने महमूद अयाज़ के मुट्ठी भर कलाम में शायरी के संजीदा पाठकों और आलोचकों के लिए इतनी कशिश पैदा कर दी कि उनके दौर की शायरी के हर जायज़े में उनका नाम भी चमकता है। महमूद अयाज़ माज़ी के अदब और अपने अहद के नुमाइन्दा अदब की बाबत जितने संजीदा थे, अपनी तहरीरों, तर्जुमों, अशआर की तरफ़ से इतने ही बेनियाज़ थे। 'सौग़ात' के पहले दौर में उन्होंने मग़रिबी अदब से मारिक़े[१०] की कुछ तहरीरें उर्दू में मुन्तक़िल की। यह तहरीरें छपीं इस तरह

---

१. उपजाऊ २. रोग-शय्या ३. आशान्वित ४. सुशील ५. परिपेक्ष ६. सन्दर्भ ७. भेदों भरे ८. होश को अचम्भे में डाल देने वाली बात ९. निरन्तरता १०. बहस

कि आख़िरी में बारीक़ ख़त और ब्रेकेट में कहीं उनका नाम हवाले के लिए आ जाता था और बस मुदीर। 'सौग़ात' को बहुत से पढ़ने वालों ने उन्हें सिर्फ़ मुदीर समझा। उनके शेरों का संग्रह छापने की पेशकश कई बार हुई मगर महमूद अयाज़ की झिझक हमेशा माने रही। फिर भी वाक़िया यह है कि उनके कुछ शे'र और कई नज़्में इस पाये की हैं कि अपने मुम्ताज़ हमअस्रों के कलाम के साथ रखी जा सकती हैं। और इस इन्तिख़ाब में भी मुंफ़रिद[१] मालूम होती हैं। अपने ख़ुल्क़ी[२] ज़ब्त और रचे हुए ग़मआलूद एहसासों के साथ महमूद अयाज़ की शायरी का जमालियाती ज़ायक़ा, फ़ैज़ से थोड़ी-बहुत मुमासिलत रखने के बावजूद अपने शख़्सी ख़ूबियों की बिनाह पर अलग से पहचाना जाता है। कुछ अशआर और नज़्मों के इक़्तिबासात मुलाहिज़ा हों :

दुनिया का थोड़ा साथ है और
दो एक बरस की बात है और

रात भर कल रफ़्तगाँ[३] से गुफ़्तगू होती रही
जाने वालों से दिलों का सिलसिला जाता नहीं

मैं भी सरग़र्मे सफ़र हूँ, तू भी सरगर्मे सफ़र
मौत से मंज़िल बदलती है, सफ़र रुकता नहीं

हम से टूटेगा तिलिस्मे ग़मे ज़ीस्त[४]
क़ैद-ए-हस्ती तेरी मियाद हैं हम

एक छोटी सी नज़्म 'आख़िरी मंज़िल' इस तरह है :

ताल्लुक़ात-ए-जहाँ की सितमगरी से अलग
ग़म व नशाते तमन्ना की दस्तरस[५] से दूर
तमाम उम्र की जोहदे हयात[६] से थक कर
हज़ारों हसरतें मुश्ते गुबार[७] में ढल कर
कुछ ऐसे सोई हैं ख़ामोशियों के मरक़द[८] में
के ताअबद[९] कोई आवाज़े पा जगा ना सके

---

१. बेजोड़ २. सुशीलता ३. जो गुज़र गये ४. ज़िन्दगी के ग़मों का जादू ५. पहुँच ६. ज़िन्दगी की कोशिशें ७. मुट्ठी भर धूल ८. क़ब्र ९. हमेशा

और अड़तालीस मिसरों पर मुश्तमिल एक बेउन्वान[१] नज़्म जिसने नयी शेरी रिवायत में एक यादगार हैसियत हासिल कर ली है, उसका यह इक़्तिबास देखिये :

धुन्ध में लिपटी हुई शाम बड़ी ज़ालिम है
तितलियाँ, ख़्वाब, अनोखे बादल
कोसारों[२] से उतरते हैं, क़रीब आते हैं
खो जाते हैं
मौत और ज़ीस्त का दुख देखने वाली आँखें
एक यख़[३] बस्ता ख़ामोशी है जहाँ तक जाओ
दूर तक अपने क़दमों की सदा आती है

नज़्म के आख़िरी चन्द मिसरे इस तरह हैं :

दूर तक सिलसिला दर सिलसिला ज़ंजीरे हैं
क़तरा-ए-अश्क में सौ रंग की तस्वीरें हैं
कौन सा ऐश फ़रावाँ[४] ढूँढूँ
कौन सी सल्तनत-ए-ग़म माँगूँ
कौन से सुख की तमन्ना करूँ, किस दुख का
मदावा[५] चाहूँ
कर्ब[६] की रात अटल है
लेकिन
नींद आ जाये तो दम भर सो लूँ

महमूद अयाज़ के सरमाया-ए-सुख़न में इस नज़्म की हैसियत उनके शिनासनामे की है। दूसरी कई नज़्में, मसलन 'अंदेशा गुमानहा दाश्त', 'कफ़्फ़ारा', 'जू-ए-आब' इसी का फैलाव कही जा सकती हैं। मिसाल के तौर पर 'कफ़्फ़ारे' के यह आख़िरी मिसरे :

इससे पहले के यह हँसते हुए लब
ख़ाक़ का रिज़्क़[७] बनें
इससे पहले के चमकती हुई आँखों के चिराग़
क़बर की सर्द व स्याह रात में अन्धे हो जायें
अपनी आँखों से वो आँसू माँगो
जिसने दामन के यह दाग़

---

१. बग़ैर शीर्षक के २. पहाड़ ३. बर्फ़ की सिल्ली ४. ज़्यादा ५. इलाज ६. दर्द ७. ख़त्म हो जायें

ये हाथों का लहू धो जायें

और 'जू-ए-आब' का यह अन्त देखिये :

हिसारे वक़्त[१] से आगे कोई मक़ाम नहीं
समझ सको तो ज़मान-ओ-मकान की क़ैद नहीं
समझ सको
तो यही ज़ात बेक़राँ[२] भी है

इन तमाम मिसालों को एक के बाद एक पढ़ते जाइये, ऐसा लगता है कि एक एहसास की ज़ंजीर है जिसने महमूद अयाज़ के दिल-ओ-दिमाग़ को जकड़ रखा है। एक आवाज़ है जो उन्हें बार-बार सुनायी देती है और लगातार बढ़ता फैलता हुआ एक साया है जिस पर उनकी नज़रें टिकी हुई हैं। शोपेनहौएर ने मौत के ख़याल को फ़लसफ़े और शायरी के मर्कज़ी नुक़्ते का नाम दिया था। महमूद अयाज़ के यहाँ इस नुक़्ते की कई शक्लें हैं और कई नाम। दोस्तों से बिछुड़ने का एहसास, अपनी तन्हाई का एहसास, दोस्ती की एक कभी ना ख़त्म होने वाली जुस्तजू, और अपनी इस हक़ीक़त, इस आबाद ख़राबे में अपनी तक़्दीर और हैसियत को समझने की तलब, शहर की बेचेहरा भीड़ में मुरझाए हुए पत्तों की तरह बेमाना व मक़्सद दौड़ते-भागते, और सबसे, हत्ता[३] कि अपने आप से भी कटे हुए लोग महमूद अयाज़ की बसीरत के कैनवस पर यह रंग तरह-तरह से उभरते हैं और जैसा कि ज़रा देर पहले अर्ज़ किया गया, मौत महमूद अयाज़ के हवास की हमसफ़री की वजह से, उनके अक्सर तख़्लीक़ी तजुर्बों को असास मुहैया करती है। कभी अपने हवाले, कभी दुनिया के हवाले से, उनके शऊर में अपनी जगह बनाती है और उदासी, अफ़्सुर्दगी, नारसाई और बेउसूली के रंग दिखाती है। मरहूम सुलैमान अरीब के नाम नज़्म 'मरने वाले के कमरे में' से माख़ूज़ लफ़्ज़ों में :

एक सन्नाटा अबद ता बा अबद[४]
जुहद[५] यक उम्र का हासिल ठहरे
दर्द का शोला रगे जाँ का लहू
जिनसे बेमाया[६] थे बेमाया रहे
तीरा ख़ाक़[७] उनकी ख़रीदार बने

---

१. वक़्त का घिराव २. बहुत ज़्यादा ३. जहाँ तक ४. हमेशा-हमेशा ५. कोशिश ६. जिसकी कोई क़ीमत ना हो ७. अँधेरी मिट्टी (क़ब्र)

कहने का मतलब यह है कि बेचारगी और बेउसूली की कैफ़ियत इस अहद में फ़र्द[१] और इज्तिमा[२] दोनों की तक़्दीर है। यह कैफ़ियत ज़िन्दगी और मौत के बीच ना सिर्फ़ हमेशा और हर जगह मौजूद होती है, बल्कि ज़िन्दगी और मौत के मफ़्हूम[३] में यगानगत[४] पैदा करने का एक ज़रिया भी बनती है। उनकी दो पुरानी और मारूफ़ नज़्में 'शबे चिराग' और 'अस्पताल का कमरा' भी इंसानी सूरतेहाल के इन्हीं पहलुओं की निशानदेही करती हैं। मसलन 'शबे चिराग़' का पसे मंज़र, जो महमूद अयाज़ के लफ़्ज़ों में सामने आता है, यह है कि :

बसों का शोर, धुआँ, गर्द, धूप की शिद्दत
बुलन्द-ओ-बाला इमारत सर निगूँ[५] इंसाँ
तलाशे रिज़्क़ में निकला हुआ यह जिम्मे ग़फ़ीर[६]
लपकती भागती मख़्लूक़ का यह सेरे रवाँ
हरेक सीने में यादों की मुनहदिम क़ब्रें
हरेक अपनी ही आवाज़े पा से रूगरदाँ[७]
ये वो हुजूम है जिसमें कोई किसी का नहीं
ये वो हुजूम है जिसका ख़ुदा फ़लक पे नहीं

और पसे मंज़र में एक 'शबे चिराग़' हुजूम में खोई एक याद, मुहब्बत की एक लहर, अचानक बेदार[८] हो जाती है :

और इस हुजूमे सरे राह से गुज़रते हुए
न जाने कैसे तुम्हारी वफ़ा, करम का ख़याल
मेरी जबीन[९] को किसी दस्ते आशना[१०] की तरह
जो छू गया है, तो अश्कों के सोते फूट पड़े

रूमानियत की धुन्ध इस नज़्म में ख़ासी गहरी है। इसीलिए महमूद अयाज़ के नज़दीक यह नज़्म शायद 'यके अज़ आसारे माज़ी' से ज़्यादा की हैसियत नहीं रखती थी। और उन्होंने ज़िन्दगी के आख़िरी दिनों में अपने जो अशआर इकट्ठा किये थे, उनमें यह नज़्म जगह नहीं पा सकी थी। मगर 'अस्पताल का कमरा' और 'शबे चिराग़' यह दोनों नज़्में अपने रूमानी हुज़्न[११] की वजह से एक ख़ास दिलकशी रखती हैं और इन्हें पढ़ना अच्छा लगता है। 'अस्पताल का कमरा' की शुरुआत इस तरह होती है :

---

१. एकाकी २. सामूहिकता ३. अर्थ ४. सहमति ५. सर झुकाया हुआ ६. भीड़ ७. विमुख ८. सचेत ९. माथा १०. परिचित ११. ग़म

तमाम शक़ की दुखन, बेकरी, सुबुक ख़्वाबी
नमूदे सुबह को दरमा समझ के काटी है
रगों में दौड़ते फिरते लहू की हर आहट
अजल गिरफ़्ता ख़यालों को आस देती है
मगर वो आँख जो सब देख़ती है
हँसती है!

यानी घूम-फिरकर वही बात कि आख़िरकार एहसास-ए-ज़ियाँ[१] के अलावा कुछ भी हाथ नहीं आता। हर तमाशे का अंजाम, हर कोशिश का अन्त यही है। महमूद अयाज़ की तख़्लीक़ी शख़्सीयत की सबसे नुमायाँ ख़ूबी यही थी कि उनके मिज़ाज में रिवायती तरक़्क़ीपसन्दी और ऊपर से ओढ़ी हुई जदीदियत, दोनों से मुनासिबत नहीं थी। इसी तरह, हालाँकि उन्हें *क्लासीक* की अज़मत का शदीद एहसास था और इस घटते हुए अहद की तख़्लीक़ी ताक़त को बहाल करने के लिए वे माज़ी के अदबी कमालों की बाज़ियाफ़्त ज़रूरी समझते थे, ऐसी क्लासिकियत भी उनके लिए क़ाबिले क़ुबूल नहीं थी जो अपने हाल या आने वाले ज़मानों की तरफ़ से हमारा रुख़ फेर दे। उनकी ज़ात एक अजीबोग़रीब संगम थी मुख़्तलिफ़ तख़्लीक़ी तसव्वुरों की। इस नुक़्ते पर, क्लासिकियत, तरक़्क़ीपसन्दी, जदीदियत सबके मानी बदल जाते थे।

महमूद अयाज़ की शायरी किसी मुक़र्ररा नज़रिये या यक़ीन के बजाय दरअस्ल अपने शक और सवालों की ज़ंजीर में क़ैद, एक बेहद हस्सास ज़हन की शायरी है, एक दुखे हुए दिल और थके हुए आसाब[२] के साथ दुश्मन ज़माने में अपनी हुर्मत[३] का हिफ़ाजत करते हुए शख़्स की रूदाद। अपनी जानलेवा बीमारी की तश्ख़ीस से बहुत पहले, महमूद अयाज़ ने जो नस्र और नज़्म लिखी, उसकी बुनियाद पर यह कहना ग़लत नहीं होगा कि रिवायती क्लासिकियत, रिवायती तरक़्क़ीपसन्दी और रस्मी जदीदियत की तरह, रिवायती मज़हबियत के असर से भी उनका ज़हन गर्चे आज़ाद था, मगर मज़हबी और रूहानी तजुर्बे और तर्ज़े एहसास में उनकी दिलचस्पी हमेशा से थी। उनके लिए यह दुनिया ग़ायब भी थी और हाज़िर भी। और इंसान अपने आप में एक मंज़र भी था और नाज़िर[४] भी। यही वजह है कि उनके गहरे और साफ़ दाख़िली आहंग रखने वाले शेरों में भी किसी तरह

---

१. नुकसान का बोध २. स्नायु ३. समान ४. दर्शक

की जज़्बातियत नहीं मिलती। शख़्सी वारदात के तज़्किरे में भी उनका लहजा मुतवाज़िन[1] और मोहतात[2] रहता है। यक़ीन और बेयक़ीनी की एक मिली-जुली कैफ़ियत, देखे-अनदेखे तमाम मज़ाहिर और तजुर्बों और वाक़िआत पर हावी होती है। वे ना तो ज़ेरे लब बात कहते हैं, ना उनकी आवाज़ चीख़ बनती है। चाहे जितने शदीद एहसास से वे दो-चार हों, और ज़हनी और जज़्बाती सतह पर वे चाहे जैसी तकलीफ़ में मुफ़्तला हों, संजीदगी का भ्रम और लहजे का रख-रखाव क़ायम रहता है। मेरा जी चाहता है कि इन मारुज़ात को ख़त्म करने से पहले, कुछ और शे'र भी दोहरा दिये जायें जिनसे इस असर की तज़्दीक होती है :

शमाँ शबे ताब एक रात जली
जलने वाले तमाम उम्र जले
याद रखो तो दिल के पास हैं हम
भूल जाओ तो फ़ासला है बहुत
इस ख़ामुशी पे ख़त्म सफ़र का गुमाँ ना कर
आसूदगाने ख़ाक़ नयी मंज़िलों में हैं
मैं घिर के रह गया हूँ हुदूद-ए-तलाश में
सब उसके नक़्श ता बा फ़लक वुसअतों में हैं

दर-ओ-दीवार की ख़ामोशी ने
रात भर हमसे कोई बात कही

एक तलब थी उमर भर, एक तलब थी जाँ के साथ
मैं ना जिसे समझ सका, दिल ने उसे ख़ुदा कहा
सभी के दर्द जुदा हैं, सभी के ग़म तन्हा
कोई शरीक-ए-सफ़र अहले कारवाँ में नहीं

अकेला मैं ही नहीं ए तमाशा गाहे जहाँ
जो सबको देख रहा वो ख़ुद भी तन्हा है

एक गम्भीर तर्ज़े एहसास, फ़िक्र और जज़्बे की तेज़ आँच के बावजूद, इन तमाम शेरों की नर्म आसारी, एक शाइस्ता, ख़ासी कढ़ी हुई शख़्सियत और एक तर्बियतयाफ़्ता[3] तहज़ीबी मिज़ाज की तर्जुमानी करती है। इन शेरों में

१. सन्तुलित २. एहतियात बरतना ३. प्रशिक्षित

तुंदी और तेज़ी के बजाय धीरे-धीरे सुलगते रहने, आँसुओं को पीते रहने की जो कैफ़ियत मिलती है और आख़िरी शे'र में तख़्लीक़ी तजुर्बे की रफ़ात और पुरजलाल सादगी का जो उंसुर दर आया है, उसके पेशे नज़र यह कहा जा सकता है कि महमूद अयाज़ की शायरी ख़ुद उनकी तरफ़ से भी एक बेहतर तवज्जो का हक़ रखती थी। उनकी बेनियाज़ी का नुक़्सान सबसे ज़्यादा उनकी शायरी ने उठाया। वह कि जिसने अपनी रूह में रचे हुए एक एहसासे ज़ियाँ के साथ ज़िन्दगी गुज़ार दी, ना जाने क्यों अपने इस नुक़्सान से ग़ाफ़िल गुज़र गया :

तमाम मरहले सोत-ओ-बयाँ[१] के ख़त्म हुए
अब उसके बाद हमारी निदा[२] है ख़ामोशी

---

१. बोलचाल २. पुकार

मुनीर नियाज़ी
एक आफ़तज़दा बस्ती की देवमाला

मुनीर नियाज़ी की शायरी हमें एक भूले-भटके दास्तानगो से रूशनास[१] कराती है। यह दास्तानगो किसी अनजानी खोज के फेर में एक रोज़ अपनी दास्तान सराय से निकला, और शायरी के इलाक़े में दाख़िल हो गया। मगर इस दारुलअमान[२] में भी वो सहरज़दा[३], मबहूत[४] और बेचैन दिखायी देता है। अपने रात-दिन इस तरह गुज़ारता है जैसे किसी तिलिस्म के असर में हो। अपनी पुरानी मुहिमों और तजुर्बों को याद करता है। अपने गिर्दो पेश से उक़्ताया हुआ और दूर उफ़्तादा[५] परछाइयों का पीछा करता रहता है। एहसासों की आवारगी और मन की बेचैनी उसे कहीं जमकर बैठने नहीं देती। चुनाँचे क़याम में भी सरगर्मे सफ़र महसूस होता है। और किसी अजनबी दुनिया का वासी नज़र आता है। उसकी बस्ती, उसकी अपनी बस्ती है, मुख़्तलिफ़ और नामानूस[६] मनाज़िर से मामूर[७]। उसका घर और उसके घर के दर और दीवार अलग हैं। बेचैन बहुत फिरना, घबराये हुए रहना, उसकी तख़्लीक़ी आदत ही नहीं, उसका आम मिज़ाज और तबीयत भी उसके तमाम हमअस्त्र शायरों से मुख़्तलिफ़ है। मुनीर नियाज़ी ने शायरी के वास्ते से एक 'तिलिस्मे होशरुबा' की तख़्लीक़ की है।

'जंगल में धनक' की एक नज़्म 'ख़्वाहिश के ख़्वाब' का बयान मुनीर ने इस तरह किया है कि :

> घर था या कोई और जगह जहाँ मैंने रात गुज़ारी थी
> याद नहीं यह हुआ भी था या वहम ही की अय्यारी थी

---

१. परिचय २. वह स्थान जहाँ लड़ाई-झगड़ा ना हो ३. चकित ४. स्तब्ध ५. पड़ी हुई ६. अपरिचित ७. आदेशित

एक अनार का पेड़ बाग़ में और घटा सत्वारी थी
आस-पास काले परबत की चुपकी दहशत तारी थी
दरवाज़े पर जाने किसकी मद्धम दस्तक जारी थी

'कुल्लियात-ए-मुनीर' की बस्ती के हर घर में यह मद्धम दस्तक सुनायी देती है। यह बस्ती सिर्फ़ आदमज़ादों से आबाद नहीं। क़ायनात की वहदत[१] और ज़िन्दगी की वहदत का जैसा शऊर मुनीर नियाज़ी की नज़्मों, ग़ज़लों, गीतों में शामिल है, इस अहद के किसी दूसरे शायर के यहाँ इसका सुराग़ नहीं मिलता। शायद मिल भी नहीं सकता। क्यूँकि जैसा कि शुरू ही में अर्ज़ किया गया, मुनीर नियाज़ी असल में एक दास्तानगो है जो शायर का रूप भर के सामने आता है। और तिलिस्मों की ऐसी वादियों, आबादियों से गुज़रता है कि दास्तानगो भी हैरान रह जायें। यहाँ मैं मुनीर के दो रम्ज़ शिनासों[२] के बयानों से कुछ इक़्तबासात की तरफ़ आपको मुतवज्जा करना चाहता हूँ। रम्ज़े शिनास मैंने इसलिए कहा कि मुहम्मद सलीमुर्रहमान और इन्तिज़ार हुसैन, दोनों ने मुनीर की शायरी के सिलसिले में रस्मी तनक़ीद निगारों से अलग अन्दाज़ अपनाया है। और मुअय्यन[३] इस्तिलाहों[४] में मुनीर की शायरी को क़ैद करने के बजाय अपने तअस्सुर का इज़हार इस तरह किया है कि :

> मुनीर मुसाफ़िर भी तो है, शाम का मुसाफ़िर। कहते हैं सफ़र वसीला-ए-ज़फ़र[५] है। होगा। मुनीर के यहाँ तो सफ़र वसीला-ए-ख़बर है...नामालूम की ख़बर। दरअसल यह सफ़र है ही ऐसी चीज़, एक दफ़ा आदमी चल खड़ा हो तो फिर लौटना नहीं...सुबह हो या शाम, मुनीर के यहाँ सफ़र का ज़िक्र छिड़ा रहता है और मिसरे परिन्दों की तरह पर तोलते रहते हैं।

...मुहम्मद सलीमुर्रहमान तारुफ़ 'दुश्मनों के दरमियान शाम'

और इन्तिज़ार हुसैन कहते हैं...

> मुनीर नियाज़ी के शेरी तजुर्बे में उन तजुर्बों का मेल है जो हमारे इज्तिमाई[६] तख़य्युल का हिस्सा हैं। 'दुश्मनों के दरमियान शाम' की नज़्में और ग़ज़लें पढ़ते-पढ़ते कभी इन आफ़तज़दा शहरों की तरफ़ ध्यान जाता है जहाँ कोई ख़तरपसन्द शहज़ादा रंजे सफ़र खींचता जा निकलता है और

---

१. एकता २. इशारों को पहचानने वाले ३. निश्चित ४. परिभाषा ५. कामयाबी का ज़रिया ६. सामूहिक

ख़िल्क़त[१] को ख़ौफ़ के आलम में देखकर हैरान होता था, कभी अज़ाब[२] की ज़द में आयी हुई उन बस्तियों का ख़याल आता है जिनका ज़िक्र क़ुरान में आया है, कभी हज़रत इमाम हुसैन के वक़्त का कूफ़ा नज़रों में घूमने लगता है। इसके बावजूद मुनीर नियाज़ी, अहद की शायरी करने वालों से ज़्यादा अहद का शायर नज़र आता है। वजह यह है कि उसने अपने अहद के अन्दर रहकर एक आफ़तज़दा शहर दरियाफ़्त किया है।

(हवाला आइज़न)

इन्तिज़ार हुसैन ने अपने और मुनीर नियाज़ी के रवैयों में एक और मुमासिलत[३] का ज़िक्र किया है। एक ही अहद में साँस लेने वाले अक्सर मिले-जुले तजुर्बों से गुज़रते हैं और कुछ कैफ़ियतें उन पर कभी-कभी तक़रीबन एक सी सूरत में वारिद होती हैं। लेकिन इन्तिज़ार हुसैन और मुनीर नियाज़ी का मामला सिर्फ़ हमअस्री तक महदूद नहीं है। दोनों में एक साझा उंसुर इज्तिमाई याददाश्त का और अपने ज़माने को अपने मकान या वक़्त की बन्दिशों से आज़ाद होकर देखने का भी है। उसी के साथ-साथ यह भी कि मुनीर के यहाँ इन्तिज़ार हुसैन ही की तरह ऐसे मज़ाहिर, चीज़ों और लोगों की भीड़ दिखायी देती है, जिनकी मदद से देवमालाएँ तर्तीब दी जाती हैं। असल में मुनीर और उसके हमअस्र शायरों में सारा फ़र्क़ ही इस वास्ते से पैदा हुआ है कि उसने 'रूहे अस्र' की तर्जुमानी का बोझ सँभालने से ज़्यादा सरोकार अपनी उस बसीरत के इज़हार से रखा, जिसकी तश्कील में ज़माने का रोल सिर्फ़ एक जिहत या सतह की निशानदेही कर सकता है। तमामो कमाल बसीरत का नहीं।

इस बसीरत का निशाना सिर्फ़ सामने की हक़ीक़तें नहीं बनतीं। सिर्फ़ तारीख़ इसका हवाला नहीं होती। मुनीर तो उन गिने-चुने तख़्लीक़ी आदमियों में हैं जो तारीख़ के जब्र का एहसास करते हुए उसकी गिरफ़्त से आज़ाद होते हैं, जिन्हें सिर्फ़ उस अहद के आशोब[४] और वाक़िआत की रौशनी में पूरी तरह देखना मुम्किन नहीं, जिनका शे'र सिर्फ़ तारीख़ की रौशनी से मुनव्वर नहीं होता, जो वुजूद के मर्कज़ी *प्लेटफ़ार्म* से अलग अपने एहसासों और अन्देशों की भूल-भुलैया में भटकते फिरते हैं।

चुनाँचे शे'र या कहानी के नाम पर वे तारीख़ नहीं लिखते बल्कि एक नयी

---

१. अवाम २. तकलीफ़ ३. समानता ४. उथल-पुथल

देवमाला मुरत्तब करते हैं, जो उम्रे-रवाँ[१] का हिसाब इस तरह नहीं देते जैसे बच्चे आमोख़्ता[२] सुनाते हैं या तारीख़ के उजाले में ज़िन्दगी गुज़ारने वाले तालीमयाफ़्ता लोग अपनी मालुमात-ए-आम्मा[३] की नुमाइश करते हैं। मुनीर ने कहा था :

किसी को अपने अमल का हिसाब क्या देते
सवाल सारे ग़लत देते जवाब क्या देते

'माहे मुनीर' के इख़्तितामिये[४] में इन्तिज़ार हुसैन का जो चार सफ़ही नोट शामिल है, उससे मुनीर नियाज़ी के तख़्लीक़ी मिज़ाज की हक़ीक़त पर कुछ रौशनी पड़ती है। इन्तिज़ार हुसैन ने लिखा है :

> नामालूम का ख़ौफ़ और नामालूम के लिए कशिश! इस ख़ौफ़ और कशिश की सूरत मुनीर नियाज़ी की शायरी में कुछ ऐसी है, जैसे आदम और हव्वा अभी-अभी जन्नत से निकलकर ज़मीन पर आये हैं। ज़मीन डरा भी रही है और अपनी तरफ़ खींच भी रही है। पाताल भी एक भेद है और वुसात[५] भी एक भेद है। भेद भरी फ़िज़ा कभी इस हवाले से पैदा होती है और कभी उस हवाले से, और शे'र के साथ देवमालाई क़िस्से और पौराणिक कहानियाँ लिपटी चली आती हैं...

मुनीर नियाज़ी के लिए ज़मीन अपने पाताल और अपने फैलाव के साथ दहशत और हैरत से भरा एक तजुर्बा है...

सफ़र में जो अज़ल[६] से यह वो बला ही ना हो
किवाड़ खोलके देखो कहीं हवा ही ना हो

बेनाम शक्लों, सायों, आवाज़ों निशानियों से भरी-पूरी यह दुनिया, जिसमें मुनीर नियाज़ी का शऊर गर्दिश करता रहता है, सिर्फ़ हमारा हाज़िर तो नहीं। दीवारें और हदबन्दियाँ मकान की होती हैं, फ़िज़ा की नहीं। फ़िज़ा तो अपने-पराये का भेद भी मिटा देती है। इसीलिए मुनीर नियाज़ी का शऊर जिस दुनिया के गिर्द अपने जाल फैलाता है उस पर किसी एक ज़माने, एक शख़्स के नाम की तख़्ती नहीं लगी हुई है।

यहाँ जो कुछ है वह नहीं भी है। असमंजस और धुँधलेपन की इस कैफ़ियत ने मुनीर नियाज़ी की शायरी को एक मुस्तक़िल भेद बना दिया

---

१. ज़िन्दगी २. पढ़े हुए पाठ को फिर से पढ़ना ३. सामान्य ज्ञान ४. समाप्ति ५. फैलाव ६. शुरुआत

है, जिसे ना तो हम तारीख़ के हवाले से कोई नाम दे सकते हैं ना अपने ज़माने की आम तख़्लीक़ी हिस्सियत के हवाले से। ना किसी ख़ास तहरीक, रुझान या अदबी गिरोह और हल्क़े के हवाले से। जिस तरह हवा को मुट्ठी में समेटना मुम्किन नहीं, उसी तरह मुनीर की शायरी को भी किसी तयशुदा मज़्मून या गिने-चुने मौज़ूआत से समझना मुम्किन नहीं है।

मजीद अमजद ने मुनीर नियाज़ी के दूसरे मज्मुआ-ए-कलाम 'जंगल में धनक' का तारुफ़ कराते हुए लिखा था :

> आज ज़रोसीम[१] की क़द्रों में खोई हुई मख़्लूक़ जंगलों की उस धनक को क्या देखेगी!...अभी इस बाज़ार से ना जाने कितनी नस्लों के जुलूस और गुज़रेंगे! यह जुलूस हँसते-खेलते और कहकहे लगाते हुए माह व साल के ग़ुबार में खो जायेंगे। ज़माने की गर्द में। हम सब उसी गर्द का हिस्सा हैं। हम सब और मुनीर भी। लेकिन ख़याल और जज़्बे की अनदेखी दुनियाओं के पर तो फ़ितरत के रंगों और ख़ुश्बुओं में तहलील होती नज़रों की जा गिरती, तैरती बदलियों के सायों में रोते दिलों की करवट जो उसके शेरों और शब्दों में मुजस्सम[२] और जावेद[३] होकर रह गयी है, उर्दू नज़्म के मरहलाहा-ए-इर्तिक़ा[४] की एक जानदार कड़ी है।

आबादी से वीराने तक, शहर से जंगल तक, मुनीर नियाज़ी के एहसासों अहदे क़दीम के (प्री मोर्डियल) इंसानों की तरह सफ़र करते हैं। उसकी शायरी में खुली हुई फ़िज़ा का, हर तरह की बन्दिशों से मरहूम हिस्सियत का एक आवारा ख़राम[५] जज़्बाती ज़िन्दगी का और मुशाहिदे की बेकिनारी का जो दाइमी[६] तअस्सुर मिलता है, उसकी तह में दरअस्ल उसी रवैये की कारफ़रमाई है। तख़य्युल और विज्दान पर पाबन्दियाँ तो अपने हाज़िर के कुछ शऊर ने आयद की हैं जिसकी तर्बियत सिर्फ़ तअक्कुल के साये में हुई है। मुनीर नियाज़ी की हिस्सियत ने इस तरह की हर बन्दिश को क़ुबूल करने से इंकार किया है। इसीलिए रंगों से और मौहूम[७] व मौजूद शक्लों से जैसा जोशीला सरोकार मुनीर नियाज़ी की शायरी में दिखायी देता है उसकी कोई मिसाल हमें नये दौर के शायरों में नहीं मिलती। दानिशे हाज़िर के अज़ाबों में एक अज़ाब[८] तर्ज़े एहसास की बेरंगी का है। इस पर सितम बराए सितम उर्दू ग़ज़ल की उमूमी रिवायत, ख़ासकर उन्नीसवीं

---

१. सोना-चाँदी/क़ीमती चीज़ २. साकार ३. शाश्वत ४. प्रगति की मंज़िलें ५. बेतर्तीब चलना ६. स्थायी ७. भ्रमात्मक ८. प्यार भरी तल्लीनता

सदी से लेकर अब तक की, जहाँ मुजर्रदात[१] और तसव्वुरात की युरुश[२] ने रूप-रंग से छलकते हुए एहसासों का तिया-पाँचा करके रख दिया। अठारहवीं सदी तक हमारे यहाँ यह ख़राबी इस हद तक नहीं पहुँची थी। चुनाँचे मीर व मुसहफ़ी, मीर हसन और नज़ीर अकबराबादी तक ज़िन्दगी के तमाशे इतने बेरौनक़ नहीं होते थे। आरियाई[३] तख़य्युल की रिवायत का कुछ असर हमारी अपनी अदबी और तख़्लीक़ी रिवायत पर भी देखा जा सकता था। ख़ालिस ज़हनी और हिस्सी तजुर्बों को बसरी तजुर्बों में मुन्तक़िल कर देने की रविश और इस्तेदाद से हमारे शायर भी ख़ूब बहरावर थे। अख़्तर अहसन जदीद नफ़्सियात और लिसानी फ़ल्सफ़ों की नज़र हो गये, सो जीलानी कामरान के बाद अब तो इन मसलों पर सोच-विचार करने वाला भी कोई और नज़र नहीं आता, लेकिन यह नुक़्ता बहरहाल तफ़्सील तलब और तवज्जो के लायक़ है कि ख़याल की तज्सीम[४] के अमल से हमारे लिखने वालों की अक्सरीयत इतनी लातआल्लुक़ क्यूँ रही? मामूली और मानूस मज़ाहिर से और अदीबों की अक्सरीयत इतनी लातआल्लुक़ क्यूँ है? फ़िक्री शायरी का ऐसा बेमहाबा[५] शौक़, जिसने हमारी तख़्लीक़ी रिवायत को ख़ासा नुक़्सान पहुँचाया आख़िर क्या मायने रखता है? उर्दू शायरी और शायरों से फ़िराक़ साहब की यह शिकायत बेजा तो नहीं थी कि ख़याल बन्दी और मज़्मून आफ़रीनी[६] के चक्कर ने उन्हें अपने अरज़ी[७] और सक़ाफ़ती[८] कल्चर के बहुत बड़े हिस्से से बेनियाज़ कर दिया। मुनीर नियाज़ी की शायरी के बारे में एक आम क़िस्म का तअस्सुर कि उसकी जड़ें ठेठ अरबी और ईरानी तख़य्युल की रिवायत में पैवस्त हैं, इसीलिए मुझे नज़रे सानी[९] का मोहताज दिखायी देता है, कि मुनीर नियाज़ी के मज्मुई रवैये से बहरहाल, इस तअस्सुर का इब्ताल[१०] होता है। मुनीर का तख़य्युल और इदराक ना सिर्फ़ यह कि अपने अरज़ी रिश्तों, रातों और गिर्दो पेश के मज़ाहिर मौजूदात और अशिया[११] का कभी इंकारी नहीं हुआ। इसकी एक नुमायाँ और मुंफ़रिद ख़ुसूसियत यह भी है कि वह हर एहसास और ख़याल को एक तरह की ठोस और मुजस्सम हैयत अता करने पर क़ादिर है। इसीलिए सामी रिवायात[१२] सहाइफ़[१३] और सक़ाफ़ती हवालों के साथ-साथ मुनीर नियाज़ी के अशआर में, बल्कि यूँ कहना चाहिए कि

---

१. अकेलापन २. हमला/जल्दबाज़ी ३. आर्य ४. जिस्म ५. बेधड़क ६. विषय बनाना ७. ज़मीन से जुड़ी हुई ८. तहज़ीब ९. किसी तयशुदा विषय पर पुनर्विचार १०. झुठलाना ११. वस्तुएँ १२. साम की क़ौम १३. धर्म-ग्रन्थ

उसके मज्मुई तख़्लीक़ी रवैये तरीक़कार में मक़ामी या देसी असरात का अक्स साफ़ झलकता है। नज़्मों, ग़ज़लों के अलावा मुनीर ने यह जो बेतहाशा गीत लिखे हैं और बहुत सी नज़्मों में जो गीतों की गहरी फ़िज़ा और झंकार मिलती है तो यह सब महज़ इत्तेफ़ाक़िया नहीं है। इससे मुनीर नियाज़ी की शायरी और शेरी तीनत के एक इम्तियाज़ का भी इज़हार हुआ है। यह शायरी सिर्फ़ तारीख़ (माज़ी) या रूहे अस्र (हाज़िर) के इदराक का पता नहीं देती। इसकी हदें बहुत दूर तक फैली हुई हैं। मज़ाहिर की दुनिया के बहुत से रंग जाने-अनजाने बहुत से किरदार, सुनी-अनसुनी बहुत सी आवाज़ें और राग, इस शायरी का मंज़र यह और इसका अनोखा जमालियाती ज़ायक़ा मुरत्तब करते हैं। मिसाल के तौर पर और इस नुक़्ते की वज़ाहत के लिए, मुनीर की नज़्मों, ग़ज़लों से यह कुछ मिसालें देखिये :

मैं भी दिल के बहलाने को क्या-क्या स्वाँग रचाता हूँ
सायों के झुरमुट में बैठा सुख की सेज सजाता हूँ
बुझते-जलते दीपक से सपनों के चाँद बनाता हूँ
आप ही काली आँखें बनकर अपने सामने आता हूँ
आप ही दुख का भेस बदलकर उनको ढूँढ़ने जाता हूँ

मैं (तेज़ हवा और तन्हा फूल)

किससे मिलूँ और किससे बिछड़ूँ इस जादू के मेले में
आँखें और दिल दोनों मिलकर पड़ गये अजब झमेले में
सबकी आँखें सजी हुई हैं अरमानों के फूलों से
सबके दिल घबराये हुए हैं चाह के तुंद बगूलों से
हैरत की तस्वीर बना हूँ रंग-बिरंगे चहरों में
ऐसा, जो मुझको बहलाये कोई नहीं बे महरों[१] में

शीश महल (तेज़ हवा और तन्हा फूल)

पुरअसरार[२] बलाओं वाला
सारा जंगल दुश्मन है
शाम की बारिश की टपटप
और मेरे घर का आँगन है

हाथ में एक हथियार नहीं है
बाहर जाते डरता हूँ

---

१. मुहब्बत ना करने वाला/अजनबी २. रहस्यमय।

रात के भूखे शेरों से
बचने की कोशिश करता हूँ

जंगल की ज़िन्दगी (जंगल में धनक)

जब भी घर की छत पर जायें नाच दिखाने आ जाते हैं
कैसे-कैसे लोग हमारे मुझको जलाने आ जाते हैं
दिन-भर जो सूरज के डर से गलियों में छुप रहते हैं
शाम आते ही आँखों में वो रंग पुराने आ जाते हैं
हम भी मुनीर अब दुनियादारी करके वक़्त गुज़ारेंगे
होते-होते जीने के भी लाख बहाने आ जाते हैं

ग़ज़ल (जंगल में धनक)

फैलती है शाम देखो डूबता है दिन अजब
आसमान पर रंग देखो हो गया कैसा ग़ज़ब
खेत हैं और उनमें इक रूपोश[१] से दुश्मन का शक
सरसराहट साँप की गंदुम की वहशीगर महक
एक तरफ़ दीवार-ओ-दर और जलती-बुझती बत्तियाँ
एक तरफ़ सर पर खड़ा यह मौत जैसा आसमान

दुश्मनों के दरमियान शाम

मैं जैसा बचपन में था
इसी तरह में अब तक हूँ
खुले बाग़ को देख-देखकर
बुरी तरह हैरान
आसपास मेरे क्या होता है
इस सबसे अनजान

मैं जैसा बचपन में था (दुश्मनों के दरमियान शाम)

आवाज़ देके देख लूँ शायद वो मिल ही जाये
वर्ना यह उमर भर का सफ़र राएँगा[२] तो है

वो बेहिसी है मुसल्सल शिकस्ते दिल से मुनीर
कोई बिछड़ के चला जाये ग़म नहीं होता

गुम हो चले हो तुम तो बहुत ख़ुद में ऐ मुनीर
दुनिया को कुछ तो अपना पता देना चाहिए

---

१. छुपा हुआ २. बेकार

एक और दरिया का सामना था मुनीर मुझको
मैं एक दरिया के पार उतरा तो मैंने देखा

क्या बाब थे यहाँ जो सदा से नहीं खुले
कैसी दुआएँ थीं जो यहाँ बेअसर गयीं

एक और सिम्त भी है उससे जाके मिलने की
निशान और भी है यक निशाने पा के सिवा

(दुश्मनों के दरमियान शाम)

ये तमाम मिसालें माहे मुनीर (इशआत १९७४) से पहले की हैं। मगर उनके महसूस मुताले[१] से मुनीर की कुछ ख़ूबियाँ और इम्तियाज़ात खुलकर सामने आते हैं। जैसे जीती-जागती वारदात या वाक़ियात कब और किस तरह चुपचाप एक सी शक्ल अख़्तियार कर लेते हैं और ठहरा हुआ मंज़र कैसे बहता हुआ बन जाता है, पढ़ने वालों को इसकी ख़बर भी नहीं होती। असल में मुनीर की शायरी एक साथ एहसास की कई सतहों पर वारिद होती है, हमारी सोच पर असरन्दाज़ होने के साथ-साथ देखने, सुनने, छूने की हिस से भी एक बेनाम सा रिश्ता क़ायम कर लेती है। यह शायरी एक हमागीर[२] और मुत्तहिदा[३] ख़ुसूसियात और असारात रखने वाली शायरी है। मुनीर नियाज़ी मुशाहिदे को बग़ैर किसी बाहरी काविश[४] के ख़्वाब बना देते हैं। तख़य्युल की ऐसी ख़ुदसरी[५], एहसासों की ऐसी बेदारी[६], मज़ाहिर से जज़्बे का ऐसा गहरा और ख़ुदकार ताल्लुक़ मुनीर के हमअस्रों में ज़्यादा आम नहीं है। मुनीर अगर शायर नहीं होते तो मुसव्विर[७] होते। या मज़ाहिर परस्तों की तरह जंगलों, वीरानों में भटकती, फिरती एक आत्मा। उनके मिज़ाज की गुमशुदगी अपना एक मुंफ़रिद[८] अन्दाज़ रखती है। ख़याल की एक लहर को, जज़्बे के एक इर्तिआश[९] और तअस्सुर के एक लम्हे को वह बड़ी ख़ामोशी के साथ एक देरपा क़िस्से या वाक़िये और पढ़ने के शऊर में पैवस्त होकर रह जाने वाली एक वारदात की शक्ल दे देते हैं। 'माहे मुनीर' के तारुफ़ में सुहैल अहमद ने इस शायरी को 'खुले मंज़रों की दुनिया' का नाम दिया है। और उसकी वजह यह बतायी है कि "इस

---

१. अध्ययन २. जिसमें सब चीज़ें शामिल हों ३. मेल-मिलाप रखनेवाला ४. तलाश ५. बग़ावत ६. जागृति ७. चित्रकार ८. बेजोड़ ९. हरकत

शायरी में हैरान कर देने और भूले हुए गुमशुदा तजुर्बों को ज़िन्दा करने की एक ऐसी ग़ैर मामूली सलाहियत है जो उस अहद के किसी शायर में नज़र नहीं आती।''

फ़िक्री एतिबार से तो इस उस्लूब की पर्छाइयाँ जहाँ-तहाँ और भी नज़र आ जायेंगी, लेकिन यह वाक़िआ मुसल्लम[१] है कि मुनीर की शायरी से जिस बूतयक़ा[२] का ज़ुहूर हुआ है वो बड़ी हद तक निजी और शख़्सी है। सुहैल अहमद कहते हैं :

> मुनीर की शायरी में इंसान को उसका बचपन और बचपन के साथ पैवस्त बहिश्त[३] की याद दिलाने का जो जादू है वो इसी बात से ज़ाहिर है कि मुनीर की शायरी पर लिखे हुए अक्सर दोस्तों को अपनी छोड़ी हुई बस्तियाँ, अपना बचपन याद आया है...

हो सकता है कि मुनीर की शायरी के बहुत से पढ़ने वाले इस क़िस्म की कैफ़ियत से गुज़रे हों मगर मुझे तो उनके एहसासे हैरत और ख़ौफ़ या दहशत की फ़िज़ा में एक बहुत पुख़्ताकार रवैये के निशानात दिखायी देते हैं। यह रवैया अपने हाज़िर पर अफ़सोस, अपनी तबीयत की क़लन्दराना रविश और कारोबार-ए-दुनिया के इब्तिज़ाल[४] से बर्गश्तगी के नतीजे में अपने आप पर आयद की हुई तन्हाई का पैदाकर्दा है। यह रवैया आज के इंसान का या अपनी मौजूदा सूरतेहाल से उलझते हुए, तारीख़ से नबर्दआज़्माई[५] करने वाले किसी शख़्स का रवैया नहीं है। यह सिर्फ़ माज़ी में खोए हुए किसी ऐसे शख़्स का रवैया भी नहीं जिस पर इसका हाफ़्ज़ा हमावक़्त लानत मलामत करता रहता हो। यह रवैया एक ऐसे शख़्स का है जो अपनी भरी-पूरी दुनिया को अपने तमाम एहसासों के साथ देखने और बरतने में मसरूफ़ है, जो वुजूद के पूरे तमाशे को एक अटूट सिलसिले के तौर पर देखना चाहता है और हस्ती की उस क़ायनात का वासी है जहाँ आबादियाँ और वीराने, आलम और आमी, इंसान और जानवर, वहम और यक़ीन, ज़िन्दगी के अच्छे-बुरे तमाम रंग, एक-दूसरे के इन्हिमाक[६] में ख़लल अन्दाज़ हुए बग़ैर, आपस में मुतसादिम हुए बग़ैर, एक सी शफ़्फ़ाफ़ और सादा ज़िन्दगी गुज़ार सकें और बाक़ी रह सकें। लोग आफ़तज़दा नहीं हों और बस्तियों पर अज़ाब ना टूटें। मुनीर की शायरी के शुरुआती दौर में जो रंग निज़्बतन धुँधले और कच्चे थे 'माह-ए-मुनीर'

---

१. प्रमाणित २. अरस्तू की किताब 'पोएटिक्स' ३. स्वर्ग ४. फ़ूहड़पन ५. जंग ६. तन्मयता

के बाद से लेकर अब तक की शायरी में उन्होंने एक बाक़ायदा हिस्सी, फ़िक्री, जज़्बाती और लिसानी व सौती निज़ाम की सी सूरत अख़्तियार कर ली है, एक ऐसी क़िस्म की शक्ल में जिसकी तख़्लीक़ मुनीर के हमअस्रों ने भी करनी चाही। लेकिन इस अमल में जो लोग कामयाब नहीं हुए तो इसलिए कि मुनीर के जैसी तख़्लीक़ी सरिश्त, फ़िक्र और जज़्बे की उनकी जैसी तंज़ीम[१] पर और इस्तिग़राक़[२] आमेज़ अन्दाज़ पर कोई और क़ादिर नहीं हो सका। रफ़्ता-रफ़्ता इन तमाम बातों ने मिल-जुलकर, मुनीर के यहाँ एक तरह की ग़ैर रस्मी सिर्रीयत[३] का एक निजी शरियत का अन्दाज़ अपना लिया। मज़हबी, अलाइम और इस्तआरों का नक़्श (माह-ए-मुनीर) के बाद की शायरी में इसीलिए पहले से ज़्यादा मुनव्वर है :

शामे-ए-शहर-ए-हौल में शमाएँ जला देता है तू
याद आकर इस नगर में हौसला देता है तू
देर तक रखता है तू अर्ज़-ओ-समा[४] को मुन्तज़िर
फिर इन्हीं वीरानों में गुल खिला देता है तू
माँद पड़ जाती है जब अशजार[५] पर हर रौशनी
घुप अँधेरे जंगलों में रास्ता देता है तू

आया हूँ मैं मुनीर किसी काम के लिए
रहता है इक ख़याल सा ख़्वाबों के साथ-साथ
उगा सब्ज़ा दर-ओ-दीवार पर आहिस्ता आहिस्ता
हुआ ख़ाली सदाओं से नगर आहिस्ता आहिस्ता
घिरा बादल ख़मोशी से ख़िज़ाँ[६], आसार बाग़ों पर
हिले ठण्डी हवाओं में शजर आहिस्ता आहिस्ता
मेरे बाहर फ़सीलें थीं ग़ुबार-ए-ख़ाक़ व बाराँ[७] की
मिलीं मुझको तेरे ग़म की ख़बर आहिस्ता आहिस्ता
चमक ज़रकीं[८] उसे आख़िर मकान-ए-ख़ाक में लायी
बनाया नाग ने जिस्मों में घर आहिस्ता आहिस्ता

माहे मुनीर

बैठ जायें साया-ए-दामाने अहमद में मुनीर
और फिर सोचें वो बातें जिनको होना है अभी

---

१. निर्माण २. तल्लीनता ३. पोशीदगी ४. ज़मीन और आसमान ५. पेड़ ६. पतझड़ ७. बारिश ८. सोने की चमक

आदत ही बना ली है तुमने तो मुनीर अपनी
जिस शहर में भी रहना उक़्ताए हुए रहना

शहर में वो मुअत्बर[1] मेरी गवाही से हुआ
फिर मुझे नामुअत्बर उस शहर में उसने किया
देखे हुए से लगते हैं रस्ते, मकान, मकीन
जिस शहर में भटक के जिधर जाये आदमी
देखें वो नगर के अभी तक हूँ ख़ौफ़ में
वो सूरतें मिली हैं के डर जाये आदमी
ये बहरे हस्त ओ बूद है बे गौहरे[2] मुराद
गहराइयों में उसकी अगर जाये आदमी

माह-ए-मुनीर

दीवार-ए-फ़लक, महराब-ए-ज़माँ, सब धोखे आते जाते हुए
ये एक हक़ीक़त हमपे खुली जब से वो खुला बन देखा है
मिरासे जहाँ एक अहद-ए-वफ़ा किसी ख़्वाब में ज़िन्दा रहने का
एक क़िस्सा तन्हा आदम का जिसने तन्हा बन देखा है
कभी बाब-ए-हवा कभी सब्ज़ रिदा[3], कभी राज़ हज़ारों सदियों का
हर लहा रंग बदलता हुआ, हर आन नया बन देखा है

हैं ख़्वाब क़िस्सा हाए फ़िराक़[4] व विसाल[5] सब
मेरे और उसके ग़म का फ़साना भी ख़्वाब है
गुज़रे हुए ज़मान-ओ-मकान जैसे ख़्वाब थे
सहरे ख़याले इशरते फ़र्दा भी ख़्वाब है

एक दश्ते लामकाँ फैला है मेरे हर तरफ़
दश्त से निकलूँ तो जाकर किन ठिकानों में रहूँ
आग़ाज़-ए-ज़मिस्तान में दोबारा
ख़्वाब होते हैं देखने के लिए
उनमें जाकर मगर रहा ना करो

कमाल-ए-शौक़ का हासिल यही है
हमारा शहर से बेज़ार होना

साअते सैयार

---

१. भरोसेमन्द २. क़ीमती मोती ३. चादर ४. विछोह ५. मिलना

यह आलमे आबो सराब[१], यह दुनिया जो कभी एक जादू नगरी थी या राज़ों से भरा एक बस्ता, तरक़्क़ी और तामीर की तलब में आख़िरकार उस अंजाम को पहुँची जो आज सामने है और जिसने इसके सारे भेद छीन लिये हैं। मुनीर ने इसी आलम के अन्दर एक और आलम ईजाद कर लिया था। जिसमें जीती-जगती मानूस शबीहों के साथ मौहूम परछाइयों और अप्सराओं, कुटनियों, जादूगरनियों, अजनबी मुसाफ़िरों और किसी ख़याल आबाद के बाशिन्दों की आवा-जाही जारी थी। वो सिलसिला रुका तो मुनीर की तख़्लीक़ी फ़िक्र पर भी अफ़्सुर्दगी और इज़्मेहलाल[२] के आसार नज़र आने लगे, कुल्लियाते मुनीर (मार्च १९९१ का एडीशन नाशिर पाकिस्तान राइटिंग्ज़) में 'साअत सैयार' के बाद छोटे-छोटे संग्रहों 'पहली बात ही आख़िरी थी' और 'एक दुआ जो मैं भूल गया था' या क़लामे ताज़ा के तहत जो कुछ भी है, उससे इसी असर की तस्दीक़[३] होती है।

यूँ एक गम्भीर उदासी तो हमेशा से मुनीर की हम रक़ाब थी। मुनीर के लहजे में जैसा ठहराव और बयान में जो धीमापन और सुस्त रवी है, उसे भी मैं हिन्दी तर्ज़े एहसास और मुनीर की तबीयत के दरमियान एक गहरी मुनासिबत का नतीजा समझता हूँ, और वह बात जो इस लेख में काफ़ी पहले कही जा चुकी है, किसी दर्द भरे गीत या भजन या दोहे या क़बत के रूप-रंग में मुनीर की हिस्सियत की पहचान का वास्ता बनने वाली, तो उसकी तरफ़ एक बार फिर मैं ध्यान दिलाना चाहता हूँ। 'सात सैयार' की बाद की नज़्मों, ग़ज़लों, गीतों, मंजूम तर्जुमों में, गोयाई से ज़्यादा किसी लम्बी चुप का शोर सुनायी देता है और मुनीर जो तस्वीर भी लफ़्ज़ों में बनाते हैं, हल्के आबी रंगों के साथ सामने आती है। मुनीर के यहाँ तो जलाल या बरहमी का लहजा भी पैदा होता है तो धीमे सुरों के साथ, जैसे अपने आप से बातें की जा रही हों या किसी को हमराज़ बनाया जा रहा हो। सोचने की बात है कि 'दुश्मनों के दरमियान शाम' में भी इस वारदात का ज़ुहूर होता है कि यूँ के :

शहर-ए-संगदिल को जला देना चाहिए
फिर उसकी ख़ाक को उड़ा देना चाहिए
मिलती नहीं पनाह हमें जिस ज़मीन पर
एक हश्र उस ज़मीं पे उठा देना चाहिए

---

१. मृगतृष्णा २. ग़मज़दगी ३. प्रमाण

हद से गुज़र गयी है यहाँ रस्म-ए-काहिरी[1]
इस दहर[2] को अब इसकी सज़ा देना चाहिए
एक तेज़ राब[35] जैसी सदा हर मकान में
लोगों को उनके घर में डरा देना चहिए
गुम हो चले हो तुम तो बहुत ख़ुद में ऐ मुनीर
दुनिया को कुछ तो अपना पता देना चाहिए

ज़ाहिर है कि यहाँ मुनीर का ख़िताब किसी हुजूम से नहीं, सिर्फ़ अपने आप से है। शायद इसीलिए, मुनीर की दुनिया में हमारा सफ़र हैरानी और अफ़सोस के अनासिर के साथ ख़ामोशी में तय किया जाने वाला सफ़र है। पिछले कुछ बरसों के दौरान मुनीर की इक्का-दुक्का तख़्लीक़ात जो नज़र से गुज़रीं तो गहरा होता गया एहसास हवा के शोले अब दब चुके हैं और चिंगारी राख बनती जा रही है। अर्ज़-ओ-समा पर एक सन्नाटे की कैफ़ियत तारी है और नुक़्सान के एहसास ने तन्हानशीनी का रूप अपना लिया है :

ज़वाले अस्ल है कूफ़े में और गदागर हैं
खुला नहीं कोई दर बाब-ए-इल्तिजा के सिवा
मकान, ज़र, लबे गोया, हद सपेहरो[4] ज़मीं
दिखायी देता है सब कुछ ख़ुदा के सिवा

---

१. जुल्म की रस्म २. ज़माना ३. बिजली १. आसमान

शहरयार
हासिले सैरे जहाँ

शेरों के पाँच छोटे-छोटे संग्रहों की इस किताब का नाम शहरयार ने 'हासिले सैरे जहाँ' रखा है। अपने आप में यह नाम एक बलीग़ इस्तिआरा[१], एक शेरी बयान ही है। मतलब यह कि चारों सिम्तों में चाहे जहाँ तक हो आओ, लौटकर अन्त में अपनी ही हस्ती के मर्कज़ पर आना होगा। बक़ौल सूरदास 'जैसे उड़ जहाज़ का पंछी, फिर जहाज़ पर आये'। बहुत दिन पहले स्वामी रामकृष्ण परमहंस की वचनमाला में एक कहानी पढ़ी थी जिसके वास्ते से स्वामी जी ने अपने श्रद्धालुओं को यही बताया था कि पूरब-पश्चिम, उत्तर-दक्खिन तमाम दिशाओं में भटकने के बाद आख़िरकार हम अपनी ही तरफ़ वापिस आते हैं। मीर साहब के मुताबिक़ :

ग़लत था आपसे ग़ाफ़िल[२] गुज़रना
ना समझे हम के इस क़ालिब[३] में तू था

तो अर्ज़ यह करना है कि रिवायती तसव्वुफ़[४] से अलग नयी शायरी के मुहर्रिक[५] और रुझान में एक नयी मज़हबियत का तसव्वुर[६] भी छुपा हुआ है जिसका ख़मीर एक तरह की ग़ैर-रस्मी वजूदी फ़िक्र पर मब्नी[७] हिस्सियत[८] से उठा है। शहरयार के शेरों की पहली किताब 'इस्मे आज़म' १९६५ में प्रकाशित हुई थी। उन दिनों इस रुझान की लौ तेज़ होने लगी थी, कुछ तो तरक़्क़ीपसन्दी के इज्तिमाई[९] मिज़ाज के रद्दे अमल[१०] की शक्ल में, और कुछ एक गहरे दुख में पले हुए हार के एहसास के नतीजे में। पहली जंगे

---

१. अलंकारों की ख़ूबसूरती से सजाया हुआ रूपक २. बेख़बर ३. किसी चीज़ में ढलना ४. सूफ़ीवाद ५. प्रस्तावक/गति देने वाला ६. कल्पना ७. निर्धारित ८. संवेदनशीलता ९. सामूहिक़ १०. प्रतिक्रिया

अज़ीम के बाद का पूरा माहौल, इंसान की तर्कहीनता और शुरुआत से आख़िर तक फैली हुई तन्हाई का एहसास, उन्नत योरप से पिछड़े हिन्दुस्तान तक एक मुक्ति की राह की तलाश में था। उस वक़्त की सूरतेहाल का कुछ अन्दाज़ा १९६५ के आसपास सामने आने वाली तख़्लीक़ी[१] सरगर्मियों और नयी हिस्सियत को फ़िक्री असास[२] मुहैया करने वाली कुछ किताबों के शीर्षकों से लगाया जा सकता है। मुझे याद है कि ख़लीलुर्रहमान आज़मी का दूसरा शेरी संग्रह 'नया अहदनामा' छपा तो राही मासूम 'रज़ा' ने एक लेख में इस बात का बहुत मज़ाक़ उड़ाया कि नये शायर पर अब नये अहदनामे[३] वारिद होते हैं और उसे एक नये इस्मे आज़म[४] की तलाश है। लेकिन नयी संवेदनशीलता से मतभेद और एक नया शेरी मुहावरा बनाने वाले शायरों की योग्यता से इंकार के बावजूद अदबी मंज़रनामा तो बहरहाल तब्दील हो रहा था। हिन्दुस्तान की अलग-अलग इलाक़ाई ज़बानों के साथ-साथ हमारे नये शायरों की बातचीत पश्चिम से भी जारी थी। सिद्धान्तों की बातें कम होती थीं। नया शे'र और नया साहित्य पढ़ने और उसे अपने एहसासों में सोख लेने का रुझान ज़्यादा था। हिन्दुस्तान में रिसाला 'शबख़ून' का प्रकाशन भी इन्हीं दिनों शुरू हुआ। गिंज़बर्ग ने हिन्दुस्तान का सफ़र किया। ग्रेगरी कोर्सो, जॉर्ज मैकबेथ, फ़र्लिंघेटी की किताबें हमारे यहाँ भी छपने लगीं। गिंज़बर्ग की लम्बी नज़्म 'हाउल' के बाद उर्दू और दूसरी हिन्दुस्तानी ज़बानों में लम्बी नज़्म के चलन ने ज़ोर पकड़ा। मलय राय चौधरी की नज़्म 'ज़ख़्म' और अमीक़ हनफ़ी की 'सिन्दबाद' को एक नये अदबी मंशूर[५] के तौर पर भी देखा गया। ख़लीलुर्रहमान आज़मी, वहीद अख़्तर, बाक़र मेहदी, अमीक़ हनफ़ी, शम्सुर्रहमान फ़ारूक़ी, बलराज कोमल के मज़ामीन शब ख़ून (इलाहाबाद), सबा (हैदराबाद), किताब (लखनऊ), आईना (बम्बई) की बहसों और बातचीत में, जिनमें सज्ज़ाद ज़हीर, सरदार जाफ़री, सैयद एहतेशाम हुसैन से लेकर नये लिखने वालों तक एक सी सरगर्मी के साथ शरीक होते थे, बीसवीं सदी की सातवीं दहाई के मिज़ाज और माहौल का साफ़ पता देते हैं। नसीम इज़िकियल बम्बई से 'पोएट्री इण्डिया' निकालते थे, जिसमें उत्तर और दक्खिन की मुख़्तलिफ़ ज़बानों के साथ उर्दू के नये शायरों का कलाम भी छपता था और इससे यह अन्दाज़ा भी होता था कि तमाम

१. सृजनात्मक २. विचारों की बुनियाद ३. प्रतिज्ञापत्र ४. महामंत्र ५. क़ायदा/शाही फ़र्मान

ज़बानों के नये शायरों के साथ उर्दू का नया शायर भी एक नयी सतह पर अपने आप से और अपने नये ज़माने से हमकलाम है, याद कीजिये कि बंगाल में उस दहाई को 'द बर्निंग सेवेंटीज़' का नाम दिया गया था और भूखी पीढ़ी के शायर जिनमें से कुछ ने आगे चलकर बहुत नाम कमाया, उनके अलावा उड़ीसा के दिगम्बर कवियों की एक पुरजोश नस्ल इसी पसे मंज़र से नमूदार हुई। किस क़यामत की तख़्लीक़ चहल-पहल थी और मतभेद और इंकार के इज़हार में नये-पुराने सब दियानतदार[१] दिखायी देते थे। इन्तिज़ार हुसैन ने उन्हीं दिनों लिखा कि अदीब जब उसूलों के लिए नहीं लड़ते तो कुर्सी और मंसब और ईनाम की दौड़ शुरू हो जाती है। अफ़सोस कि इस वक़्त यही हो रहा है।

शहरयार के ज़िक्र में यह बातें इसलिए याद आ गयीं कि उस दौर के ग़ालिब[२] शेरी उस्लूब और आम-व-मक़्बूल आहंग[३] से अलग शहरयार ने एक अलग दुनिया बनायी थी। उनकी शायरी और शख़्सीयत दोनों ग़ैर-मुतनाज़ा[४] रहे, अपनी नर्म आसारी और धीमेपन की वजह से। बहुत से पुरजोश लिखने वाले जल्द ही पिचक गये। बक़ौल मुहम्मद अयाज़, उनमें थके हुए घोड़ों की एक पूरी क़तार भी शामिल थी। चुनाँचे दस-पाँच चौंकाने वाली नज़्मों के बाद उनका दामन खाली दिखायी दिया। अब उनका ख़याल आता है तो उनकी पुरानी कमाई की वजह से। नित नये सितारों के उभरने और डूबने का यह मंज़र एक तरफ़, दूसरी तरफ़ गिनती के लिखने वाले ऐसे भी थे जिनकी दुनिया बहुत पुरशोर[५], भरी हुई और फैली हुई ना सही, मगर उनमें अपने को सँभाले रखने की ख़ूबी ग़ैर मामूली थी। ऐसे लिखने वालों में शहरयार कई वजहों से अनूठे और ख़ास कहे जा सकते हैं।

शहरयार की शायरी ने जिस माहौल में आँखें खोलीं वह अपनी नफ़्सियाती[६] कड़वाहट, मुआशरती अबतरी[७] और आदर्शों की शिकस्त के हवाले से पहचाना जा सकता है। यह सूरतेहाल शहरयार के हमअस्रों में अक्सर देखी जा सकती है। शहरयार की शायरी की आवाज़ सुरीली और ज़ायक़ा मीठा तो नहीं है, लेकिन ज़ब्त की एक अन्दरूनी कैफ़ियत ने उन्हें गवारा[८]

---

१. ईमानदार २. शक्तिशाली / ज़बरदस्त ३. आम और लोकप्रिय आवाज़ ४. जिस बात के लिए झगड़ा ना हो ५. शोरगुल से भरा हुआ ६. मनोवैज्ञानिक ७. तहज़ीब की अस्त-व्यस्तता ८. रुचिकर

बना दिया है। शहरयार अपने निजी और सामूहिक उथल-पुथल का ज़िक्र भी हमेशा सँभलकर करते हैं। अपनी आवाज़ धीमी रखते हैं, लहजा मुतवाज़िन[१]। इसीलिए अपनी ग़मआलोदगी[२] और सोज़[३] के बावजूद इनकी शायरी में दुनिया से बेज़ारी और अपने आप से दूरी का रंग नहीं उभरता। 'इस्मे आज़म' की एक नज़्म है मौत :

अभी नहीं, अभी ज़ंजीरे ख़्वाब बरहम[४] है
अभी नहीं, अभी दामन के चाक[५] का ग़म है
अभी नहीं, अभी दर बाज़ है उम्मीदों का
अभी नहीं, अभी सीने का दाग़ जलता है
अभी नहीं, अभी पलकों से ख़ूँ मचलता है
अभी नहीं, अभी कमबख़्त दिल धड़कता है

एक बेढंगे, बदहैयत[६], मुआशरती माहौल के इदराक[७] से जन्म लेने वाली यह ख़ूबसूरत नज़्म, उस अहद के फ़ैशनज़दा[८] रवैये से हैरान कर देने वाली हद तक आज़ाद है। शहरयार की ग़ज़लों में तर्ज़े एहसास के नयेपन के बावजूद, ख़ासा रचा हुआ *क्लासिकी* शऊर मिलता है और ग़ज़ल की रिवायत के इस्तेहकाम[९] और जब्र[१०] के पेशे नज़र यह बात नहीं कही जा सकती लेकिन शहरयार की नज़्मों में जो तहज़ीबेज़ात[११] और तनासुब[१२] का अन्दाज़ मौजूद है, उसे मामूली नहीं कहा जा सकता। एक दबा-दबा सा इंसानी सोज़, दर्दमंदी की एक मुस्तक़िल कैफ़ियत, एहतियात बरतने की एक अपनी कोशिश, शहरयार की शायरी को अपने माहौल से मशरूत[१३] रखते हुए भी उसे एक आज़ाद, क़ायम बिज़्ज़ात[१४] और हर ज़माने के मानीख़ेज़ मज़हर[१५] की शक्ल देती है। शहरयार का सबसे बड़ा कमाल उनकी लिसानी[१६] किफ़ायत शायरी और जज़्बाती ख़ुदमुख़्तारी[१७] में मुज़मिर[१८] है। वे अपनी आवाज़ को, अपने तजुर्बे को, अपने बहुत मुश्किल रद्दे अमल को और उन सबको घेरने वाले बेहद साफ़-सुथरे और शख़्सी अन्दाज़ को पल भर के लिए भी बेहिजाब नहीं होने देते। ख़्वाब और हक़ीक़त के एक सर्वकालिक द्वन्द्ववाद, एक गहरे अन्दरूनी टकराव और जिस्म में तमाम संवेदनाओं की घेरेबन्दी के साथ भी शहरयार अपने तजुर्बे

---

१. सन्तुलित २. ग़म से भरी हुई ३. जलन/तपिश ४. नाराज़ ५. फ़टने का भाव ६. कुरूप ७. बोध ८. फ़ैशन के मारे हुए ९. मज़बूती, स्थिरता १०. हठ ११. ख़ुद को सँवारना १२. परस्पर निस्बत रखना १३. जो किसी शर्त पर निर्धारित हो १४. अपने आप में १५. प्रत्यक्ष वस्तु १६. भाषा सम्बन्धी १७. स्वच्छन्दता १८. छुपी हुई

का वक़ार[1] क़ायम रखते हैं। उसे कभी बेक़ाबू नहीं होने देते। एक सोची-समझी सतह से ऊपर नहीं जाने देते। जज़्बे और लफ़्ज़ों का इसराफ़[2] जो शहरयार के ज़्यादातर समकालीन शायरों के साथ परछाईं की तरह लगा हुआ है, शहरयार की शायरी में उसकी गुंजाइश कभी नहीं निकलती। रस्मी लफ़्ज़ों में कहा जाये तो उनकी शायरी नये तजुर्बों का बयान है, बयान का तजुर्बा नहीं है। जहाँ-तहाँ से कुछ मिसालें देखते हैं :

वो जो आसमाँ पे सितारा है
उसे अपनी आँखों से देख लो
उसे अपने होंठों से चूम लो
उसे अपने हाथों से तोड़ लो
के इस पे हमला है रात का

तम्बीह (सातवाँ दर)

फूल पत्तियाँ शाख़ें
होंठ, हाथ और आँखें
मौज-ए-ख़ूँ, सदा-ए-दिल
महताब और सूरज
मुनजमिद[3] हैं सबके सब
वक़्त की कमाल में अब
तीर ही नहीं कोई

स्टिल लाइफ़ (सातवाँ दर)

ये बिस्तरे तन्हाई
जी में है लपेटूँ मैं
ऐ रात, वजूद अपना
कह दे तो समेटूँ मैं
उस आधे बदन वाली
परछाईं को दिखला दे
मैं आग में जलता हूँ
तू ओस में नहला दे

ऐ रात (ख़्वाब का दर बन्द है)

ज़र्द[4] पत्ते नहीफ़[5] शाख़ों पर

---

१. गम्भीरता, प्रतिष्ठा २. फ़िज़ूलख़र्ची ३. जमा हुआ ४. पीला ५. कमज़ोर

रात के आख़िर किनारे से
आने वाली मुहीब[१] आँधी का
देख लो, इन्तिज़ार करते हैं
लोग सब इस अजीब मंज़र को
बेज़रर क्यों शुमार करते हैं

रात के आख़िरी किनारे से (नींद की किरचें)

आख़िर में दो और छोटी-छोटी नज़्में जिनका जमालियाती[२] ज़ायक़ा अब तक पढ़ी जाने वाली मिसालों से बहुत अलग है। इनमें किसी तरह की रूमानी उदासी के बजाय तंज़[३] और दहशत का उंसुर[४] हावी है। गुज़श्ता नज़्में आबी रंगों से बनी हुई मुलायम और मद्धम तस्वीरों से मुमासिल[५] थीं। इसके सामने अब जो नज़्में आप सुनेंगे, उनकी सतह पर सुकून होते हुए भी अन्दर ही अन्दर एक देरपा[६] अज़ाब[७] और दहशत का एहसास होता है। शहरयार ने पहली नज़्म में तंज़ का ज़ाविया[८] अख़्तियार करने के बावजूद अपने लहजे में किसी तरह की तल्ख़ी या शिकायत पैदा नहीं होने दी। मुलाहिज़ा हो :

उन्हें ज़िन्दा रहने की थी हवस
जो दिखायी देते थे हमनफ़स[९]
कभी रौशनी के हिसार में
कभी चींटियों की क़तार में

हिन्दुस्तान दानिश्वरों के नाम (नींद की किरचें)

दूसरी नज़्म इस तरह है :

शब की सारी सुराहियाँ ख़ाली
हो चुकी जब, तो सुबह का सूरज
मेरे होंठों के पास आया, कहा
रात को क़तरा-क़तरा पीने से
प्यास बुझती नहीं है बढ़ती है
सबत कर होंठों मेरे होंठों पर
और उस प्यास से रिहाई पा

प्यास से रिहाई (नींद की किरचें)

इन नज़्मों की तशरीह[१०] करके मैं उस लुत्फ़ को बर्बाद नहीं करना चाहता

---

१. ख़ौफ़नाक २. सौन्दर्य सम्बन्धी ३. व्यंग्य ४. तत्व ५. एक रूप/समान ६. टिकाऊ ७. तकलीफ़ ८. कोण ९. दोस्त १०. व्याख्या

जिसका एहसास मुझे इन नज़्मों को पढ़ते वक़्त हुआ था। शहरयार अपने तजुर्बे को फैलाने से ज़्यादा उसे समेटने पर ध्यान देते हैं। जज़्बे में शिद्दत पैदा होने लगती है तो चुपचाप एक इलाक़ा-ए-सुकूत[१] में दाख़िल हो जाते हैं। इसीलिए इन नज़्मों में जितना कुछ कहा गया है उससे कहीं ज़्यादा छुपा लिया गया है। इश्क़ के क़ायदे की तरह शायरी के क़ायदे का पास रखना भी हर किसी के हिस्से में नहीं आता। यूँ भी शहरयार की शायरी का बहुत बड़ा हिस्सा उनकी जज़्बाती, ज़हनी आसाबी वारदात के बयान के बजाय उसको छुपाने की एक मुसल्सल कोशिश का नतीजा है। बक़ौल नासिर काज़मी, नाला आफ़रीं के दिल पर जो भी गुज़रा हो नाला अगर नग़्मा नहीं बनता तो महज़ चीख़-पुकार है। शहरयार की शायरी रक्कतख़ेज़ी[२], ख़ुद तरजमी[३] ख़ुद तजईनीं[४] तशद्दुद[५] और मुबाल्गे[६] के अनासिर से बिल्कुल पाक है। नयी तहज़ीब का 'तन्हा आदमी' जो सातवीं दहाई में बड़ी हाय वावैला[७] के साथ नमूदार हुआ और अपनी तन्हाई, बेहसूली, हार और अब्तरी[८] के एहसास से बोझिल, बहुत जल्द मुज़हका ख़ेज़[९] बन गया तो इसीलिए कि इसके पास कहने के लिए बातें कम थीं और सोचने की उसे आदत नहीं थी। सिर्फ़ जज़्बे का तुंदो तेज़ लावा कहाँ तक जा सकता था। शहरयार अपने तजुर्बे की आँच और तजुर्बे के बेधड़क इज़हार की अज़्जियत से पढ़ने वालों को अक्सर बचाये रखते हैं। बेशक, इस सौदे में 'इकजान का नुक़्सान है, सो ऐसा नुक़्सान नहीं'। यही वजह है कि शहरयार के यहाँ जज़्बा एक दाख़िली तंज़ीम[१०] की वजह से एक तरह की जाँ गुदाज़[११] सोच में, एक एहसास में तब्दील हो जाता है। उनकी नज़्मों में कभी हम इस जज़्बे की शबीह[१२] के तौर पर देखते हैं, कभी तजुर्बे की एक हरकी[१३] और अन्दर ही अन्दर तपती हुई ख़ुदबुदाती हुई हक़ीक़त के तौर पर।

यही ख़ूबसूरती शहरयार की ग़ज़लों में भी नुमायाँ है। अपने तख़्लीक़ी ज़ब्त की वजह से यह ग़ज़लें नयी हिस्सियत के शोर-शराबे और नयी ग़ज़ल की भीड़-भाड़ में अलग से पहचानी जाती है। इनमें एक ज़माने के आम चलन के मुताबिक़ ना तो मीर साहब के पीछे चलने की कोशिश की गयी है ना *क्लासिकी* दिग्गजों में किसी और का रंग झलकता है। एक

---

१. ख़ामोशी २. जो ग़म का एहसास दिलाये ३. आत्म दया ४. आत्म स्तुति ५. अत्याचार ६. अतिरंजना ७. शोरग़ुल ८. बदहाली ९. हँसी-दिल्लगी करने वाला १०. निर्माण ११. जान को पिघलाने वाला १२. स्थिर वस्तु चित्र १३. गतिज

छोटा-सा शबे चिराग़ है, अपनी हस्ती और अपने एहसास का जिसकी रौशनी में शहरयार धीरे-धीरे चलते हुए, जलते-पिघलते हुए दिखायी देते हैं। तफ़्सील में जाने से बेहतर यह होगा कि यहाँ एक नुमाइन्दा ग़ज़ल के कुछ शे'र नक़ल करके बात ख़त्म कर दी जाये। तो यह शे'र सुनिये :

ज़िन्दगी जैसी तवक्को[१] थी नहीं, कुछ कम है
हर घड़ी होता है एहसास कहीं कुछ कम है
घर की तामीर तसव्वुर ही में हो सकती है
अपने नक़्शे के मुताबिक़ यह ज़मीं कुछ कम है
बिछड़े लोगों से मुलाक़ात कभी फिर होगी
दिल में उम्मीद तो काफ़ी है यक़ीन कुछ कम है
अब जिधर देखिये लगता है के इस दुनिया में
कहीं कुछ चीज़ ज़्यादा है कहीं कुछ कम है
आज भी है तिरी दूरी ही उदासी का सबब
ये अलग बात के पहली सी नहीं, कुछ कम है

शहरयार इस तरह की नज़्में, ग़ज़लें कहने में अपने ज़्यादातर हमअस्रों के सामने अभी बहुत सरगर्म हैं। फिर 'कुल्लियात' के नाम से उस किताब की इशाअत[२] कब्ल अज वक़्त[३] ही कही जानी चाहिए। लिहाज़ा मुझे तो 'हासिले सैरे जहाँ' को इस हैसियत से क़ुबूल करना मंजूर नहीं है!

---

१. आशा २. प्रकाशन ३. वक़्त से पहले

बाक़र मेहदी

रगों में उछलता लहू काली मिट्टी से मिलने को बेताब है

बहुत दिन हुए अपनी एक नज़्म 'काश ऐसा हो! (१९८१) में बाक़र मेहदी ने कहा था :

बूर्ज्वाजी...कितने ख़ुश हैं
...दूर तक इन्क़लाबी किरण का...पता तक नहीं
बूढ़े तरक़्क़ीपसन्द शायर...अधेड़ उम्र जदीदिये दोनों
...बड़े मुतमईन हैं–
...जुम्हूरी दरबार में सर झुकाये खड़े हैं
हुज़ूर! अब कोई सरकश[१] नहीं...!
...जब उफ़ुक़ ता उफ़ुक़ एक सरकश भी ज़िन्दाँ[२] से बाहर ना हो
...तो समझ लो...क़यामत के आसार हैं
...ज़मीन शक़[३]...आसमान चाक होने को है!
...और यह जुम्हूरी काग़ज़ी गुलिस्ताँ ख़ाक होने को है!

एक बेतह और बदहवास तहज़ीब में सबसे ज़्यादा आज़माइश उसके सर आती है जो अपनी तहज़ीब के लिए बेगाना या बाहरी शख़्स हो। इस लिहाज़ से बाक़र मेहदी हमारी ज़बाने बुरीदा[४] और नारसीदा[५] उर्दू दुनिया के सबसे बड़े पराये हैं। बल्कि सच तो यह है कि हमारे अहद के लिखने वालों में ऐसी कोई मिसाल मुश्किल से मिलेगी जिसने बाक़र मेहदी की तरह ज़िन्दगी और शायरी की हदें मिलाने की ऐसी कोशिश की हो। ज़िन्दगी भी गिर्दोपेश के लिए बेगाना सी, कुछ अफ़साना सी और शायरी भी। नस्र व नज़्म और ख़याल व इज़हार के जितने तरीक़ों को हमारे ज़माने में मक़्बूलियत मिली, कम से कम उर्दू कल्चर के सियाक़[६] में,

१. बाग़ी २. कारागार ३. फटी हुई ४. कटी हुई ज़बान ५. उद्देश्य से मरहूम ६. सन्दर्भ

बाक़र मेहदी की ज़िन्दगी, शायरी, तनक़ीद सबके सब उससे मुख़्तलिफ़ है। जैसे ना तो यह ज़िन्दगी क़ुबूलियत के लिए परेशान हुई, ना यह शायरी। ऐसी सूरत में नतीजा वही जो होना था। बाक़र मेहदी की तहरीरों में मानवीयत[१] के जो तर्क़ नमूदार हुए हैं, हमारा मक़्बूले आम, उर्दू कल्चर उनकी तरफ़ से उमूमन बेनियाज़ रहा। यह कैसी अदम मुनासिबत है? और क्या इस बेग़ैरत ज़माने में अपनी मानवीयत की निशानदेही के लिए, किसी लिखने वाले का अपने वक़्त से मुताबिक़त और मुनासिबत अख़्तियार करना लाज़िमी है? अगर ऐसा है तो फिर बाहरी लोग कहाँ जायेंगे और किस दुनिया में ठहरने की जगह पायेंगे? अदब की रिवायत में रौशनी और जानकारी के दरवाज़े इसी बदनाम व मक़हूर[२] और महदूद[३] जिरगे की जुस्तजू की वजह से ख़ुलते हैं। बक़ौल-ए-ग़ालिब :

रश्क़ है आसाइशे[४] अरबाबे गफ़लत पर असद
पेचो ताबे दिल नसीबे ख़ातिरे आगाह है

इन दिनों उर्दू मुआशरा एक अजब और मुब्तज़ल[५] कश्मकश से दो-चार है। यह कश्मकश दो सवालों की पैदाकर्दा है। एक तो यह कि उर्दू तनक़ीद में हाली की जानशीनी का मसला किस तरह हल किया जाये? दूसरा यह कि जदीदियत की खींचतान का हल कैसे निकाला जाये कि इनमें से एक की बरतरी और हुक्मरानी का नक़्श हमेशा के लिए क़ायम हो जाये। बाक़र मेहदी ने ज़िन्दगी और शायरी दोनों की सतह पर सामूहिक सरोकारों को हमेशा एहमियत दी है। लेकिन इस बहस से वे बिल्कुल लाताल्लुक़ दिखायी देते हैं। जहाँ चील-कौओं ने कोहराम मचा रखा हो, भले मानसों की आफ़ियत[६] इसी में है कि चुप्पी साध लें। लेकिन ख़ामोशी और लाताल्लुक़ का मतलब एक नहीं होता। मैं चाहता हूँ कि आगे बढ़ने से पहले, बाक़र मेहदी की दूसरी तन्कीदी किताब 'तन्क़ीदी कश्मकश' (इशआत १९७९) के चन्द इक़्तिबास देख लिये जायें। पहला इक़्तिबास :

> अदब में नए रुझानात या तहरीकों की इब्तिदा सरकशी से होती है। जैसे *फ़्युचरिज़्म* और *सररियलिज़्म*—इस सरकशी के इब्तिदाई[७] नुक़ूश देखे जायें तो मालूम होगा के अगर सरकश अदीब 'सालेह[८]' रूल अख़्तियार करने की कोशिश करते, तो जदीदियत की तहरीकें

---

१. प्रासंगिकता २. दैव-कोप ग्रस्त ३. सीमित ४. आराम ५. अधम ६. शान्ति ७. शुरुआती ८. सदाचारी

और रुझानात *क्लासिकी* अदबी इक़्तदार[१] से ना टकराते। बल्कि किसी ना किसी क़िस्म की मुफ़ाहमत को "नई अदबी सूरतगरी" दे दी जाती और इस तरह एक *'स्टेटस को'* मामूली सी तब्दीली के साथ क़ायम रहता मगर जदीदियत का हर्फ़े अव्वल 'नफ़ी' रहा है...ये सफ़र की बजाय एक ऐसी जद्दोजहद है, जो *सेल्फ़ कॉन्फ़्लिक्ट* से शुरू होती है और मसाइल से *कॉन्फ्रन्टेशन* बराबर करती रहती है। इसलिए जदीदियत की कोई ऐसी तअर्रीफ़ (*डेफ़ीनेशन*) मुमकिन नहीं है, जिसको असा[२] बनाकर 'अदब का दरिया-ए-नील' पार किया सके।

(मज़मून : जदीदियत और तवाज़ुन, मश्मूला : तन्क़ीदी कश्मकश, सफ़ा ४२)

दूसरा इक़्तिबास जॉर्ज स्टैनियर के हवाले से है :

बाक़र मेहदी लिखते हैं :

जदीद शायरी सनआती[३] शहर की पैदावार है, जब जॉर्ज स्टैनियर ने कहा था कि nothing is more academic than modernism made frigid जदीदियत को सर्द बनाने से ज़्यादा मदर्साना अमल और कोई नहीं है तो इसका मतलब यही था कि जदीदियत को अकादमिक माहौल में रख दिया जाये तो वो अपनी गर्मी खो देती है। *(हवाला आइज़न सफ़ा ५४)*

इसी बहस को आगे बढ़ाते हुए बाक़र मेहदी लिखते हैं :

बहरहाल, जदीदियत के मफ़्हूम को तवाज़ुन[४] के पैमानों से नहीं वाज़ेह[५] किया जा सकता है। यह एक ज़हनी रवैया नहीं है...बल्कि *रैडिकलिज़्म* की एक अहम शाख़ है। क्या तवाज़ुन की तलाश में सर्रियलिज़्म की तहरीक जन्म ले सकती थी जिसने इज़्हार के माने व मफ़हूम को बदल दिया था?

इस किताब के अगले मज़्मून[६] 'कमिटमेण्ट की नई बहस' का आग़ाज़ बाक़र मेहदी इस सवाल के साथ करते हैं कि :

आज की सूरतेहाल का एक जायज़ा लिया जाये तो मालूम होगा कि बाग़ी *आर्टिस्ट* का *डायलिमा* अभी तक जारी है। यह डायलिमा है किस-किस से बग़ावत करे और तर्सील[७] के क्या जर्रा-ए-इस्तेमाल करे? यानी समाज के किस इस्तेहसाली तब्के से बरसरे पैकार[८] हो और अगर

---

१. प्रभुत्व २. लाठी ३. औद्योगिक ४. सन्तुलन ५. साफ़ ६. लेख ७. भेजना ८. लड़ने-मरने को तैयार

यह मुम्किन ना हो तो (*एलियनेशन*) अलाहदगी के कर्बनाक[१] अज़ाब[२] को कब तक बर्दाश्त करता रहे।

(तन्कीदी कश्मकश, सफ़ा ६१)

जिस तरह ख़ामोशी और लाताल्लुक़ी का मतलब बराबर नहीं होता, इसी तरह अलगाव और तन्हाई हम मानी नहीं हैं। हैगल ने अलगाव की इस्तिलाह[३] एक नफ़्सियाती और इमरानी[४] तनाज़ुर[५] के साथ इस्तेमाल की थी। मार्क्स ने इसका इस्तेमाल सियासी और तहज़ीबी सियाक़ में किया। तख़्लीक़ी सतह पर अलगाव या तन्हाई का एहसास मीर, ग़ालिब सबके यहाँ मिलता है। लेकिन सियासी, मुआशारती, इक़्तसादी[६] पसे मंज़र में इस इस्तिलाह के माने हमारे अपने अहद के हवाले से ख़ुलते हैं और एक नयी शक्ल अख़्तियार कर लेते हैं। ज़ाहिर है कि इंसान तारीख़ का कच्चा मवाद नहीं है। या इज्तिमाई तामीर और तरक़्क़ी के अमल में उसकी हैसियत कच्चे माल की तो नहीं है। व्हाइटहेड ने क़तईयत[७] को मज़ाक़ कहा था। चुनाँचे इस इस्तिलाह यानी अलगाव का भी कोई मुअय्यन[८] मतलब नहीं क़रार दिया जा सकता। बाक़र मेहदी ने ना सिर्फ़ इक़्तिबासात में, जिनके हवाले ऊपर दिये गये, बल्कि अपनी तक़रीबन तमाम नस्त्र और नज़्म में इस अहद की इंसानी सूरतेहाल को तारीख़ के दायरे में रखकर देखने की कोशिश की है। वे उस 'नये पागलपन' के तजुर्बे का घिराव भी करते हैं जिसे मशीनों की बरतरी और टेक्नोलॉज़ी की तरक़्क़ी के एहसास ने जन्म दिया है। उनकी तहरीरों का एक और इम्तियाज़ जिसकी तरफ़ ध्यान दिया जाना चाहिए, यह है कि बाक़र मेहदी हक़ीक़त की तलाश तो करते हैं लेकिन उन्हें जिस हक़ीक़त तक पहुँचने की तलब है वह नकाबपोश नहीं है। हर तरह के वहम और जज़्बाती गुबार और मज़हबी बुख़ार से आज़ाद हक़ीक़त की जुस्तजू दरअस्ल हमारे अहद की एक बिन लिखो रज़्मिया[९], एक ख़ामोश दस्तूरुलअमल[१०] बन सकती थी। लेकिन तरक़्क़ीपसन्दी के जुनून से निजात और अदब में मक़्सदियत के तसव्वुर की नफ़ी के पागलपन ने ऐसा बेहंगम शोर बरपा किया कि नयी हिस्सियत के ज़ुहूर के साथ जो भी माक़ूल दलीलें उभरी थीं, उन पर तवज्जो दी ही नहीं जा सकी। मेरा ख़याल है कि तनक़ीद की कश्मकश के इब्तिदाई चार मज़ामीन[११] :

---

२. बेचैन ३. यातना ४. परिभाषा ५. सामाजिक ६. परिपेक्ष ७. आर्थिक ८. अन्तिमता ९. निश्चित १०. वीर रस ११. कार्य प्रणाली ११. विषय

१. तरक़्क़ीपसन्दी और जदीदियत की कश्मकश

२. जदीदियत और तवाज़ुन

३. कमिटमेंट की नयी बहस

४. क्या जदीदियत की इस्तेलाह अभी भी बामाना है

एक नया अदबी मंशूर[१] मुरत्तब करने की गुंजाईश रखते थे। ऐसा मंशूर जो जदीदियत और माब्बाद जदीदियत[२] दोनों को एक साथ समेटने का अहल हो। बाक़र मेहदी के यहाँ एक ख़्वाहिश जिसे उनकी तहरीरों के मुहर्रिक[३] की हैसियत दी जा सकती है, वह तख़्लीक़ी वारदात और तजुर्बे की सक़ाफ़ती तफ़्हीम[४] की ख़्वाहिश है। इस तफ़्हीम के लिए वे अदब को सिर्फ़ अदब के तौर पर ना तो पढ़ना चाहते हैं, ना ही अदब की तख़्लीक़ में सिर्फ़ इस सतह के पाबन्द रहना चाहते हैं। मेरा ख़याल है कि हमारे अहद की उर्दू तनक़ीद और अदबी मंज़रनामे पर एक वसीअतर मुआशरती सियाक़ में नज़र दौड़ाई जाये तो बाक़र मेहदी कुछ एतिबारों से बहुत अलग और बेजोड़ दिखायी देते हैं। फ़लसफ़ा, नफ़्सियात, समाजियत, तारीख़, सियासत और अदब के ताल्लुक़ों का जितना गहरा और ज़िन्दा शऊर हमें बाक़र मेहदी की तहरीरों में मिलता है, कहीं और नज़र नहीं आता। जिन लोगों ने श्यामलाल की किताब 'हंड्रेड एनकाउंटर्ज़' का मुताला किया है, या उनके लेखों 'लाइफ़ एण्ड लेटर्ज़' के सिलसिले पर नज़र डाली है, इस ख़याल से इत्तफ़ाक़ करेंगे कि श्यामलाल ने अदब की तनक़ीद से देखने में अलग रहते हुए भी जिस तरह हमारे अहद के तनक़ीदी शऊर की तर्जुमानी की है, वह अदब के बाज़ाब्ता नक़्क़ादों की बिसात और क़ुव्वत से आगे और शायद बहुत दूर की चीज़ है। श्यामलाल के लेखों में अदब और ग़ैर अदब या अफ़साना, शायरी और उलूम या तारीख़, सियासत और समाज...सब मिलकर एक वहदत[५] बनाते हैं। और सामूहिक इंसानी वारदात की खानाबन्दी नहीं करते। श्यामलाल को बाक़र मेहदी के ज़हनी हालातों और अदबी कैरियर में एक मुस्तक़िल हवाले की हैसियत हासिल रही है। उनकी पहले तनक़ीदी किताब 'आगही व बेबाक़ी' (इशाअत १९६५) इस वक़्त मेरे सामने नहीं है। मगर दो किताबों 'तनक़ीदी कश्मकश' और 'शेरी आगही' में ओक्टावियो पाज़ का एक इक़्तबास

१. शाही फ़र्मान २. उत्तर आधुनिकवाद ३. प्रस्तावक ४. बोध कराना ५. एक रूप

(पहली किताब में हर्फ़े आग़ाज़ के तौर पर, दूसरी किताब में हर्फ़े आख़िर के तौर पर) उन्होंने ख़ासे एहतिमाम से नक़ल किया है। इक़्तिबास नीचे दिया गया है :

> ...अदब बग़ैर तनक़ीदी अफ़कार[१] के जदीद नहीं कहलाया जा सकता और अगर वो जदीद कहलाता है तो बड़े मख़्सूस और तज़ादी[२] अन्दाज़ का होगा। तनक़ीदी फ़िक्र की ज़बान इस्तिदलाली होती है। एक नॉर्मल दोहरी ज़बान यानी यह सामे की वुजूद को तस्लीम करती है जो ख़ुद भी गुफ़्तगू करना जानता है। हम जानते हैं कि सिर्फ़ तनक़ीदी अफ़कार अदब की तख़्लीक़ नहीं करते हैं। यह ही नहीं, किसी फ़न्नी रिवायत या सियासी रुझान की तख़्लीक़ भी मुम्किन नहीं है। यह उसका मक़्सद भी नहीं है। हम यह भी जानते हैं कि सिर्फ़ तनक़ीदी अफ़कार वो फ़िज़ा पैदा करते हैं, जिसमें आर्ट, अदब और सियासत नश्वोनमा[३] पा सकते हैं।

ओक्टावियो पाज़ के हवाले और चर्चा श्यामलाल की तहरीरों में भी आम हैं। उनकी तहरीरों में तो ख़ैर बीसवीं सदी की समाजी फ़िक्र, साइंसी फ़िक्र, तख़्लीक़ी फ़िक्र, अदब, सियासत और समाज पर असरअन्दाज होने वाले ऐसे अनगिनत हवाले मिलते हैं जिन्हें आम शायर या अदीब छुए बग़ैर गुज़र जाता है। बाक़र मेहदी की ज़हनी क़ायनात इतनी भरी-पूरी ना सही फिर भी उनके लेखों में और उनकी शायरी को पसे मंज़र मुहय्या करने वाली ज़मीन में सन्नाटे और सादानिगाही की वो कैफ़ियत दिखायी नहीं देती जिसने हमारे यहाँ नयी हिस्सियत को अधूरा और एक रुख़ा बनाकर रख दिया है। इसीलिए बाक़र मेहदी को तनक़ीद और शायरी किसी छोटे से छोटे गिरोह से भी जोड़ा या पहचाना नहीं जा सकता।

बाक़र मेहदी अदब और सियासत की बहस का, तारीख़ और तख़्लीक़ की कश्मकश और तज़ादात[४] का बहुत रचा हुआ शऊर रखते हैं। उनके शऊर की तर्बियत में ऐसे कुछ नामावरों का हाथ रहा है, जो समाजी उलूम के मैदान में एक ख़ास अहमियत और इम्तियाज़ रखते थे। अवध के एक रिवायती और रस्म गुज़ीदा मुआशरे, एक दीनदार और पुराने तौर-तरीक़ों के पाबन्द घराने, एक जमींदाराना और इन्हितात पज़ीर[५] माहौल में आँखें खोलने के बावजूद और एक मुतवाज़िन[६], ठहरी हुई ज़िन्दगी के मंज़रिये से क़दीमी रब्त के बावजूद, बाक़र मेहदी के ज़हनी हैजानात ने उन्हें चैन से

---

१. फ़िक्र २. विरोधी ३. परवरिश ४. विरोधाभास ५. ह्रास को मानने वाला माहौल ६. सन्तुलित

नहीं बैठने दिया। बाक़र मेहदी की फ़ितरत में सरकशी और बग़ावत के अनासिर का इज़हार उनकी नस्र और नज़्म के ढंग को भी एक साफ़ पहचान देता है। सुकून, सुकूत, ठहराव, तवाज़ुन राहे रस्मे आम से मुनासिबत बाक़र मेहदी कीं शायरी और तनक़ीद दोनों का पहचान बन सकते हैं। एक मुस्तक़िल बेचैनी, आसाब और हवास पर लगातार दस्तकें देती हुई, दिलो-दिमाग़ को परेशान करती हुई और अपने अन्दरूनी पेचोताब से नमूदार होती हुई आ गई बाक़र मेहदी की नस्र व नज़्म दोनों की इम्तियाज़ी ख़ूबी कही जा सकती है। पाब्लो नेरूदा के एक नक़्क़ाद ने कहा था कि उसने एक मरते हुए समाज में ज़िन्दा फ़न की तख़्लीक़ की। बाक़र मेहदी के बारे में कम से कम इतना ज़रूर कहा जा सकता है कि उन्होंने अख़्लाक़ी तौर पर अपाहिज, एक मस्लहतकोश[१] दुनिया में एक ज़िन्दा शऊर, एक बेचैन और बरहम शख़्सियत को बहरहाल बचाये रखा। इसके अलावा इस बात का भी ध्यान रखना चाहिए कि अपनी शख़्सियत से बाक़र मेहदी ही नस्र और नज़्म का *कमिटमेंट* मुकम्मल है। अपने मुआस्रीन की शायरी और तनक़ीद से बाक़र मेहदी की शायरी और तनक़ीद जो बिल्कुल अलग नज़र आती है तो इसीलिए कि बाक़र मेहदी के शऊर की सीमाबियत ने उनकी नस्रो नज़्म के दाख़िली आहंग और तरक़ीब पर भी गहरा असर डाला है। बाक़र मेहदी तनक़ीद में कभी भी रिवायती बातें नहीं करते। वह एक बात जो मुहम्मद हसन अस्करी ने अपनी तनक़ीदी तहरीरों के बारे में कही थी कि मैं अपने लोगों से पूछकर लिख़ता हूँ, हमारे ज़माने के लिखने वालों में सबसे ज़्यादा बाक़र मेहदी पर सादिक़ आती है। इसीलिए बाक़र मेहदी के हर लेख में, हत्ता कि रिवायती मौज़ूआत की पाबन्द तहरीरों में भी, तनक़ीद को एक निजी मशगले और शख़्सी सतह पर क़ुबूल की जानेवाली सरगर्मी के तौर पर अख़्तियार करने का अन्दाज़ नुमायाँ है। हर लेख से कोई ना कोई ऐसी बारीक़ी ज़रूर उभरती है जो इज्तिमाई तजुर्बों के तज्ज़िये में भी एक निजी वारदात का पता देता है। एक आवाँ गार्द रवैया है जिसकी बनावट एक तरह की रैडिकलिज़्म से मशरूत[२] है। इसीलिए बाक़र मेहदी के अदबी तसव्वुर ख़ालिस अदब या आर्ट और अदब की जमालियाती अक़दार[३] के ग़ुलाम नहीं हैं। बाक़र मेहदी तारीख़ की आइदकर्दा शर्तों से तख़्लीक़ और तख़्लीक़ी तजुर्बे को आज़ाद करने

---

१. हित की कोशिश करने वाला २. जो किसी शर्त पर निर्धारित हो ३. मूल्य

के फेर में कभी नहीं पड़ते। तख़्लीक़ी तजुर्बे की ख़ासियत और तरक़ीब के तज्ज़िये और तफ़्हीम में वे उन तमाम समाजी अवामिल[१] और अनासिर को भी नज़रअन्दाज़ नहीं करते जिनका रास्ता तारीख़, सियासियात, समाजियात और इक़्तिसादियात[२] से होकर जाता है। उनकी मुख़्तलिफ़ तनक़ीदी तहरीरों से नमूने के तौर पर यह चन्द बयान देखिये :

> 'जिस लम्हे में' यह मज़्मून लिख रहा हूँ तो इसी लहा फ़िदायीन ज़िन्दगी और मौत की कश्मकश से दो-चार हैं। वियतनाम की जंग जारी है। सोवियत रूस का बाग़ी अदबी अलेक्ज़ेण्डर गिन्सबर्ग निहायत ख़तरनाक क़ैदखाने में पड़ा हुआ है। कास्त्रो अपनी तक़रीर में ट्रोट्स्की, माओ जे तुंग, सार्त्र और मर्कोज़े की शदीद मज़म्मत कर चुका है। यानी दूर-दूर तक बज़ाहिर कोई ऐसी उम्मीद नज़र नहीं आती कि डाइलेमा कम हो, लेकिन यह ही क़ौमी और बैनलअक़्वामी कश्मकश के ड्रामाई मनाज़िर, आर्टिस्ट तख़्लीक़ी सामान करते हैं। और वो अपने इल्म और तजुर्बे को बार-बार परखता है। और इस तरह एक अन्धी तक़्लीद[३] से बच जाता है।
>
> कमिटमेण्ट की नयी बहस
> (तनक़ीदी कश्मकश, सफ़ा ६३/६४)

अपने नुक़्तए नज़र की ताईद के लिए इस मज़्मून में बाक़र मेहदी एम. एडर्थ की किताब 'कमिटमेण्ट इन मॉडर्न फेंच लिट्रेचर' से रुजू करते हैं जिसने लुई अरागों और सार्त्र के ख़यालात से अपनी किताब में तफ़्सीली बहस की है। बाक़र मेहदी मिंदरजा[४] ज़ैल नुकात की तरफ़ खुसूसी तवज्जो पर ज़ोर देते हैं :

(तन्कीदी कश्मकश, सफ़ा ६३/६४) ५

१. कमिटमेंट और अदब एक-दूसरे से नाक़ाबिले तक़्सीम हद तक मिले हुए हैं। इसलिए कि कमिटिड अदीब फ़र्द और समाज की कश्मकश, उलझे हुए मसाइल और जज़्बात का जारिहाना[५] इज़हार करता है। उसकी अज़्मत इसी में है कि वो इस खल्फ़शार[६] का ख़ामोश तमाशाई नहीं है बल्कि इस ड्रामे का एक बाशऊर[७] किरदार भी है।

२. कमिटिड अदीब व शायर सिर्फ़ सियासी या समाजी मौज़ूआत ही को नहीं अपनाता बल्कि उन अफ़राद[८] की जद्दोजहद, बेकसी और

---

१. अमल करने वाले २. आर्थिक मसले ३. अनुसरण ४. ऊपर दिये गये ५. उग्र ६. बेतरतीबी ७. अक़्लमन्द ८. लोग

छोटी-छोटी बेनाम ख़ुशियों को पेश करता है जिनका ब ज़ाहिर मौजूदा सियासत या समाजी उलझनों से सरोकार नहीं।

३. अदबी मसाइल का सिर्फ़ लिसानी हल नहीं पेश किया जा सकता बल्कि उसको बदलते हुए हालात, शऊर और अदीब की ज़ात के 'टूटे आईने' में रखकर ही देखना होगा।

४. अदीब के लिए कमिटमेंट यह है कि वो अपनी ज़बान के मसाइल से पूरी तरह आगाह हो और उसका ईमान कन्विक्शन हो कि यह बहुत अहम् है।

जदीदियत के फ़ैशनेबल और एक रुख़े तसव्वुर से जिसे बीसवीं सदी की सातवीं दहाई में क़ुबूलियत मिली बाक़र मेहदी को शिकायत यह हुई कि इस तसव्वुर के तर्जुमान "यह जान गये हैं कि जदीदियत की सरकशी को 'ख़ालिस अदबी' के वार से ख़त्म किया जा सकता है। या कोशिश की जा सकती है, और उन्हें यह भी इल्म है कि जदीदियत किसी 'ख़लीफ़ा' किसी 'मुकद्दस किताब' और किसी 'मज़हब' को नहीं मानती। तो उसको एक 'हल्के' में रखने का एक ही कारगर हथियार है। वह है 'ख़ालिस अदब' का नारा जो इस बार जदीदियत की नक़ाब पहने है।" इस जज़्बाती इन्तिहापसन्दी ने जो शक्ल अख़्तियार की और जदीदियत के पूरे मैदान को जो नुक़्सान पहुँचाया, सबके सामने है।

> उर्दू में जदीदियत और तरक़्क़ीपसन्दी के झगड़े ने जो सतहय्यतज़दा और मुनाज़िराना शक्ल अख़्तियार की उसकी मिसाल दुनिया की किसी उन्नत ज़बान, यहाँ तक कि ख़ुद हिन्दुस्तान की मुख़्तलिफ़ इलाक़ाई ज़बानों में भी नहीं मिलती। हमारे ज़माने के चुने हुए लिखने वालों के सरोकार उर्दू में जदीदियत का अलम बुलन्द करने वालों से अक्सर अलग रहे हैं। इसके बावजूद बाक़र मेहदी का ख़याल था कि तरक़्क़ीपसन्दी से मुन्हरिफ़[१], अपनी ज़ात में उलझे नये अदीब इस 'फ़िरदौस' में ज़रूर चले जायेंगे। मगर आज के नये अदीब तरक़्क़ीपसन्दी से मुन्किर[२] होने के बावजूद जो ज़िन्दगी के ख़ल्फ़शार में हर क़दम पर हर लम्हा मुब्तला हैं और यह कशाकश ही उन्हें कमिटमेण्ट से वाबस्ता करती है।
>
> (तनक़ीदी कश्मकश, सफ़ा ७७)

लेख का अन्त यह है कि :

१. विमुख २. इन्कार करने वाला

> कमिटमेंट का तसव्वुर एक इंक़लाबी तसव्वुर है और यह एक मर्कज़, एक राह, एक मंज़िल पर रुककर नहीं रह जाता है। बल्कि अदब, इंक़लाब और समाज के बनते, टूटे और बनते रिश्तों को फ़रोग देता है।

गोया कि सच्ची और खरी जदीदियत जो अपने अहद के तक़ाज़ों से इंसाफ़ करके और तारीख़ के हक़ों की अदायगी से मुन्हरिफ़ ना हो, एक इंक़लाबी रवैये की पाबन्द थी। जज़्बाती अदमे तवाज़ुन और तरक़्क़ीपसन्दी की जिद ने हमारे यहाँ उसका रास्ता बन्द कर दिया। लेकिन उर्दू के ज़्यादातर जदीद शायरों और अदीबों ने अगर जदीदियत की तह में कारफ़र्मा, आवाँ गार्द की बुनियादों से ग़फ़लत ना बरती होती तो जदीदियत एक वसीअतर और हमागीर तख़्लीक़ी और तहज़ीबी मज़हर के तौर पर अपने आपको महफ़ूज़ रखने और अपना हक़ीक़ी किरदार अदा करने की ताक़त से यूँ महरूम ना हो जाती। मग़रिब में जदीदियत के जिस तसव्वुर ने इस मैदान के तहत नुमू पज़ीर होने वाली अदबी रिवायत को ख़ारिज होने से बचाये रखा, उसके असर से शुरू होने वाली तहरीकों ने सर्रिअलिज़्म और *फ़्यूचरिज़्म* की मानवीयत ज्यों की त्यों क़ायम है। इस तसव्वुर के बाद बुनियादी ख़ूबियाँ मसलन *एक्टिविज़्म,* और जारिहय्यत[१] और दर्दपसन्दी, के अनासिर रिवायती जदीदियत की गिरावट के बाद भी *पोस्ट मॉडर्न* अदबी रिवायत का हिस्सा बने हुए हैं। मानो जदीदियत के सवाल को तारीख़ के दायरे से निकलने और तारीख़ को बिगाड़ने की ख़ूबी से बहरवर[२] होना ही चाहिए था। बशर्ते कि उसने अपने तारीख़ी किरदार से इस तरह रूह गर्दानी ना की होती!

आवाँ गार्द के एक मुफ़स्सिर रेनाटो पाज़ोली ने उसे एक ज़हनी रवैया कहा है। हो सकता है कि उसकी इसी हैसियत ने उर्दू मुआशरे में उसके फ़रोग को नुक़सान पहुँचाया हो। किसी ज़हनी रवैये की बुनियादें चाहे जितनी उस्तवार हों उसे क़ुबूल करने के लिए उस पर ग़ौर और फ़िक्र की शर्त लाज़िमी होती है। हमारे मुआशरे में गिरोही वाबस्तगी के रुझान और बग़ैर सोचे समझे, महज़ देखा-देखी किसी रुझान को क़ुबूल या रद्द करने की रविश बहुत आम रही है। आवाँ गार्द रवैयों के पीठ पीछे एक ख़ास सतह पर अपने अहद के इदराक और एक संजीदा फ़िक्री सरगर्मी का सिलसिला भी फैला हुआ था। उसकी तरफ़ तवज्जो दिलाने की कोशिशें हमारे यहाँ

---

१. विरोध २. ख़ुशनसीब

नहीं के बराबर थीं। और ख़ुद से उन पर सोच-विचार की आदत के हमारे लिखने वाले मुतहम्मिल नहीं हुए। ऐसी सूरत में बाक़र मेहदी के फ़िक्री तजस्सुस[१] का भी रस्मी जदीदियत और तरक़्क़ीपसन्दी के शोर-शराबे में ग़ायब होकर रह जाना हैरानी की बात नहीं है।

जैसा कि हम पहले अर्ज़ कर चुके हैं, बाक़र मेहदी की नस्र और नज़्म दोनों ज़िन्दगी और फ़िक्र के एक ग़ैर रस्मी, ग़ैर रिवायती, क़द्रे मुश्किल और ना मक़्बूल तरीक़े से बँधे हुए हैं। अपने मुन्तख़िब मज़ामीन के मज्मूए (शेरी आगही) का अन्त बाक़र मेहदी ने इस जायज़े के साथ किया है कि

> उर्दू तनक़ीद का ज़वाल[२] शुरू हो चुका है। एक अरसे से उसकी अब्तरीन जारी है। हमारे नाक़िद (कमिटमेंट) के बहुत मुख़ालिफ़ रहे हैं। उनमें हज़रात वारिस अलवी भी शामिल हैं। और आज तो उर्दू रसाइल की अब्तरी की यह हालत है के कारगिल और उड़ीसा में तबाहकारी का ज़िक्र भी नहीं करते।

क्या वाक़ई अदबी तनक़ीद का मक़सद और मनसब महज़ एक महदूद फ़न्नी वाबस्तगी के साथ एक अदबी ज़िम्मेदारी से अलग होना है? बाक़र मेहदी की तनक़ीद पर इस सवाल का साया बहुत गहरा है। चुनाँचे उससे रूनुमा होने वाली बसीरतें, उसके मसदर ओ माख़ज़ की दुनिया और उसके नज़री और फ़िक्री हवाले बाक़र मेहदी के मुआसरीन की तनक़ीद से आम तौर पर मुख़्तलिफ़ हैं। उनकी तनक़ीद से हमारी बातचीत एक नयी सतह पर क़ायम होती है।

बाक़र मेहदी की नस्र और नज़्म के बारे में पहला असर यही मुरत्तब होता है कि उनकी तामीर अपने आप से और दुनिया से उलझते हुए शदीद एहसासों की ज़मीन पर हुई है। असरार, इबहाम, नकाबपोश सिर्री और माबादत्तबीआती[३] तजुर्बों से उनका कुछ भी ताल्लुक़ नहीं है।

यह असर बाक़र मेहदी कि नज़्मों में उनकी नस्री तहरीरों से ज़्यादा साफ़ है। उनका सबसे क़ाबिले ज़िक्र और लायक़े तवज्जो पहलू, ताज़ीम[४] और आराइश के आज़्मूदा वसीलों से उनका तमाम व कमाल आरी होना है। इस नुक़्ते की वज़ाहत से पहले बाक़र मेहदी की चन्द नज़्मों से यह इक़्तिबासात देखते चलें।

---

१. जिज्ञासा २. पतन ३. आध्यात्मिक ४. आदर

एक मुद्दत के बाद...मैं
अपनी नज़्मों के सेहरा में
वापिस आया हूँ...!
तन्हा मिसरे, बिखरे नग़्मे
नीले धब्बे, सुर्ख़ लकीरें, उलझी फ़िक्र के रौशन गोशे,
सस्ती मय की नींद उड़ाने वाली बू,
सिगरेट का तल्ख़ धुआँ
चन्द सवाल...क्यों है ये...?
क्या है वो...?
मुझसे मिलकर...मुझकर घेरे में लेकर
हसरत से ताक़ते रहते हैं

अब मैं अपने नज़्मों के सेहरा में
ठोकर खाता फिरता हूँ
एक एक मिसरे से यूँ ही उलझता रहता हूँ
ऐसा क्यों है...ऐसा क्यों है...?

मैंने ख़ुद से पूछा है
क्यों लिखते हूँ क्यों...?
ये इज़हार की पैहम ख़्वाहिश
जीने की बेमाना हवस
कब तक मेरे साथ रहेगी?

(दीबाचा, २ जून, १९६७ ईस्वी)

अमरीकी जेट...!
हरे-भरे जंगल पर नन्ही-नन्ही कलियों जैसे गाँव
खिलते-हँसते शहरों पर
आतिशबाज़ी करते हैं
यू.एन. अवाक बेवा है। सारा तमाशा ख़ामोशी से देख रही है
दुनिया भर के सारे मुदब्बिर[1], नीले काग़ज़ लिये हुए सरगोशी करते फिरते हैं
अमन की मरियम झाड़ी-झाड़ी छुपती फिरती है
उसके शैदा, जैतून की हरेक शाख़, जला जला कर

---

१. राजनीतिज्ञ

सलीब बनाने का फ़न
सीख रहे हैं

(वियतनाम, १९६५)

अपना चेहरा
अपनी दाढ़ी
नीम गंजा सर
मोठे चश्मे में छुपी
इन्सोम्निया की आँच में जलती हुई
आँखें
कैसे रंगूँ, दायरों, टेढ़ी लकीरों
और लफ़्ज़ों से उभारूँ?
राख कल की
आज के हंगामे
आने वाले भूरी शामें
कैसे उन सबको मिलाऊँ... ?
किस तरह अपनी बग़ावत,...कहकहे
जीने की लगन, ...क़ैद,
दर्द...ग़ुस्से को
लफ़्ज़ों, रंगों और लकीरों में बदल दूँ

(सेल्फ़ पोर्ट्रेट, १९६९)

यहाँ टूटे शीशे की आख़िरी नज़्में (इशाअत १९७२) की एक नज़्म 'मेरी शायरी', पर नज़र डाली जाये तो अन्दाज़ा होता है कि बाक़र मेहदी ने, पोलिश शायर 'तदेउज रोज़ेविच' की इस नज़्म को शायद एक मारूजी तलाज़िमे या अपनी हिस्सियत के आईने के तौर पर देखा है। बाक़र मेहदी ने यहाँ मुतज़क्किरा नज़्म के तर्जुमे में गोया के ख़ुद अपने इदराक और तर्ज़े इज़हार की वज़ाहत की है। अपनी शेरी तजुर्बे की बाबत एक बयान दिया है। यह चन्द मिसरे मुलाहज़ा हों :

मेरी शायरी
कोई तफ़्सीरे आलम नहीं
किसी शाह की कोई वज़ाहत नहीं
कोई...क़ुर्बानी तक पेश नहीं करती
हरेक चीज़ को अपने हलके में लेती नहीं
किसी की उम्मीदों की तकमील करती नहीं

किसी खेल के...नये क़ायदे वज़े करती नहीं
किसी खेल में कोई हिस्सा भी लेती नहीं
मगर अपना रोल
शऊरी तरह से अदा करने की एक कोशिश सी है
मेरी शायरी की ज़बान...पुर तक़ल्लुफ़ नहीं
अगर इसमें कोई उपज भी नहीं
हरतें तक नहीं
तो बज़ाहिर...अशिया यूँ ही होनी चाहिए!

यह नये शायरों के *एंटी पोएटिक ग्रुप* के एक बानी[१] शायर की नज़्म है और बाक़र मेहदी की अपनी (तबाज़ाद) शायरी के हिसाब से देखा जाये तो यह उनकी अपनी नज़्म भी है। एक *क्लासिकियत* मुख़ालिफ़, ग़ैर रिवायती और 'एंटी पोएटिक' बहाव बाक़र मेहदी की नज़्मों में काले काग़ज़ की नज़्में (१९६७) से ताहाल मुसल्सल सरगर्म दिखायी देती है। वे नज़्म इस तरह कहते हैं, मानो साँस ले रहे हैं। या बातें कर रहे हैं, और ज़िन्दगी के ऐसे तमाम वाक़िआत और तजुर्बों के बाबत अपना बयान लिखवाना चाहते हैं जिनसे उनकी हिस्सियत में इर्तिआश[२] पैदा हुआ है। बाक़र मेहदी की शायरी का उफ़ुक[३] रस्मी, तख़लीदी और महदूद नहीं है। शहरे आरज़ू (१९५८) की ग़ज़लों में भी अपनी रिवायत से वो इस्तिफ़ादा करते हैं। तो यगाना के वास्ते से जिनका मिज़ाज अपने माज़ी और हाल दोनों के मामले में हरीफ़ाना[४] रहा। यगाना के रवैये में अपने अदबी और फ़िक्री माज़ी या अपने गिर्दोपेश की तरफ़ एक आम तअस्सुर के बरक्स सिर्फ़ अकड़ या शख़्सी इख़्तलाफ़ात का अमल दख़ल नहीं था। वे एक ना आसूदा, बरहम, बेज़ार, नाक़िदाना नज़र भी रखते थे। उनके शेरी एहसासों की सरिश्त बुनियादी तौर पर वुजूदी थी। बाक़र मेहदी के उमूमी रवैये के बारे में भी कम से कम यह बात साफ़ है कि इसमें तीख़ेपन, तेज़ी और बरहमी का सबब इसमें वजूदी अनासिर की शमूलियत है। बाक़र मेहदी अपने आप को जस्टिफ़ाई करने या अपने यक़ीनों की वकालत करने के बजाय शायरी की तवस्सुद्द से सिर्फ़ अपना इसबात करते हैं। अपने होने का पता देते हैं, जो बात जिस तरह भी उनके शऊर में दाख़िल होती है, उनकी आगाही को रौशन और एहसासों को मुर्तइश करती है, ज्यों का त्यों वे उसे वैसा ही पेश कर देते हैं। माबादत्तबीआत, ख़ुशगुमानी, शायराना तअल्ली, सजावट, बनावटीपन के निशान इस शायरी

१. शुरू करने वाला २. कम्पन ३. क्षितिज ४. शत्रुओं जैसा

में ना होने के बराबर हैं। यह महज़ गूँगे एहसासों की शायरी नहीं है और तमाम तूफ़ानों की ख़बर देती है जिनसे बाक़र मेहदी की बसीरत का सामना हुआ है। सामन्ती अहद के अदब की बाबत किसी ने कहा था कि उससे कर्ब और पसीने कि बू आती है। हमारे अहद का अदब यह बताता है कि आज इंसान ख़ुद अपने लिए मुतनाज़िर बन गया है।

बाक़र मेहदी अपनी नस्रो-नज़्म के ज़रिये अपने अख़लाक़ी मौक़िफ़[१], अपनी ज़िम्मेदारी का एहसास, ज़िन्दगी और तारीख़ के अमल में अपने शामिल होने की निशानदेही करते हैं। लिखना उनके लिए एक वजूदी तजुर्बा, एक मजबूरी है। और यह वजूदी तजुर्बा वुजूदियत नाशनासों[२] में आम महदूद मरीज़ाना दाख़िलीयत पसन्दी के तसव्वुर के बजाय दरअसल हक़ीक़त के उस इदराक से मशरूत है जो क़ायनात और ज़ात को एक-दूसरे से अलग नहीं करता और उन्हें उनकी अन्दरूनी पैकर के बावजूद एक-दूसरे की तक्मील[३] का ज़रिया बनाता है। इस शायरी का जमालियाती ज़ायक़ा, उसकी आवाज़, उसका ज़ख़ीरा-ए-अल्फ़ाज़, उसकी लिसानी सख़्त और मज्मूई मिज़ाज, सातवीं दहाई के साथ मुरव्वज और मक़्बूल होने वाली, रस्मी जदीदियत के साये में रूनुमा होने वाली शायरी से मुख़्तलिफ़ है। यह हर तरह के माजूमात से ख़ुदफ़रेबियों से, फ़नकाराना चोंचलों से खाली है। यह बयान की शायरी है। लेकिन इसने शेरी बयान का एक नया मुहावरा अपनाया है। ज़िन्दगी से अपने दो-टूक और सीधे-सीधे ताल्लुक़ों के बावजूद यह शायरी इज़हार का एक बिलवासिता अन्दाज़ भी अख़्तियार करती है। चुनाँचे हक़ीक़त और हक़ीक़त से परे इलाक़ों में इसकी आवा-जाही का सिलसिला साथ-साथ जारी रहता है। कड़वाहट को गवारा बनाने और ज़िन्दगी को शायरी की सतह तक ले जाने के लिए शायद यह लाज़िमी भी था।

लेकिन ज़िन्दगी और शायरी की हदें जब आपस में मिलती हैं तो दोनों के लिए आज़माइश भी पैदा हो जाती है। उसके लिए दोनों को क़ीमत चुकानी पड़ती है। चुनाँचे बाक़र मेहदी की शख़्सियत और उनकी शायरी दोनों अपने आप में एक सवालिया निशान भी हैं। उर्दू की नयी शेरी रिवायत और नयी तनक़ीद की रिवायत दोनों ही इस सवाल का जवाब फ़राहम करने से क़ासिर[४] रहे हैं।

---

१. जगह/निश्चय २. अपरिचित ३. पूर्ति ४. असमर्थ

मुहम्मद अलवी
सुनो तो सारे मंज़र बोलते हैं

मुहम्मद अलवी
सुनो तो सारे मंज़र बोलते हैं

हमारे अहद को उलेमा और विचारक कई नामों से याद करते हैं। कोई इसे बेचैनी का अहद कहता है, कोई तमन्ना का, कोई हिज्राँ का, किसी के नज़दीक यह नयी बनावट का अहद है, किसी के लिए जज़्बात की कमी का, किसी के लिए तज्ज़िये का और किसी के लिए अदमे तअक़्कुल[१] का। अलग-अलग सिम्तों में जाते हुए एक-दूसरे को काटते हुए यह शिनासनामे कम से कम एक बात साबित कर देते हैं कि यह अहद मुतज़ाद[२] और आपस में टकराने वाली सच्चाइयों का अहद है। शायद इसीलिए एच.जी. वेल्ज़ के मुस्तक़बिल बईद[३] फ़र्ज़ी मुअर्रिख़[४] ने बीसवीं सदी को परेशान ख़याली के अहद से ताबीर किया था। किसी एक ज़हनी या जज़्बाती मन्तिक़े[५] से हमआगोश गिरोह के लिए यह परेशान ख़याली सिर्फ़ इसके महबूब मंतिक़े से दूरी का नतीजा होगी और वह यह सोचने में हक़ बजानिब[६] होगा कि एक मसला जिसका बना-बनाया हल सामने मौजूद है, उसकी बाबत यह तश्वीश क्यों? लेकिन इस क़िस्म की ख़ुशअकीदगी कितनों का मुक़द्दर होती है? आम तौर पर यही देखा जाता है कि फ़िक्रों, रवैयों और मुअत्तक़दात[७] की कसरत ने ज़िन्दा रहने के तमाम तरीक़ों को सदमे पहुँचाए हैं। नतीजतन इस अहद के ज़्यादातर लोगों का निज़ामे असाब[८] बिगड़ कर रह गया है। शोलों की तरह सफ़्फ़ाक[९] और गुस्सैल और जलती हुई आँखें, या राख की मानिन्द बुझी-बुझी आँखें, शिकनों से भरी पेशानियाँ बेतहरीर तख़्ती जैसी सपाट और एक हर्फ़े मुन्तज़िर की तालिबगार पेशानियाँ, इज़्तिराब और आरज़ूमन्दी की एक

१. तर्कहीनता २. एक-दूसरे के विरुद्ध कथन आदि ३. बहुत बाद में आनेवाला ज़माना ४. मनगढ़न्त इतिहासकार ५. इलाक़ा ६. तरफ़दार ७. यक़ीन करने वाले ८. ताक़त ९. ज़ालिम

पेचीदा कहानी सुनाती हैं।

इस आलम में दस में से नौ शायर और अदीब या तो हवास बाख़्ता, शिकस्ता और उदास नज़र आयेंगे, या मुश्तइल[१], महरूर[२] और कमान की तरह तना हुआ। यह सब आसाबी और जज़्बाती तनाव चाहे जितनी बड़ी सच्चाई हो लेकिन यह बात तय है कि उसे बेक़ाबू छोड़ दिया जाये तो अदब तख़्लीक़ करने वाले के लिए बड़ी कठिन आज़माइश पैदा हो जाती है। हमारे अहद के हिस्सी और जज़्बाती तरीक़ों में एक ढंग उदासी का भी है। एक एहतिजाज ग़ुस्से का। और एक बहुत पुरफ़रेब ख़िलंडरेपन का। ज़रूरत इस बात कि है की उनमें किसी भी उस्लूब को अख़्तियार करते वक़्त इस एहतियात का दामन हाथ से ना छूट जाये जिसके बग़ैर उदासी लजलजी रूमानियत बन जाती है। ग़ुस्सा गाली बन जाता है और खिलंदरापन निहायत सतही क़िस्म की मसख़रगी।

मुहम्मद अलवी एक वक़्त में कई तरीक़ों के शायर हैं। उनकी पहचान में आम तौर पर ग़लती इसलिए हुई है, कि शे'र की तनक़ीद में किसी एक रंग या उंसुर को बुनियाद बनाकर उसकी रौशनी में फ़ैसले करने का चलन बहुत आम रहा है। यह बात आम तौर पर कही जाती है कि मुहम्मद अलवी शे'र कुछ ऐसे बेसाख़्ता अन्दाज़ में कहते हैं, मानो शे'र कहना नहीं हुआ बायें हाथ का खेल हो गया। उनके यहाँ कोई गहरी फ़लसफ़ियाना सोच नहीं, हिजाब नहीं, पेचीदगी नहीं और उन्होंने इज़हार का जो रास्ता चुना है उस पर किसी क़िस्म की धुन्ध या नक़ाब नहीं। देखने में यह बात कुछ ऐसी ग़लत भी नहीं मालूम होती कि अलवी की शायरी और उसकी शायरी से झाँकता हुआ चेहरा हर क़िस्म के ढोंग से बिल्कुल मरहूम है। लेकिन यह बर्जस्तगी[३] या बरहंगी[४] दरअस्ल एक ऐसी गहरी और पेचदार हिस्सी मुसावात[५] और तजुर्बे के इदराक भी उसके इज़हार के सिलसिले में एक ऐसी ख़ल्लाक़ाना[६] बेख़ौफ़ी की पैदा की हुई है जिससे हमारे ज़्यादातर शायर और अदीब महरूम रहे हैं। उन्होंने अपने सामने ना तजुर्बे की कोई हद तय की है ना इस तजुर्बे के इज़हार की। बल्कि कहना ज़्यादा सही होगा कि मुहम्मद अलवी हर सच्चे शायर की तरह अपने शुरुआती तजुर्बे में इज़हार की जिहत को इस तौर पर मिला देते हैं कि उससे तजुर्बे की एक नयी शक्ल उभरती है। यही वजह है कि उनके शे'र इस अहद के आम

१. उत्तेजित २. गर्म मिज़ाजवाला ३. हाज़िरजवाबी ४. साफ़गोई ५. बराबरी ६. सृजन

तख़्लीक़ी तजुर्बों का एक हिस्सा होने के बावजूद रद्दे अमल के आम ज़ावियों और फ़िक्रों के हुजूम में गुम नहीं होते।

मुहम्मद अलवी की शेरी सरिश्त पर ग़ालिब की वह बात सादिक़ आती है जो उन्होंने सहले मुम्तना[१] के बाब[२] में कही थी, यानी देखने में बहुत सहज, सादा और आसान लेकिन भीतर से इस दर्जा पेचीदा, दुश्वार तलब और अनोखी कि उस पर पकड़ पाने की जुस्तजू में आँख का तिल लहू की धार बन जाये। मुहम्मद अलवी शे'र इस तरह नहीं कहते जैसे इमारतें तामीर की जाती हैं, या रंगों के तनासुब[३] में किसी नादीदा[४] मंज़र की तश्कील की जाती है, वे तो अपने तजुर्बों के बेकिनार सहराओं में छलाँगें लगाते हैं, फिर उन लफ़्ज़ों की तरतीब से जहाँ उनके क़दम पड़े थे एक ऐसी अनोखी तस्वीर ख़ल्क़ कर देते हैं जिसके टुकड़े और अनासिर अक्सर आम लोगों के लिए इन्तिहाई ग़ैर मुतवक़्क़े सच्चाइयों के ख़बरनामे बन जाते हैं। पैमाने का नज़्मो ज़ब्त *डिसिप्लिन* या बाक़ायदगी उसके मिज़ाज से मेल नहीं खाती। उसकी निगाह में एक पल में मंज़र के उस मोड़ तक पहुँच जाती है जिसमें उसे अपने सीने में छुपे हुए और नमोद की तमन्ना से बेताब मंज़र का अक्स नज़र आ जाता है।

यही वजह है कि मुहम्मद अलवी के शे'र पढ़ते वक़्त या उनके बेतसन्नो[५] निख़्वत-ओ-नाज़[६] और इज्ज़-ओ-इंकिसार[७] से एक वक़्त में मरहूम लब-ओ-लहजे में ख़ुद उन्हीं से उनके शे'र सुनते वक़्त मुझे बार-बार एक हैरतकदे से दो-चार होने का तजुर्बा हुआ है। वे अपने पढ़ने या सुनने वाले को निचला नहीं बैठने देता। ना उसे सब्र और सुकून के साथ अपने शे'र सुनने और पढ़ने का मौक़ा फ़राहम करते हैं। उनके अल्फ़ाज़ और मिसरे सादगी और सहूलियत की एक जानी-पहचानी फ़िज़ा तरतीब देने के बाद अचानक एक बिजली की सी रौ में तब्दील हो जाते हैं और इससे पहले उनका सुनने या पढ़ने वाला इस ग़ैर मुतवक़्क़े चोट को झेल सके, वे अपने जमालियाती सफ़र के किसी नये मोड़ पर खड़े दिखायी देते हैं। देखने में रोज़मर्रा की बातों में अचानक वे कोई ऐसी बात इस ढब से कह जाते हैं कि एक से एक मौजिज़[८] बयान और कादिरुलकलाम[९] शायर उनका मुँह

---

१. ऐसा शे'र जो बहुत सरल जान पड़े पर वैसा कहना नामुम्किन हो २. सम्बन्ध ३. किसी चीज़ के तमाम अंगों में ठीक अनुपात होना ४. अदृश्य ५. जो बनावटी ना हो ६. अहंकार ७. सादगी ८. लाचार कर देने वाला ९. वाक्यपटु

तकता रह जाता है। और उस वक़्त यह हक़ीक़त रौशन होती है कि उनके तजुर्बे ना तो किसी आम इंसान के तजुर्बे हैं, ना किसी आम शायर के। उनके इदराक और इज़हार का तरीक़ा बजाय ख़ुद एक ऐसी अलामत बन जाता है जिसके सामने लफ़्ज़ों के मुरव्वजा[१] मानी दम तोड़ने लगते हैं। और घिसे-पिटे तलाज़िमात[२] सरासीमा[३] दिखायी देते हैं :

दिन में किसको देखा था
चाँद रात भर चमके

सामने दीवार पर कुछ दाग़ थे
ग़ौर से देखा तो चेहरे हो गये

दूर तक बेकार सी एक दोपहर
एक परिन्दा बेसबब उड़ता हुआ

मेरे आगे रात की दीवार थी
कोई दरवाज़ा ना था दीवार में

उतार फेंकूँ बदन से फटी पुरानी कमीज़
बदन कमीज़ से बढ़कर कटा फटा देखूँ

फ़िज़ा में दूर तक उड़ते हुए परिन्दे हैं
छुपा हुआ मैं कहीं उनके बाल-ओ-पर में हूँ

नये सफ़र में भी देख लेना
पुराने मंज़र दिखायी देंगे

एक दिया देर से जलता होगा
साथ थोड़ी सी हवा ले जाऊँ

रोज़ कहता है हवा का झोंका
'आ तुझे दूर उड़ा ले जाऊँ'

---

१. प्रचलित २. जो लाज़िम हो ३. बदहवास

आज फिर मुझसे कहा दुनिया ने
'क्या इरादा है, बहा ले जाऊँ'

शेरी इदराक[१] की यह क़िस्में जिनका अक्स इन शेरों के आईने में मुर्तइश[२] दिखायी देता है, हमें कई सतहों पर एक साथ मुतअस्सिर[३] करती हैं। इनमें कहीं संजीदगी है। कहीं एक थोड़ी सी फ़लसफ़ियाना उदासी जो ज़िन्दगी के देरपा और गहरे तजुर्बों के बत्न[४] से नमूदर होती है, कहीं एक ग़मआलूद[५] एहसास की हमरकाब सरमस्ती[६] है, कहीं मज़ाहिर से वालिहाना ताल्लुक़ का असर है और ठोस हक़ीक़तों की सरज़मीं से फूटता-उछलता हुआ तख़य्युल और उसकी ग़ैर मुतवक़्क़े[७] जस्त[८] का मंज़र। इनमें तजुर्बे का बयान वाक़िआत के तौर पर हुआ है। और इन वाक़िआत में ऐसी ग़ैर मामूली ड्रामाई फ़िज़ा महसूर[९] हो गई है जिससे इकहरे ख़यालों की शायरी महरूम होती है। फिर अलवी कम से कम लफ़्ज़ों में अपना इज़हार करते हैं और पढ़ने वाले पर यह तासीर छोड़ जाते हैं कि बात बस इतनी ही नहीं जो लफ़्ज़ों में क़ैद हो सकी है। लफ़्ज़ों, आवाज़ों, रंगों और वारदात से आगे भी तजुर्बों के सिलसिले फैले हुए हैं। इन तजुर्बों का एक अहम पहलू यह है कि इनकी हुज़्नआसारी[१०] कहीं भी कड़वाहट या उदासी या ग़ुस्से या शिकस्त का असर नहीं पैदा होने देती। ऐसा महसूस होता है कि ज़िन्दगी की बाज़ी में हार-जीत या नफ़ा व नुक़्सान के एहसास से बिल्कुल बेनियाज किसी डरावनी कहानी का एक तन्हा किरदार अपने आप में गुम एक से इन्हिमाक[११] के साथ अपने तजुर्बों और मुक़द्दरों की दीवारें पार कर रहा है। ग़ुस्से से नज़र हटाकर, ख़ौफ़ का उंसुर अलवी की शायरी में ना होने के बराबर है। उनके यहाँ यह खेल भावना ज़िन्दगी के लिए इसके बेपनाह ख़ुलूस और अपनी वजूदी सच्चाइयों में गहरे यक़ीन की ज़ाइदा है। गिर्दोपेश की चीज़ें और मज़ाहिर की सच्चाई इन्हीं सच्चाइयों में शामिल है।

चाँद की कगर रौशन
शब् के बाम व् दर रौशन
एक लकीर बिजली की
और रहगुज़र रौशन

---

१. बोध २. हिलता हुआ ३. प्रभावित ४. गर्भ ५. ग़म में लिपटी हुई ६. उन्माद ७. अप्रत्याशित
८. उछाल ९. घिरी हुई १०. शोक ११. तल्लीनता

उड़ते फिरते कुछ जुगनू
रात इधर उधर रौशन
फूल क़ुमक़ुमों जैसे
तितलियों के पर रौशन
लड़कियों से गलयारी
खिड़कियों से घर रौशन
अपने आप को या रब
अब तू हमपे कर रौशन
मैं दरख़्त अन्धा हूँ
दे मुझे समर[१] रौशन

कैसी ताबिन्दा[२], तर्बनाक[३] और तिलिस्मी फ़िज़ा है। महरूमी और नारसी[४] की एक ज़ेरीं[५] लहर भी इस जादुई एहसास को बोझिल नहीं होने देती। हुस्न की एक कभी नहीं ख़त्म होने वाली प्यास इस एहसास को एक अनोखे नशे से सरशार रखती है। दुख, सुख निशात महरूमी, हैरत और आगही के कैसे-कैसे ज़रियों से वे अपनी तकमील[६] के सामान फ़राहम करते हैं :

आग पानी से डरता हुआ मैं ही था
चाँद की सैर करता हुआ मैं ही था
सर उठाये खड़ा था पहाड़ों पे मैं
पत्ती-पत्ती बिखरता हुआ मैं ही था
मैं ही था उस तरफ़ ज़ख़्म खाया हुआ
उस तरफ़ वार करता हुआ मैं ही था
जाग उठा था सुबह मौत की नींद से
रात आयी तो मरता हुआ मैं ही था
मैं ही था मंज़िलों पर पड़ा हाँफता
रास्तों में ठहरता हुआ मैं ही था
मुझसे पूछे कोई डूबने का मज़ा
पानियों में उतरता हुआ मैं ही था
मैं ही था अलवी कमरे में सोया हुआ
और गली से गुज़रता हुआ मैं ही था

यह मैं कहानी का अकेला किरदार होने के साथ-साथ इस कहानी में

१. फल २. प्रकाशमान ३. ख़ुश ४. पहुँच ना पाना ५. निचली ६. पूर्ति

शामिल रंगों, आवाज़ों, चेहरों की पहचान का वाहिद ज़रिया भी है। एक बड़ा हमागीर[१] दायरा जिसमें छोटे-बड़े तमाम दायरे गुम हो गये हैं, यहाँ तक कि वह दायरा भी जिसके बिखर जाने या नहीं होने का उन्हें दुख है (तीसरी किताब का हर्फ़े इन्तिजाब : ख़ुदा के नाम, जिसके नहीं होने का मुझे दुख है)। इस दुख के ज़रिये अलवी ने इस दायरे को भी नये सिरे से दरियाफ़्त कर लिया है। सात आसमानों से ऊपर, तन्हाई के मलबे में, आगे बहुत आगे और हज़ारों साल पीछे, वे जिस सिम्त भी अपने आप पर निगाह डालते हैं, इस दायरे की लकीर उन्हें रौशन दिखायी देती है (पागल)। यह दायरा एक बेकार सी लालटेन से ही मगर बुरे वक़्तों में घड़ी दो घड़ी का सहारा बन जाती है। (ख़ुदा) तीसरी किताब की एक नज़्म 'मैं और तू' में अलवी ने इस दायरे का इदराक एक नयी सतह पर किया है। और यहाँ ख़ुदा के नहीं होने के दुख का एहसास एक नयी जिहत अख़्तियार कर लेता है। मैं और तू याने इंसान और ख़ुदा के रिश्ते की वह दूरी नज़र से ओझल हो गयी है जो 'मैं और तू' को बोबर के लफ़्ज़ों में 'वो' बना देता है और इस तरह सच्चाई के दो इलाक़ों की दूरी या दूई को मिटाकर एक इकाई को जन्म देता है :

ख़ुदावंद...! मुझमें कहाँ हौसला है
कि मैं तुझसे नज़रें मिलाऊँ
तेरी शान में कुछ कहूँ
तुझे अपनी नज़रों से नीचे गिराऊँ
ख़ुदावंद...! मुझमें कहाँ हौसला है
कि तू
रोज़-ए-अव्वल से पहले भी मौजूद था
आज भी है
हमेशा रहेगा
और मैं मेरी हस्ती ही क्या है
आज मैं हूँ
कल नहीं हूँ

ये सच है मगर
कोई ऐसा नहीं है

---

१. सबको एक साथ अपनी पकड़ में लेने वाला।

कि जो मेरे होने से इंकार कर दे
किसी में यह जुर्रत नहीं है
मगर तू
बहुत लोग कहते हैं तुझको
के तू वहम है
और कुछ भी नहीं है...

मसला यह है कि मैं यानी इंसान किस तरह अपने 'तू' यानी ख़ुदा तक इस तरह जाये कि दुनियावी ज़ात उससे कुल्लियातन[१] हमआहंग[२] हो जाये। बोबर का ख़याल है कि इंसान की पूरी तारीख़ 'मैं' और 'तू' के भेद के सबब रूनुमा होने वाले मसले का अफ़साना है। 'वो' कि दुनिया ज़माँ और मकाँ के सियाको सबाक़[३] मौजूद और मुरत्तब होती है। यही दुनिया वुजूद का आईनाख़ाना है। लेकिन इसकी बनावट का अमल, इसी सूरत में तकमील के नुक़्ते तक पहुँच सकता है, जब 'तू' और 'मैं' के बीच की दूरियाँ मिट जायें। चूँकि ख़ुदा यानी तू की दुनिया ज़माँ और मकाँ दोनों से बहुत ऊँचा है। इसीलिए मैं और तू का इत्तसाल[४] 'वो' को ज़माँ में रहते हुए भी उससे आज़ाद कर देता है। 'वो' जो फ़ना पज़ीर भी है और लाज़वाल है, जो ज़ेरे आसमान भी है और आसमानों पर फैला हुआ भी है। बोबर ने ख़ुदा से रिश्ते में ग़ैर मशरूत[५] रब्त और ग़ैर मशरूत अलाहिदगी दोनों को एक ही हक़ीक़त का अक्स क़रार दिया है। यह रिश्ता इंसान को दूसरे तमाम ऐसे मज़ाहिर से लाताल्लुक़ कर देता है जो उससे अलग हों। हर मज़हर[६] इंसान की कुल्लियात में घुल जाता है। सिर्फ़ उसी से मंसूब और मरबूत। क़ायनात की हर सच्चाई, हर रंग और रौशनी और अँधेरे की हर लहर उसके वुजूद का हिस्सा बन जाती है। मुहम्मद अलवी के यहाँ इस मसले की क़िस्म ना तो फ़लसफ़ियाना है ना सूफ़ियाना। उन्हें इस फ़रेब का सहारा भी हासिल नहीं कि वे मख़लूकात में सबसे अशरफ़ और क़ायनाते अर्जी-ओ-समावी[७] का ख़ुलासा है। वे अपनी मजबूरियों और नारसाइयों से आगाह हैं। उनकी परेशानी इसी आगही की अतीया[८] है। अपने दुखों के हवाले से वे अपनी दायम क़ायम तिशनगी[९] की और इस तरह अपनी पहचान करता है। और ज़मीनो-ज़माँ के मुख़्तलिफ़ अबाद[१०]

१. बहुत से व्यापक नियमों के तहत २. अनुरूप ३. अगला-पिछला ४. मिलाना ५. जो किसी शर्त पर निर्धारित ना हो ६. जो दिखायी दे ७. दैवी ८. पुरस्कार ९. प्यास १०. दूरियाँ

के रास्ते तलाश करता है कि उस दुख को सह सके।

यही वजह कि मुहम्मद अलवी के यहाँ अपने और इर्द-गिर्द के मज़ाहिर के नामुकम्मल होने का एहसास एक जुनून की सूरत हर लम्हा उस पर मुसल्लत[१] दिखाई देता है। हर मौजूद सच्चाई उनके यहाँ वुजूद पज़ीर[२] भी है, फिर नातमाम भी है। दुआ, मगर मैं ख़ुदा से कहूँगा और अब जिधर भी जाते हैं, ऐसी कई नज़्मों और शेरों में यही प्यास, लफ़्ज़ों के सुराख़ों से झाँकती दिखायी देती है। ऐसा नहीं होता तो इनके तमाम इस्तिआरे अपनी तमाज़त[३] खो बैठते। और खाली-खूली लफ़्ज़ बन जाते। वे जिस ख़ुदकार वुफ़ूर के साथ कम से कम लफ़्ज़ों में अपने तजुर्बे को क़ैद करने के जतन करते हैं उससे ज़्यादातर पढ़ने वाले इस धोखे में फँसे दिखायी देते हैं कि ठोस हवालों की कसरत में उनका तजुर्बा अपने तमाम इमकानात के साथ गिरकर रह जाता है। लेकिन यह बहुत बड़ा भोलापन है। ऐसा होता तो मुहम्मद अलवी की तीसरी किताब, उर्दू की तीसरी किताब बनकर रह जाती। और सच्चाइयाँ सिर्फ़ सच्चाइयों की सतह में लिपटी रह जातीं। कहानियों जैसी दिलचस्प और भेद भरी ना रह जातीं।

वे दोपहर की धूप में नहाया हुआ मंज़र देख रहे हों या भूरे-नीले आसमानों में तैरते हुए हवाई जहाज़ पर उड़ती एअर होस्टेस को, उनका मक़सद सिर्फ़ वाक़िये या सूरतेहाल का बयान नहीं होता। हर वाक़िये में उन्हें किसी ना किसी कहानी का भेद मिल जाता है जहाँ ज़मानी और मकानी हदबन्दियाँ ख़त्म हो जाती हैं। और तजुर्बा दिखायी देने वाली आँखों के दायरे से निकलकर उस आँख का हमसफ़र बन जाता है जिसके तिल में तख़य्युल अनदेखे ज़हानों के मंज़र समेट लाता है और जो सब कुछ देखती है लेकिन किसी को दिखायी नहीं देती।

ये मुशाहिदे[४] की एक नयी सिम्त है। जो जानी-पहचानी सूरतों को हैरतों का निगारख़ाना बना देती है। वे फ़सादों पर शे'र कहते हैं तो इस तरह की फ़सादों से वाबस्ता वाक़िआत के बजाय अपने हिस्सी, जज़्बाती और जमालियाती रद्दे अमल की एक कहानी छेड़ देता है। जुनूब के साहिलों पर आनेवाला मुहीब[५] तूफ़ान एक ऐसी बस्ती का शोर बन जाता है जो उनके मन में आबाद थी :

---

१. जिसका क़ब्ज़ा रहे २. जो वुजूद में आ जाये ३. गर्मी ४. निरीक्षण ५. भयानक

नया ही मंज़र दिखायी देगा
अगर यह मंज़र हटा के देखें

रात के जंगल में जब भी
मुझको तन्हा पाता है
सन्नाटा धीरे-धीरे
अपने पर फैलाता है
दिन भर का भूखा चीता
लपक के मुझ पर आता है
चीख़ बहुत सी चीख़ों में
जंगल डूबता जाता है

कमरे की दीवार तोड़कर मेरे सामने आया था
अपना सीना चीर के मुझको अपना ख़ून पिलाया था
चमगादड़ सा उड़ा खुली खिड़की से बाहर पहुँचा था
आँख से ओझल हुआ नहीं और मेरे अन्दर पहुँचा था
अब मैं उसका नौकर हूँ उसका हर हुक्म बजाता हूँ
उसके लिए मैं रोज़ रात को ख़ून चूसकर लाता हूँ

दिल के मलबे में दबा है और चिल्लाता नहीं
डूबता है और चुप है चश्मे तर में कौन है
कौन अपना घर उठाये फिर रहा है दर बदर
घर में बैठा है मगर हरदम सफ़र में कौन है

कैसी अनोखी, अजायबात से भरी और भाँति-भाँति के रंगों से आबाद दुनिया है। जाने-पहचाने इस्तिआरों या लफ़्ज़ों की बुनियाद पर यह कहना कि अलवी के यहाँ जो कुछ भी है इन्तिहाई सादा जाना बूझा और परिचित है, एक ऐसी भूल है जिसका अदब पढ़ने वालों के ज़हन में गुज़र होना भी एक तरह की बद तौफ़ीक़ी है। शायद लफ़्ज़ का मौजिद[१] नहीं होता, ज़बान का ख़ालिक़[२] होता है और तख़्लीक़ का यह कारोबार बरती हुई बातों और लफ़्ज़ों को एक नयी सतह पर बरतने का तक़ाज़ा करता है :

अभी रौशनी में ज़रा जान थी
अचानक अँधेरा गिरा दूर तक

---

१. ईज़ाद करने वाला २. पैदा करने वाला

अकेला मैं था किनारे में और समुन्दर में
इधर उधर से उतरता हुआ सा मंज़र था

सदियों से किनारे पर खड़ा सूख रहा है
उस शहर को दरिया में गिरा देना चाहिए

किताब खोलूँ तो हर्फ़ों में ख़लबली मच जाये
कलम उठाऊँ तो काग़ज़ को फैलता देखूँ

लुढ़क के मेरी तरफ़ आ रहा था एक पत्थर
फिर एक और फिर एक और बड़ा सा पत्थर था

परिन्दे दरख़्तों पे गिरने लगे
गिरा शाम का सारा मंज़र गिरा

महीने वही दौड़ते भागते
वही साल सदियाँ बनाते हुए

मुतहर्रिक[१], दौड़ते-भागते, बढ़ते-फैलते, गरज़ के अपनी तकमील की जद्दोजहद में मसरूफ़ मंज़रों को देखने में साकित[२], मुतय्यन और मुन्जमिद[३] लफ़्ज़ों में इस तरह घेरने की कोशिश कि लफ़्ज़ भी एक हैरतज़दा मुशाहिदे के परों पर उड़ने लग जायें, देखने में सादाकारी[४] है लेकिन असल में एक इन्तिहाई पेचीदा और दुश्वार अमल। अलवी चूँकि माथे पर सिलवटें और आसाब[५] में तनाव पैदा किये बग़ैर इन सारे तजुर्बों को झेलते हैं, उनके पढ़ने वाले लगातार धोखा खाते रहते हैं। ज़ाहिर है कि इसमें असल नुक़्सान उनके होशमन्द क़ारी का होता है। अलवी ने यह फ़िक्र अपनी जान को नहीं लगने दी कि देखने में वे जितने खिलंदरे और मासूम दिखायी देते हैं, हक़ीक़त में उतने ही गम्भीर और गहरे भी हैं।

---

१. गतिमान २. मौन/गतिहीन ३. जमा हुआ ४. ज़ेवरों पर बहुत बारीक़ी का काम ५. स्नायु